国家重点研发计划项目资助(编号：2017YFE0100700)
上海市科学技术委员会科研计划项目资助(编号：18511101400)

区块链技术导论和开发指南

张　雷　过晓星　张春霞　吴新平　编著

科学出版社
北　京

内 容 简 介

本书首先介绍了区块链的发展历程，重点阐述了区块链技术体系中相关的数学、密码学和计算机技术；其次围绕着互联网应用，介绍了区块链在金融、能源、医疗、物流、安全等方面的应用价值及其对未来发展趋势的预示。本书在实战技能上安排了在Ubuntu系统上软件的搭建、测试和开发指导，为读者学习和研究提供入门知识的同时，也进一步加深了对区块链技术是如何构建去中心化应用的理解。

本书适合所有关注区块链技术的热心读者阅读，在技术层面上不回避比特币，读者可以从本书中找到区块链与比特币的关联与区分，也可以为学习和从事区块链技术开发的读者进一步厘清区块链技术体系和应用发展规律、切实掌握区块链技术的演进和价值的挖掘提供指导。

图书在版编目(CIP)数据

区块链技术导论和开发指南 / 张雷等编著. —北京：科学出版社，2019.1
ISBN 978-7-03-059409-9

Ⅰ. ①区… Ⅱ. ①张… Ⅲ. ①电子商务—支付方式—程序设计—指南 Ⅳ. ①F713.361.3-62②TP311.1-62

中国版本图书馆CIP数据核字(2018)第252186号

责任编辑：徐杨峰 / 责任校对：谭宏宇
责任印制：黄晓鸣 / 封面设计：殷 靓

科学出版社 出版
北京东黄城根北街16号
邮政编码：100717
http://www.sciencep.com
南京展望文化发展有限公司排版
北京虎彩文化传播有限公司印刷
科学出版社发行 各地新华书店经销

*

2019年1月第 一 版 开本：B5(720×1000) 1/16
2019年10月第三次印刷 印张：18 1/2
字数：342 000

定价：80.00元

(如有印装质量问题，我社负责调换)

序

目前，全球新一轮产业变革持续深入，国际产业格局加速重塑，创新成为引领发展的第一动力。在此轮变革中，信息技术是全球研发投入最集中、创新最活跃、应用最活跃、辐射带动作用最大的领域，是全球技术创新的竞争高地，是引领新一轮变革的主导力量。

区块链作为分布式数据存储，点对点传输，共识机制，加密算法的集成应用，近年来已成为众多国家政府研究讨论的热点，产业界也纷纷加大投入力度。当前，区块链的应用已延伸到物联网、智能制造、供应链管理、数字资产交易等多个领域，为云计算、大数据、移动互联网等新一代信息技术发展带来新的机遇。在国内，金融企业、互联网企业、IT 企业和制造业积极投入区块链技术研发和应用推广，发展势头迅猛。

近年来，区块链技术和应用在我国引起了多个行业的广泛关注，其应用开发实践在以金融科技为代表的领域逐步开展，并已进入一个快速发展的时期。然而我们也应该认识到，此技术的发展面临机遇和风险并存的局面。近期发生的一系列安全事件，也揭示了区块链技术面临的安全风险和挑战，这要求投入新的技术研发和应用实践来推动区块链技术的成熟。

本书采用深入浅出、图文并茂的阐述方式，将区块链的技术内涵、技术体系、行业应用和开发实践融于一体，由浅入深地引导读者使用和部署区块链产品，并结合区块链在金融、物联网、能源、医疗、物流、教育、安全和公证上的应用，将当前国际上主流的区块链基础措施用于构建行业个体化的区块链。本书内容详实，分析透彻，对广大科技工作者和爱好者把握区块链发展趋势和规律，构建良好的生态圈有重要的价值。同时，本书为未来发展进行预测，并提出了完善相关技术的路线图，相信可为开展区块链研究和应用的广大科技工作者提供借鉴和指导作用。

中国科学院院士

二〇一八年九月五日

前言

区块链作为一种新技术，人们始终心存戒心，就怕它乱了秩序，尤其是一国的金融体系。好在不少学者和战略家讲到，区块链技术和比特币不是一回事！正如前微软（中国）公共事业部战略合作总监刘润在2018年3月的一次论坛上，把区块链技术的“父亲”笑谈为“去中心化”、“母亲”为“互联网”，区块链技术作为家族成员，自己还生出了个“比特币”。如果究其本源，区块链技术可以追溯到2009年中本聪在密码学网站上发表的《一种点对点的电子现金系统》。

有必要简单说说比特币。比特币，本质上是基于分布式记账技术的一种数字现金。在金融表现上，是模拟黄金来发行的，总体量为2 100万枚，开采量每四年减半。“去中心化”这个区块链技术的遗传基因，允许全世界不再需要任何央行就能发展比特币金融体系。显然，这与当下货币主权为核心的国家和社会的金融发展秩序有所违背。但好在区块链技术与比特币不是一回事，区块链技术属于信息技术及其应用领域，值得作为未来的发展主题进行探讨与延伸。

区块链技术世界欢迎不同的建议，哪怕是意见和争议！因为整个信息社会都将关注点放在了“数据”上，基于“数据”产生的任何技术创新体系和应用服务体系，都是一种价值再创造的胜利！与深度学习、大数据、人工智能等技术一样，区块链技术也是一种技术表现形式，并且正处于趋近热点的边缘，锐不可当！

在国内外企事业单位的研究机构中，区块链技术已成为嫁接技术和产业的桥梁。从概念、到技术体系、到产业园，区块链技术正成为创业的技术主题和未来产业结构的重要组成部分。正因如此，本书倾尽心力，将区块链的技术内涵、技术体系、行业应用和技术开发实践融于一体。在区块链技术导论上，本书将其分成技术原理和开发实践两部分。第一部分包含第1～4章。第1章阐述区块链技术发展的历程，着重介绍最早把区块链作为底层技术的比特币的运行原理，以及各种技术演进及其对应的数字代币。第2章阐述区块链技术涉及的底层支撑技术，进而全面理解区块链技术体系。第3章是区块链技术与各个行业的应用实践，阐述区块链技术的应用价值。第 4 章是区块链技术及其应用带来的思辨，以及如何完善区块链技术应用体系的思考，为未来的发展进行预测。第二部分是第 5 章，该章是区块链技术的开发与实践指导，由浅入深地引导读者使用和部署区块链产品，以及开发和使用区块链技术生态中的其他产品；结合若干行业应用，将当前主流的区块链基础设施用于搭建个性化的区块链应用。

2018 年，是中国进入新时代的开篇之年，中国作为创新型强国正在崛起，作为经济大国正在调整产业布局。在科学、技术、产业和经济上，活跃着"大数据＋人工智能＋区块链"这个组合，本书也希望借此为社会经济发展尽绵薄之力。

本书得以出版，离不开各方的支持，尤其是比特币资讯网(Bitcoin86)创始人李德福、无锡思内尔网络科技有限公司首席技术官蒋钧杰，高级开发工程师叶伟、蒋相和等的技术支持和代码贡献。整个成书过程，离不开团队与业界专家的无私支持，以及业界区块链创业公司、开源社区朋友的帮助和支持，在此一并致谢。由于作者才疏学浅，精力有限，书中难免有疏漏之处，敬请读者批评指正。在相关文献的参考和翻译区块链技术的著作时，难免存在观点的借鉴和经典论述的直接引用，在此对相关文献的作者致以热忱谢意。也欢迎广大读者针对本书中的观点与我们展开学术研讨。

让我们共同致力于推动区块链技术在中国新时代的发展！

张雷　教授、博士生导师

华东师范大学教育部可信软件国际合作联合实验室主任

二〇一八年七月十六日于华东师范大学丽娃河畔

目录

引言——区块链，不仅仅是技术

— 一 —

大家都认为，区块链是一种技术。

对，区块链是一种技术！

也不对，区块链所应用的领域，基本上已经脱离了技术本身的优势范畴，更多的是探讨其社会（阶级）属性。区块链是一种社会属性非常明显的技术。

两种说法的立足点不同，但都没有错，所以无须争论，就像无须拿泰迪的颜色来争论其胖瘦一样。

技术的社会属性，是很多技术人员都忽视的，也被很多使用者忽视，这是极大的损失。我们推崇备至的名词“商业模式”，究其根本是让技术发挥其社会属性罢了。

我希望帮助读者在区块链技术本身及其应用的学习和使用中，更多地用社会属性视角来审视技术，如此就会发现不一样的世界。回看互联网、物联网、P2P 等，一切技术的兴衰，都源于技术催生的社会属性的适应性变化。

区块链是一种非常有趣的技术，因为它能更容易帮助人们建立技术的社会概念，让人们把它当作打开理解所有技术的思想钥匙。或许，这可以从本书开始！

— 二 —

每当我们准备创新的时候，都觉得似乎所有的公理和公式，所有的技术和模式好像都被发明或发现了！可忽然微信圈又被各种奇迹的创造刷屏，我们又似乎觉得不断地在错过时代，被时代抛弃！如果你有这种感觉，我觉得你要看看区块链了！

我们正站在新变革来临的边缘，互联网正在经历去中心化的阶段。

密码学领域和去中心化计算网络经历了 20 年的科学研究（图 0－1），在这缓慢的发展过程中，有过不断的尝试和失败。然而，一个偶然的尝试产生了新的进展，区块链(blockchain)技术诞生了！区块链技术一开始就有着从底层改变社会运转方式的力量的基因。这也正是区块链技术在整个发展过程中夹杂的最复杂的情感。我想，这也就是中本聪一直不愿意也不会被世人所认识的主要原因。中本聪被区块链加密了，躲过了全世界的好奇心。

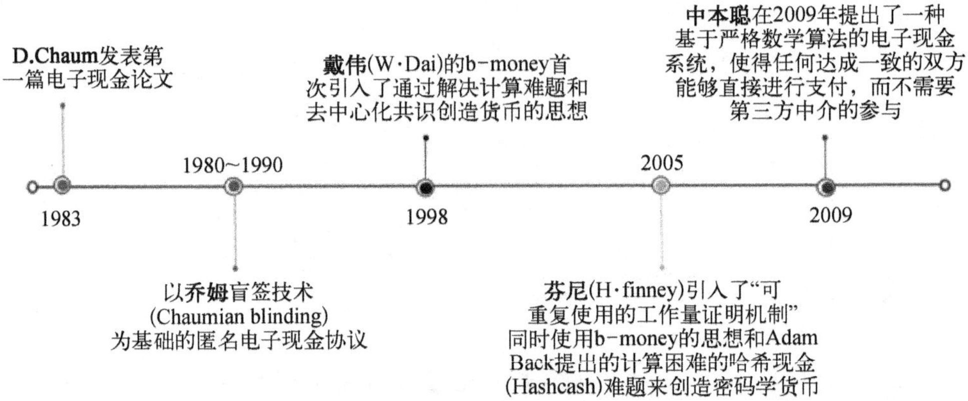

图 0－1　去中心化电子货币发展历程

互联网用长尾改变了人类和资源的组织方式，创造了一个又一个商业神话。当一个个大佬和帝国形成，看似中原已定的时候，人们开始布局下一个时代：数据技术(data technology，DT)＋人工智能(artificial intelligence，AI)。但这时区块链呱呱坠地了！有人说区块链是公共账本，有人说区块链是新的信任和信仰，有人说区块链是民主，也有人说区块链是 P2P。太神奇了，这些都是区块链！但是这些视角都无法帮助人们去思考区块链的现状和未来。如果从阶级的角度分析，从信任和安全的维度来考量，区块链具备了民间信任自治和交易安全自由的力量。这种力量，是真正民主无为而治的力量，是庶民的胜利！这种革命性的技术可能直接导致资源的重组和重新聚合。资源在不同阶级之间大规模流动，形成新的形形色色的阶层。就和商鞅变法的力量一样，会导致各种民间力量新贵的崛起，这种趋利性(就和飞蛾趋光性类似)和区块链技术两股牵引力量可能在不久的将来使区块链超过 DT＋AI，因为重组的阻力远远小于创造。

区块链用安全创造了信任，区块链将是庶民的魔戒，一定会被戴上！

— 三 —

比特币！

对，就是比特币！也叫数字货币！

它太显眼了，让人们把它与区块链等同！更多的人则是对比特币耳熟能详，对区块链却未曾听闻！

有人说，它是荷兰的郁金香，不值钱，但很贵！

但它目前的确已经成为区块链社区的硬通货！

为什么会这么矛盾着，又强劲地存在着？

区块链技术将对社会资源起到部分重组和重新聚合的作用，而且在区块链技术社会属性充分发挥作用之前，这种强劲将持续保持！逐鹿中原时期的马匹和刀剑就是重要资源。比特币的崛起，佐证了安全带来的信任的可靠性！区块链就是逐鹿中原的利器！

比特币是基于第一代区块链技术，但区块链却没有停留在比特币的光环里，它在飞速发展，很快就会和比特币分手，在不同的领域如金融、安全、能源、医疗、供应链、大数据等里面找到自己的佛像。区块链的时代，将终结比特币时代！或者说，区块链将亲手将自己的第一尊佛像终结！

区块链和比特币，从一个概念而来，终将分道扬镳！

— 四 —

任何时代的浪潮，都会有一批粉丝参与，但是参与者都带着不同的目的，而利益永远是最基础的目的。马克思曾经说过："……为了 100%的利润，资本就敢践踏一切人间法律；有 300%的利润，资本就敢犯任何罪行，甚至冒绞首的危险。"

2015 年年底的时候，中国数字货币首次币发行（ICO）市场逐渐兴起，2016 年年底到 2017 年则开始出现井喷现象。图 0 - 2 为数字代币 ICO 募资金额数据。

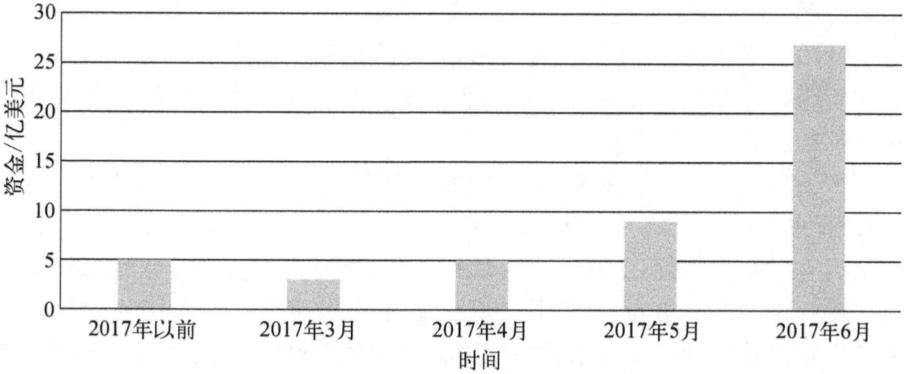

图 0 - 2　数字代币 ICO 募资金额

然而，ICO存在诸多潜在风险，包括项目失败或募资团队跑路导致的资金损失风险、价格剧烈波动引起的金融风险、借ICO进行的诈骗、非法集资等违法犯罪风险等。出现这样的风险，根本原因是门槛低、缺乏监管，所以在以ICO为服务的相关组织的影响下引发了财富效应。

中国人民银行、中央网信办、工业和信息化部、工商总局、银监会、证监会和保监会六部委于2017年9月4日联合发文《关于防范代币发行融资风险的公告》，终止了ICO的疯狂。

这个过程对行业的发展造成了非常大的负面影响，不仅对从业的技术人员，而且对关注这个行业的真正的价值投资者也带来了极其悲观的预期。

我觉得我们应该理性地对待数字货币ICO事件。通过ICO进行诈骗和非法集资与ICO和区块链技术的合理性本身没有必然的逻辑。就好像化妆品和养生内容同样可以被诈骗和非法集资活动所利用，但不能因此就全面否定化妆品和养生内容本身的合理性。可惜的是区块链到目前为止，还没有一个非常成功的应用让大众所熟识，所以ICO事件造成了一些坏的影响。ICO的疯狂已经像癌症一样发展得超出控制，而国家的一剂猛药就像化疗一样，终结了癌细胞，也把正常的细胞变得非常孱弱。但两害相权取其轻者，这是国家目前能做的最好的决定。

我想，接下来区块链在等待一个在国家相关立法并鼓励"沙盒"创新的时期，过了这个时期，区块链将一切坦途！

— 五 —

区块链技术中的任何一项技术，都没有划时代的进步，但神奇的是，把它们放到一起，就产生了划时代的技术。并且以此为基础的比特币运作得非常好，从实践上证明了技术的可靠性。

比特币的成功，打开了潘多拉之盒，它向人们昭示着未来。

比特币是分布式中的一致性达到业务安全的水准的奇点事件。奇点是开启新的世界的临界点！

下面三项技术是奇点的基因，它们的组合造就了神奇的区块链技术。

1. 去中介(中心化)的信任(匿名)

信息在时空上被标记，从一个区块打包传递到另一个区块，并被无限全套复制传播到网络的所有节点，从而让信息无处不在。这种去中心化的设计让单纯的互联网信息传递变得有价值，进而建构出"信任"网络。去中心化的赋权，让以权力和权威为支撑的中心体系瓦解，从而为理想主义最极致的无中心合作在网络上完成了制度的设计。

从哲学的角度看，用“备份”中心的方式达到去中心化的效果，不能不说是概念的胜利！

那么解决去中介的信任有什么意义呢？

思考一下人类的个体关系问题。你或许马上会想起销售界的一句名言，每个人（客户）后面都有250个人（潜在客户）。的确是这样，不过很不幸，你所“认识”的人，不会比这个数量多多少。那么，你是如何感觉到已经融入了整个人类社会的？那就是通过中介，让人产生信任感的中介，去与陌生的第三方发生关系。除了与你“熟悉”的250个人建立的合作关系，以及平时的货款两讫的小额交易业务之外，你的其他社会活动都是通过中介来完成的。这样做的基本动机就是通过中介获取信任。

去中介化不是解决中介是否要存在的问题，而是在没有中介的情况下，做到和有中介一样的信任过程和良好的产出。这里首先要弄清楚的是，并不是所有事情都可以去中介。区块链给世界带来的变化是提供了以P2P方式产生信任的手段，或者说区块链就是两个毫无信任基础的人的中介。由此，它将改变人类活动的原有方式，更多的中介化服务将受到影响，同时，本身存在中介需求但是没有中介为之服务的长尾需求，将随着区块链应用的发展风起云涌。在转移和新创需求的过程中，随之而来的是巨大的财富。

2. 强安全的共识机制

区块链中的交易可以在没有可信第三方的情况下完全按照协议规则执行。第一代互联网的基础协议是TCP/IP协议，这个协议保证了传递信息时信道的可靠性，却没能解决信息是否真实的问题。而要想解决这个问题，计算机就需要克服著名的“拜占庭将军”问题，即假设一群将军需要达成在同一时间进行攻城的共识，各比特(bit)将军互不信任且存在叛徒，但只要保证叛徒不大于将军总数的1/3，计算机就存在一个算法，能保证将军达成的共识是真实的，而区块链则通过共识算法来为这一问题提供可靠的解决方案。

共识机制是分布式领域中的一个概念。想象有一天，共识机制通过不断发展，最终像TCP/IP协议一样，被研发到新一代基础网络中变成基础协议，那么整个互联网既实现了通信的可靠性，又解决了信息的真实性，网络社区可以简单通过新一代网络快速构建去中心化的信任社区，那将是多美好的一天。

3. 交易公开透明且不可篡改

区块链中所有的数据记录公开透明，对所有的参与方提供设计功能，并且数据不可篡改。这种技术不仅确保了数据的正确来源，也确保了数据在中间过程不被人拦截。

把数据从简单的传输，放到一个具有整体逻辑的框架下进行传输，能达到强容错、强自我修复的效果，规避了直接通过网络物理层和协议层寻址的网络安全隐患，是一个划时代的创举！

区块链还有很多特性，但我认为上面三点是区块链比较重要的三个特性，也是最彰显社会属性的三个特性。这三个特性独立存在，且又互相依赖。

— 六 —

人是矛盾的动物，同时崇拜着远古和未来。

区块链技术一定会被过度解读，因为它是配得上被崇拜的新技术。

在阅读区块链的书籍和文章的时候，千万不要被催眠。很多概念都是值得推敲的。

(1) 安全性。产生比特币的 SHA－256 哈希算法的一个哈希碰撞大约需要 2^{48} 年。这句话现在来讲并没有错，但是它基于两个前提：一是基于目前计算机的计算速度；二是用枚举的方法进行计算。如果前提不存在了，或者变了，那么安全性就没了，或者变弱了。

(2) 密钥安全。密码技术是区块链的核心技术之一，保证了区块链不可逆，不可伪造。因此，密码技术中密钥的存储、传输等安全风险在区块链中同样存在。区块链没有第三方，私钥由每个用户各自保管(比特币使用的是冷存储离线保存)，若用户的存储设备感染病毒，则可能会导致私钥丢失，一旦私钥丢失，则相当于用户失去了对自身数据或者资产的控制权。区块链由于去中心化，没有私钥补发与管理机制，私钥一旦丢失即无法找回。

(3) 隐私保护。区块链的隐私保护也存在安全性风险。一个区块的数据中，包含了所有交易的记录以及账户身份信息，交易信息在区块链中是公开的，账户身份信息是通过非对称加密算法加密的。所有人都可以获取到，因此如果交易信息存在一定的敏感性，那么就存在一定的风险。另外，区块链系统内各节点并非完全匿名，而是通过类似电子邮件地址的地址标识(如比特币公钥地址)来实现数据传输。虽然地址标识并未直接与真实世界的人物身份相关联，但区块链数据是完全公开透明的，随着各类反匿名身份甄别技术和大数据技术的发展，通过数据整合分析可能实现部分重点目标的定位和识别。

(4) 51%攻击。人们都说，没有一个人能拥有 51%的运算能力。这句话并不是所有人都相信。于是他们又说，即使有政府集全国之力秘密造出一台超级计算机，用来击溃比特币来挽救自己的货币发行体系，它会发现使用该能力进行挖矿便可垄断比特币的发行权，其收益远大于击溃比特币，击溃比特币挽救自己货币发行体系动机也就不复存在了。

了解事物的边界或局限性往往比了解事物本身更重要。

技术的局限性一般也决定着技术应用的边界。

—七—

有局限性的技术，未必是坏技术。或者反过来说，没有一种技术不存在局限性。区块链的出现，将从社会组织关系开始，在数据组织关系、商业逻辑等方面改变人们的生活。在阅读本书前，读者可以先身临其境地看一下几个领域的应用，感受一下黎明的曙光。

1. 物联网

物联网龙头纷纷开始布局区块链。Forrester Wave（物联网软件平台）2016年第4季度的报告显示，IBM、PTC、GE和微软已成为占据物联网平台市场的主导企业。IBM、微软、亚马逊和SAP都在各自的云平台上提供区块链服务（blockchain-as-a-service），为未来海量的物联网设备接入提供弹性资源池做了超前布局。其中最引人瞩目的项目莫过于IBM和三星合作研发的物联网基础设施平台Adept，它将使用三种不同的技术来解决物联网面对的技术和经济问题；而GE和Cisco更多的是关注设备的标识和存证问题。

2. 银行业

从现代银行的本质来说，银行起到了一个存储、信任的中介结构的作用，所有的金融服务都基于此延伸。除了拥有对实物货币的存储功能之外，区块链作为一种数字化的手段，利用其安全、强制信任，以及防篡改的账本的特点达到了类似的效果，同时不需要担心银行自身的信任崩塌问题。例如，埃森哲公司作为全球较大的审计和财务商务流程外包（BPO）巨头，预估全球投行若使用区块链进行银行业的清算结算业务，每年可节省至少100亿美元的成本。另外，他们认为银行未来将会绕开央行的区块链试验直接使用Swift或者Ripple的区块链技术来降低支付的成本和空间。例如，欧洲7家大型银行组成的联盟已选择与IBM携手，搭建和托管一个基于IBM区块链的全新贸易融资平台，并由Hyperledger Fabric提供支持。该平台旨在简化和促进欧洲中小企业国内和跨境贸易流程，同时帮助企业提高金融交易的整体透明度。微众银行副行长马智涛透露，微众银行与华瑞银行联合开发了一套区块链应用系统，可用于两家银行微粒贷联合贷款的结算、清算，如图0-3所示。

图 0－3　区块链用于腾讯微众银行业务

3．支付和现金交易

区块链可以创建一个直接的支付流，它可在国内或跨国界，并且无须中介，以超低费率几乎瞬时速度的方式支付。例如，某创业公司正在利用区块链技术为全球的比特币以及基于区块链技术传输的现金交易而服务。

4．网络安全

虽然区块链的账簿是公开的，但其数据的通信可被验证，并且使用先进的密码技术进行数据传输。这就保证了数据的来源正确，以及无法在过程中被拦截。如果区块链技术被广泛采用，那么被黑客攻击的概率将降低，因此区块链被认为比许多传统系统更加可靠。与传统的减少网络安全风险的方法不同，区块链简单地通过消除人类的中介机构需求，降低了潜在的安全问题，包括来自黑客和腐败的风险。

5．学术记录与学术界

Holberton 是一家位于美国加利福尼亚州的提供软件技术培训课程的学校，宣布将使用区块链技术进行学历证书认证（图 0－4）。这将确保学生声称在 Holberton 通过的课程，都是实际被他们鉴定合格的。如果更多的学校开始采用公开透明的学历证书、成绩单和文凭，那么可以更容易地解决学历欺诈问题。而且因为避免了人工检查和减少了纸质文件，所以花费的时间和成本都将降低。

6．选举

选举需要安全地保存记录选民的身份认证信息以追踪选票，以及需要值得信赖的计数器来决定谁是胜选者。区块链可以为投票过程、选票跟踪和统计选票而服务，从而避免选民欺诈、记录丢失或者不公平的行为。基于在区块链上的投票交易，最终计数会被所有选民认可。因为通过区块链的审计线索，他们可以

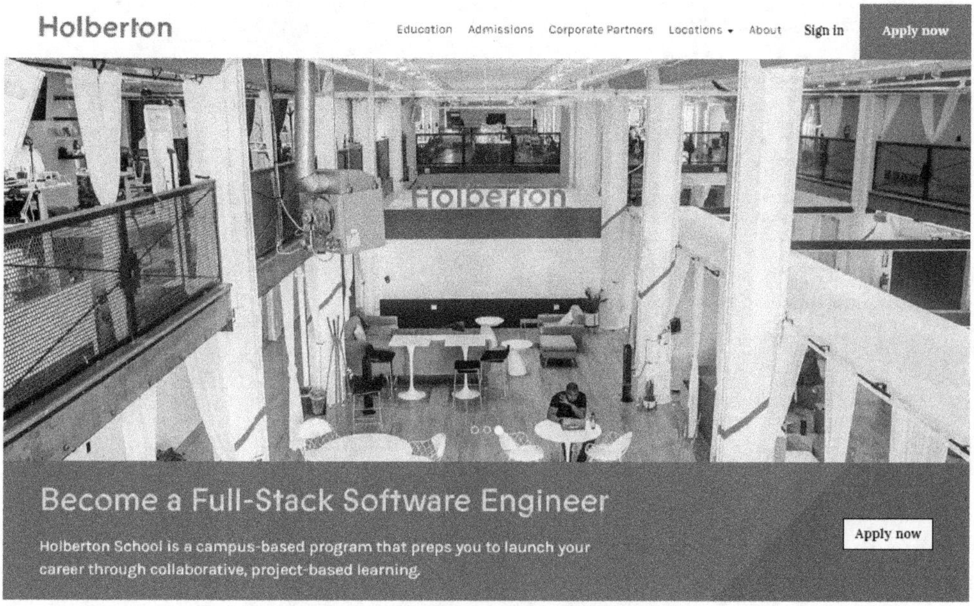

图 0-4 HOLBERTON 区块链学历认证

计算出自己的票,从而确认没有票被修改或删除,也不会有不正当的投票。Follow My Vote 是一家被 Kickstarter 众筹资助的企业,它决定建设一套端到端可验证的在线投票系统(图 0-5)。

图 0-5 FMV 在线投票系统

7. 汽车租赁和销售

2015 年,DocuSign 公司宣布合伙使用区块链建立一个概念来简化汽车租赁过程,建立一个"点击、签约和驾驶"的过程(图 0-6)。未来的客户选择他们想要租赁的汽车,进入区块链的公共总账;然后,坐在驾驶座上,客户签订租赁协议和保险政策,而区块链负责同步更新这些信息(图 0-7)。这不是一个幻想,在汽车销售和汽车登记行业,运用区块链可以将这样的过程发展成现实。

8. 保险

目前,致力于区块链在保险领域实践的既包括传统保险公司,也有互联网保

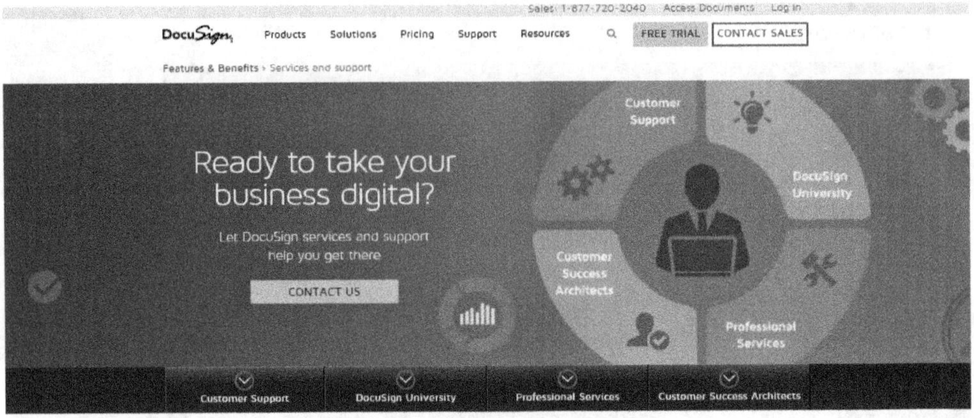

图 0-6　DocuSign 汽车租赁平台

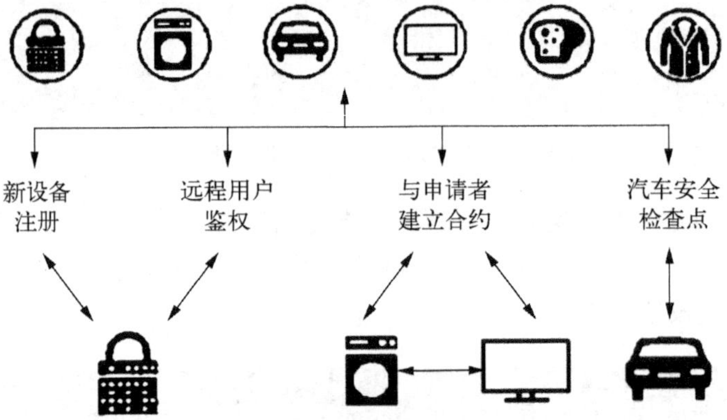

图 0-7　汽车租赁区块链应用流程

险公司和新型公司(表 0-1),区块链联盟类型的组织也层出不穷,如中国分布式总账基础协议联盟(China Ledger 联盟)、区块链微金融产业联盟、陆家嘴区块链金融发展联盟等,联盟之火也在保险行业迅速蔓延,令外界对下一步区块链将如何变成保险行业充满了想象。

表 0-1　保险行业区块链大事时间表

保险公司	时　间	区块链动作	备　注
中国平安	2016 年 4 月	加入区块链国际联盟组织 R3	
	2016 年 8 月	准备成立金融科技部门助力其区块链发展	
阳光保险	2016 年 7 月	推出国内首款具备区块链特性的微信保险卡单	该部门将与国内外机构合作,或投资,或互动,共同发展区块链技术

续 表

保险公司	时 间	区块链动作	备 注
易安保险、慕尼黑再保险	2017 年 7 月	发起成立了"区块链保险实验室"，共同探索区块链技术在保险领域的应用前景	实验室的发起机构涵盖了互联网保险公司、保险中介公司、互联网类保险互助平台、再保险公司、比特币交易平台、大数据公司、海外科技创新基金等
众安保险	2016 年 11 月	成立众安科技，发起上海区块链企业发展促进联盟	

9. 医疗

一直以来，医疗机构都无法在各平台上安全地共享数据。数据提供商之间更好的数据合作意味着更精确的诊断、更有效的治疗，以及更好地为医疗系统提供经济划算的医疗服务的整体能力。区块链技术可以让医院、患者和医疗利益链上的各方在区块链网络里共享数据，而不必担忧数据的安全性和完整性。如图 0－8 所示，初创公司 Gem 发布了 Gem 健康网络——提供了一个实现多重签名和多因素验证技术的以太坊平台，去创造出一个安全通用的数据结构。Tierion 是另一个区块链初创公司，其建立了一个医疗数据存储和验证的平台。最近，Gem 和 Tierion 均和飞利浦医疗保健公司及飞利浦区块链实验室进行了合作。

图 0－8 Gem 健康网络

2017 年 8 月 17 日，阿里健康宣布与常州市合作的医联体＋区块链试点项目：将区块链技术应用于常州市医联体底层技术架构体系中，并已实现当地部分医疗机构的数据互联互通，解决长期困扰医疗机构的"信息孤岛"和数据安全问题。

10. 供应链管理

区块链技术让交易更加安全，监管更加透明，使它在供应链管理领域也有很大的潜力。简单来说，供应链就是一系列交易节点，它连接着产品从供应端到销售端或终端的全过程。从生产到销售，产品历经了供应链的多个环节，有了区块链技术，交易就会被永久性、去中心化地记录，这降低了时间延误、成本和人工错误。许多区块链初创公司涌入这一领域：Provenance 正在为原材料和产品建立一个可追溯系统，Fluent 提供了一个全球供应链借贷平台，Skuchain 为 B2B 交易和供应链金融市场创造了一些基于区块链的产品(图 0－9)。

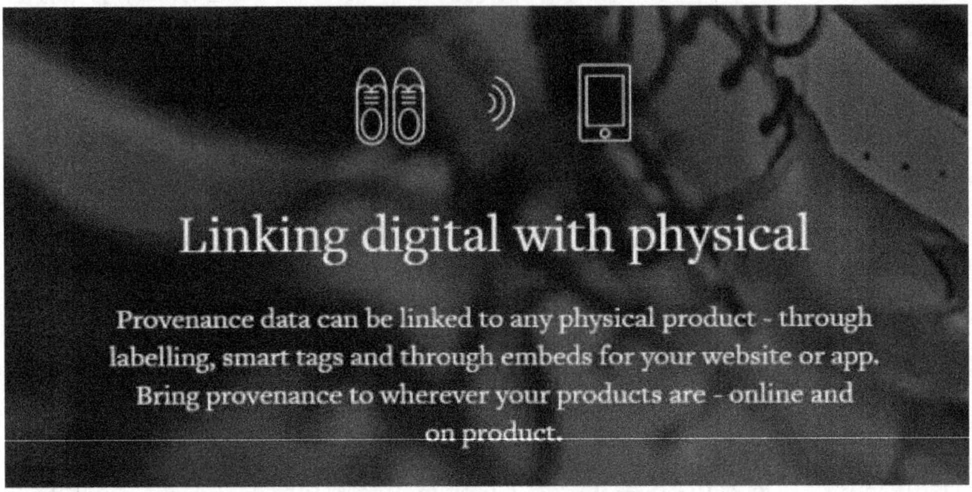

图 0－9　Provenance 供应链管理

在国内，京东正式对外开放区块链防伪追溯技术平台(图 0－10)。平台围绕京东商城的零售生态，服务于优质品牌商，致力于将品质商品的全程追溯信息展示给消费者，实现商品的质量可视与正品保障。京东区块链防伪追溯平台，作为全球首批落地的供应链领域的区块链的应用，也是京东智慧供应链战略的重要一环。

图 0－10　京东区块链溯源平台

11. 能源管理

能源管理是另一个长久以来高度中心化的产业。在美国，如果你想交易能源，必须经过一个可信任的能源持有公司，如 Duke Energy。在英国，则是国家电网，或者与已经从大的电力公司购买完的再销售方进行交易。初创公司，如 Transactive Grid，是 LO3 Energy 和在布鲁克林的以太坊机构 Consensys 的合资公司，应用以太坊区块链技术允许消费者在去中心化的能源生产架构中进行交易，并且允许人们有效地生产能源，以及和邻居之间买卖能源。LO3 Energy 还有其他项目，如布鲁克林微电网项目和 Exergy 项目，后者是一个利用计算机排出的过多热量的概念验证产品。图 0－11 则是美国初创区块链企业 Power Ledger 的能源区块链方案。

图 0－11　Power Ledger 能源区块链方案

在国内，目前能源区块链实验室已经与能源局共同将区块链概念植入下一个国家级能源互联网行动计划。同时，已经成立的隶属于能源区块链实验室的能源区块链合作社，合作成员包括中国最大的电表企业威盛电子、中国电动汽车监管部门、电动汽车百人会、七大环境能源交易所，以及相关的清华大学电机系、国防科技大学自动化系、上海电力学院等。从企业到研究机构，都开始将区块链作为信任层嵌入能源互联网的社会层、通信层、数据层、业务层以及商业平台层。

12. 体育管理

对运动员进行投资逐渐成为体育管理机构和公司的关注点，但是区块链通过其可以作为价值流通的载体的特点，允许他们获得现在的体育明星在未来成长带来的收益，可以将投资运动员的过程去中心化。这一利用区块链去投资运动员并获得收益的概念并没有大规模被尝试。但是，至少有一家机构，即Jetcoin，已经提出了虚拟货币(jetcoin)的概念(图 0－12)，即投资者可以用虚拟货币来投资他们喜爱的运动员，然后有机会获得运动员未来收益的一部分，包括VIP 活动和观赛座位升级等。Jetcoin 已经与意大利的 Hellas Verona 足球队达成合作，并开始实验这一想法。

图 0－12　Jetcoin 体育投资平台

13. 礼品卡和会员项目

区块链可以使提供礼品卡和会员项目的零售商的系统更廉价、更安全。因为整个过程几乎不用任何中间人来处理销售交易和礼品卡的发行，所以应用区块链技术的礼品卡的获取过程和使用过程将更加有效和廉价。同样，区块链独有的验证技术使得欺诈保护手段进一步升级，可以减少成本、阻止非法用户盗取账户。Gyft 是 First Data 旗下的一家购买、赠送、兑换礼品卡的在线平台，其正在与区块链架构提供商 Chain 进行合作，在区块链上为数以千计的小商户提供礼品卡业务，这一项目称为“Gyft Block”。

14. 政府和公益

福利救助的分配是另一个区块链技术可以应用的领域，区块链可以使公共管理更加简单、安全。GovCoin Systems 公司是一家总部位于伦敦的金融科技公司，其正在支持英国政府在福利分配领域的工作。

— 八 —

这些就是区块链！
不管你喜欢，不喜欢，区块链已经来了。
不管你懂，不懂，区块链已经来了。
你准备好了吗？
总有一天，会进入一切皆“区块链+”的时代。

第1章　区块链的前世今生

1.1　信任机制的探寻——从信息互联网到价值互联网

这是一个技术可以重塑世界的时代。从工业革命以来，这种趋势体现得越来越明显。就像打开了潘多拉魔盒一样，某些技术或技术组合将彻底颠覆整个人类经济和社会秩序，如人工智能、去中心化的职能机构。

通过进一步的探究发现，最近的几十年全球互联网和其他技术的发展给我们带来了极其便捷的信息获取方式，随之而来的是沟通渠道和社交方式的变化，以及大数据、云计算、物联网和人工智能等新兴技术。这些技术的发展大大降低了信息获取和交换的成本，消除了人们体验新的服务的壁垒，提高了生产和合作的效率。技术对生活的改变和渗透就像温水煮青蛙一样，已经渗透到我们的吃穿住用行等生活的各个方面，例如，跑鞋内的传感器用来检测运动量和身体机能，汽车里的智能设备用来探测周边路况以及和车主智能互动，太阳能材料和智慧楼宇，谷歌的 AlphaGo Zero 下棋机器人，连我们原来想都不敢想的无人驾驶，百度都已经路测了。然而，虽然这些改变带来了非常积极的变化，但是仍然有很多限制和不足。在网络世界中，你不知道对方是谁，除非依靠一些有公信力的大品牌或者有国家机构背景的第三方介入以外，你甚至不敢直接发送有价值的东西（如钱、数字资产）直接给对方。当然，这是一个时代的产物，基于第三方中介的信用保障体系在一段时间内都保障了点对点之间的信任由第三方来公证，确保了社会秩序的稳定。但是第三方的介入也带来了显著的弊端，就是所有的信息都要得到第三方的验证，造成了效率低下和成本提高；同时，第三方的中心效应，使得一旦该中心出现事故或者人为破坏（如系统故障、数据篡改），就会导致单点失败，造成极其重大的损失，而且所有的数据和隐私都被该第三方占据，会增加未来的潜在风险。

技术总是有其双面性，如增加便利性必然损失隐私性。这些年在国内极其火爆的社交市场和电商产业，为大众带来便利的同时也造成了传销猖獗、线上赌博盛行、微信诈骗等；电商产业的发展虽然带来了快递行业的大繁荣，但是对线下商超和实体的打击也非常大，同时给一些违禁商品交易带来了一定的空间。电子支付虽然便利性大大提高，但是不仅用户的隐私全部被跟踪，一旦设备被黑客攻击，用户财产也会很快被转移。

早在1981年，就有人尝试用密码学来解决点对点通信的安全、信任和隐私问题。但是不管他们如何尝试，所制定的流程或者体系都有漏洞，都必须要第三方的介入才能解决。难道这是一个无法破解的难题吗？1993年，数学家/密码学家大卫·查姆发明了一种电子现金支付系统，即eCash，该系统号称能够在技术上完美地解决互联网上的点对点匿名支付问题。这种不可追踪的现金引起了媒体前所未有的关注。不幸的是，大卫·查姆和他的公司出现了一些失误，违反了荷兰中央银行的规定。作为妥协，他们同意eCash产品只能卖给银行。这个调整给公司带来一个好的预期，使其试图通过多家银行来创立一个可行的数字现金领域，但其最终在1998年破产。媒体的大量关注带来了令人激动的交易和投资，如与微软、德意志银行等，但大卫·查姆无法利用它们使公司进一步发展。但是大卫·查姆的创举给这个领域带来了深刻的影响，越来越多的创业公司涌现出来。大卫·查姆的一个助手，名叫尼克萨博，写了一篇短论文《上帝协议》(*The god protocol*)，在这篇论文中，他苦心钻研，致力于创造一种技术驱动的信任模型，就像上帝作为第三方公证存在一样，来处理所有的交易验证，这也就是比特币协议的前身。

直到2008年，正当全球金融危机猖獗之时，日裔数学家中本聪发布一篇论文《一种点对点电子现金系统》，同时命名该加密货币为比特币。比特币是一种P2P形式的数字货币。点对点的传输意味着一个去中心化的支付系统。

与大多数货币不同，比特币不依靠特定货币机构发行，它依据特定算法，通过大量的计算产生，比特币使用整个P2P网络中众多节点构成的分布式数据库来确认并记录所有的交易行为，并使用密码学的设计来确保货币流通各个环节的安全性。基于密码学的设计可以使比特币只能被真实的拥有者转移或支付。这同样确保了货币所有权与流通交易的匿名性。比特币与其他虚拟货币最大的不同是其总数量非常有限，具有极强的稀缺性。该货币系统曾在4年内只有不超过1 050万个，之后的总数量将被永久限制在2 100万个。

今天全世界都在尝试探究通过软件代码来产生信任，两个人之间的交易仅仅通过代码就可实现，不再需要大型信用机构的介入，这在过去是无法想象的。这种信任协议在全球范围内快速增长，基础就是全球的账本，称为区块链账本，目前比特币账本深度是全球最大的。基于区块链技术，人们不再需要通过银行或者其他中介把钱从一个人转移到另一个人，这是一种何等的飞跃。

和传统互联网的区别是，传统互联网就是信息互联网，信息在用户之间自由流通，而区块链创造的是一个新的概念——价值互联网。价值互联网的理念是让价值和信息一样快速传递。信息已经实现了在全世界即时化传递，然而一笔简单的国际汇款交易却非常缓慢、昂贵、不可靠。在美国，一笔国际汇款平均要花 3～5 天完成，并且有至少 5%的错误率和平均 42 美元的成本。在世界范围内，每年有价值 180 万亿美元的国际汇款，这些国际汇款每年的总成本超过 1.7 万亿美元。

通过价值互联网，一笔价值的交易（如外汇付款）可以即时完成，正如人们几十年以来在网上分享文字、图片和视频一样快速。价值互联网不仅包含金钱的交易，还可以交换任何对人有价值的物品，包括股票、投票、飞行里程积分、证券、知识产权、音乐、科学发现等。区块链实现的传递是被验证的、永久的和实时完成的。最终，价值将实现像信息一样在世界快速传递。越来越多的公司投身于区块链行业，投资管理公司总裁 Rathbones 将区块链的潜力总结为："……有潜力像因特网实现信息传递那样实现价值的传递：去中心化的控制，消除不对称，以及改变我们交易和交流的方式。区块链非常有希望去实现，发动并且革新从金钱传递、资产交易到医疗供应、音乐下载这些资源的合作和共享，它会颠覆整个行业。"我们已经看到了区块链在现实生活中的重要应用。纳斯达克证券交易所用区块链技术帮助公司管理股票。波罗的海国家爱沙尼亚正在用分布式数据库安全地存储超过 100 万国民的健康医疗记录。日本航空公司 Peach Aviation 最近成为第三个接受虚拟货币支付的航空公司，同时英国音乐家 Imogen Heap 构建了自己的区块链用来直接将单曲传递给歌迷。目前互联网存在多个区块链，它们彼此之间不一定相互连接，所以资产还无法像信息那样传递。想要价值互联网成为现实，必须要有一个被广泛接受的行业标准来整合世界上不同的系统，所以很多公司致力于研究区块链之间的传输协议，就像互联网的 HTTP 一样。相信这个协议标准化的过程会对世界产生一种革新式的改变，正如 1950 年船舶业商业标准制定加速了航运业国际化的过程，以及 1980 年的网络协议带来了现在人们所熟知的数字时代经济。

1.2 了解比特币

1.2.1 去中心化问题的由来

为了能够让读者更好地理解比特币产生的背景以及后续基于比特币的数字货币的发展路径，这里以"去中心化问题的由来"来解释。说起这个问题，不得不重温整个货币的发展历史。

在货币没有产生之前，这个世界最初的贸易形态就是以物易物交换开始的。例如，互相间的贸易基本上就是老张家拿一袋面粉换老李家一只羊（图 1-1），王大嫂拿一筐野果换刘大婶两尺布。

图 1-1　以物易物时代

1. 开始产生实物货币

随着贸易越来越频繁，交换的物品的品类越来越复杂，人们开始觉得一直这样以物易物实在太不方便了，于是有人提出，用类似于黄金之类的较为稀有且便于携带的物品作为一般等价物，把其他物品和黄金的对应关系编成一张表格，如一克黄金对应一只羊、一克黄金对应一袋面粉等，从此以后老张再也不用扛着一袋面粉气喘吁吁地去老李家换羊了，他只要从家里拿出一克黄金，就可以去老李家牵回一只羊，而老李拿着这一克黄金可以从任何愿意出让面粉的人那里换回一袋面粉，当然也可以换取任何和一克黄金相等价值的其他物品，如图 1-2 所示。

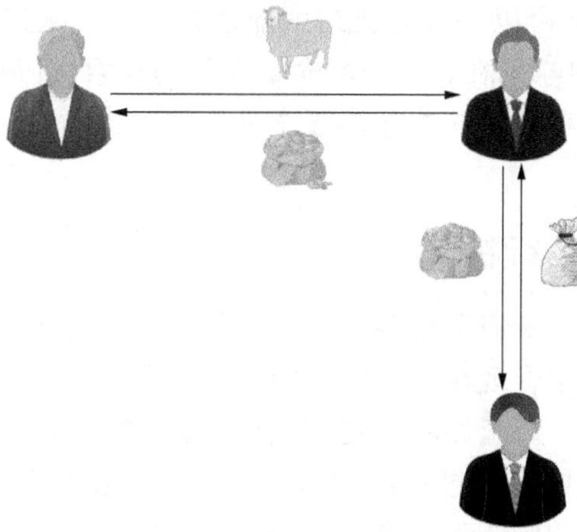

图 1-2　实物货币时代

2. 实物货币演变成纸币

黄金是怎么被发现的呢？因为黄金比较稀有，只有在很远的金矿花很长时间和工艺才能得到黄金，但是如果到处都是金矿呢，那是不是所有人都会去挖金矿而不去养羊或者磨面了，或者有人一直囤积黄金，市场上的黄金越来越少。所以经过一段时间,黄金作为实物货币的弊端也出现了。又有其他人说用贝壳吧,其实结果是一样的。这个时候纸币又称符号货币就出现了,因为纸币可以以很低的成本发行,能够避免上面所说的囤积黄金的现象。但是假如所有人都能发行纸币呢,最终会不会演变成好多纸币才能购买一样实物呢(金融概念里的通货膨胀)?

3. 中心化金融体系的诞生

这个时候中心化的信任机构就出现了,在封建帝制的情况下就是皇权,只有帝王才能铸币,钱庄才能发行银票;在现代金融社会就是央行发行人民币,商业银行产生票据(如存单、借单、票据等)。在现代社会,人民信任政府和银行,政府一般情况下也不会滥发货币,商业银行也用现代化的手段层层保护中央数据库里的账本,因为它们记录着所有用户的交易信息。中心化的信用机构如央行、商业银行在正常情况下都会维护自己的信用,整个金融体系也可以有序和平衡地运行。

4. 真的需要去中心化金融体系吗?

全世界都在运行着中心化的金融体系,事实证明大部分情况下这个系统很健壮且有条不紊。但是在一些外部因素的刺激下,中心化的政府或者机构出于某种动机,擅自更改中央账本,这个时候整个市场的机制就会失效。例如,很多国家的金融危机,直接导致货币超发,恶性通货膨胀,货币贬值,给人民带来了巨大的灾难。去中心化就提出一个问题,即当没有一个类似于像央行或者商业银行的角色存在时,整个金融体系是否也能正常运行,并且不管外部环境如何变化,整个系统是否依然可以一直自我约束地运行下去。正如 1.1 节探讨的新的信任机制一样,很多科学家在这个领域做了大量的探索,直到中本聪的论文阐述了一种去中心化的分布式账本才算真正意义上第一次解决了这个问题,比特币也就应运而生。

1.2.2 比特币的运行机制

前面用故事的方式解释了比特币产生的背景及其设计运行机制。下面从历史真实发展的角度并结合现在的一些比特币工具来看一下比特币在人们生活中的使用场景和运行过程。正如同上述“去中心化问题的由来”这个故事中阐述的货币和信任关系体制的变迁过程,中本聪 2008 年发表的论文,正是结合了以前的多个数字货币相关的创新和演进,如 B-money 和 Hashcash,创建了一个完全去中心化的电子现金系统,不依赖于通货保障或是结算交易验证保障的中央权威。其中关键的创新是利用分布式计算系统(称为“工作量证明”算法)每隔 10 分钟进行一次全网“选拔”,能够使去中心化的网络同步交易记录。该方法能优雅地解决双重支付问题,即一个单一的货币单位可以使用两次。此前,双重支付问题是数字货币的一个弱点,处理方式是通过一个中央结算机构清除所有交易。

分布式计算为比特币提供了成倍增长的安全性和韧性，现在已经超过了世界顶级超级计算机的联合处理能力。目前，根据比特币兑美元汇率，比特币的总市场估值为 1 000 亿美元。目前从全网来看，比特币处理的最大交易额为 1.5 亿美元，这笔交易及时处理和转账，没有缴纳任何手续费。

中本聪在 2011 年 4 月退出公众视野，将比特币代码开发与网络建设的重任留给了欣欣向荣的社区成员。而“中本聪”究竟是谁，时至今日仍然是未解之谜。然而，比特币系统的运行，既不依赖于中本聪，也不依赖于其他任何人——比特币系统依赖于完全透明的数学原理。这项发明本身就是开创性的，它已经蔓延到了分布式计算、经济学、计量经济学领域。他的这个创新，对“拜占庭将军”问题也是一个可行的解决方案，这是一个在分布式计算中未曾解决的问题。简单来说，这个问题包括试图通过在一个不可靠、具有潜在威胁的网络中，通过信息交流来达成一个行动协议共识。中本聪的解决方案是使用工作量证明的概念在没有中央信任机构下达成共识，这代表了分布式计算的科学突破，并已经超越了货币广泛的适用性。它可以将去中心化的网络共识用于公正选举、彩票、资产登记，以及数字化公证等。

接下来，将追踪一笔比特币在网络中的交易，来看看它在比特币分布式共识机制中变得“被信任”和“被接受”的情形，以及最终成功地被存储到区块链的账本中。比特币系统由用户（用户通过密钥控制钱包）、交易（每一笔交易都会被广播到整个比特币网络）和矿工（通过竞争计算生成在每个节点达成共识的区块链，区块链是一个分布式的公共权威账簿，包含了比特币网络发生的所有的交易）组成。下面模拟用户（Joe、Alice 和 Bob）间的交互，并且通过比特币区块链查询网站来查看他们之间的关系和资金流动。现在假设 Alice 的 Blockchain 钱包拥有 0.1 比特币（BTC）的账户余额，要向开咖啡店的 Bob 支付一笔购买咖啡的钱，而 Bob 的咖啡店也接受以比特币支付。一杯咖啡价值 1.5 美元，如果按照当时的比特币兑换美元的价格，应该约合 0.015 比特币。这个时候 Alice 只要打开自己的比特币钱包，输入 Bob 的比特币接收地址或者扫描他的比特币接收二维码，输入 0.015 比特币，点击发送即可，如图 1-3 所示。在几秒钟时间内（大约与信用卡授权所需时间相同）Bob 将会在收银台看到这笔交易，并完成交易。

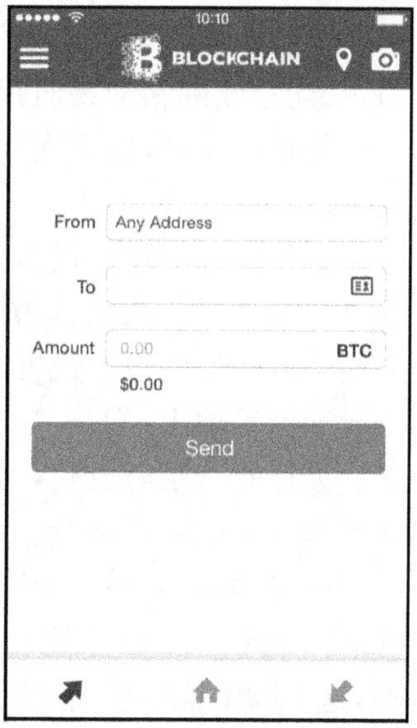

图 1-3　比特币支付

接下来，将更详细地检视这笔交易，观察 Alice 的钱包如何构建交易，交易又是如何在网络中广播、如何被验证，以及 Bob 在后续交易中如何消费那笔钱。简单来说，这笔交易会告知全网：比特币的持有者已授权把比特币转账给其他人。而新持有者能够再次授权，转移给该比特币所有权链中的其他人，产生另一笔交易来花掉这些比特币，后面的持有者花费比特币也是用类似的方式。交易就像复式记账法账簿中的行，每一笔交易包含一个或多个“输入”，输入是针对一个比特币账号的负债。这笔交易的另一面，有一个或多个“输出”，被当成信用点数记入比特币账户中。这些输入和输出的总额（负债和信用）不需要相等。相反，当输出累加略少于输入量时，两者的差额就代表一笔隐含的“矿工费”，这也是将交易放进账簿的矿工所收集到的一笔小额支付。交易也包含了每一笔被转移的比特币（输入）的所有权证明，它以所有者的数字签名形式存在，并可以被任何人独立验证。在比特币术语中，“消费”指的是签署一笔交易：转移一笔以前交易的比特币给以比特币地址所标识的新所有者。

Alice 的钱包应用知道如何选取合适的输入和输出以建立 Alice 所希望的交易。Alice 只需要指定目标地址和金额，其余的细节钱包应用会在后台自动完成。很重要的一点是，钱包应用甚至可以在完全离线时建立交易。就像在家里写张支票，之后放到信封发给银行一样，比特币交易建立和签名时不用连接比特币网络。只有在执行交易时才需要将交易发送到网络。Alice 的钱包应用首先要找到一些足够支付给 Bob 所需金额的输入。大多数钱包应用维护着一个含有用钱包自己的密钥锁定的“未消费交易输出”小型数据库。完整客户端含有整个区块链中所有交易的未消费输出的副本。这使得钱包既能拿这些输出构建交易，又能在收到新交易时很快验证其输入是否正确。然而，完整客户端会占用太大的硬盘空间，所以大多数钱包使用轻量级的客户端，只保存用户自己的未消费输出。

如果钱包客户端没有某一未消费交易输出，它可以通过不同的服务提供商提供的检索服务从比特币网络中拿到这一交易信息。假如 Alice 的钱包在单个未消费的输出中没有足够的比特币支付一杯咖啡，钱包应用就不得不搜寻一些小的未消费输出，像是从一个存钱罐里找硬币一样，直到找到足够支付咖啡的数量。无论是否足够支付，可能都需要找回零钱，而这些找零也会是钱包所创建的交易的输出的组成部分。

交易的输出会被创建成为一个包含这笔数额的脚本，只能在引入这个脚本并做出正确解答后才能兑换。简单点说就是，Alice 的交易输出会包含一个脚本，这个脚本说“这个输出谁能拿出一个签名和 Bob 的公开地址匹配上，就支付给谁”。因为只有 Bob 的钱包的私钥可以匹配这个地址，所以只有 Bob 的钱包可以提供这个签名以兑换这笔输出。因此，Alice 需要 Bob 的签名来包装一个输出。这个交易还会包含第二个输出。因为 Alice 的金额是 0.10 比特币的输出形式，对 0.015 比特币一杯的咖啡来说太多了，需要找 Alice 0.085 比特币的零钱。Alice 钱包创建给她的零钱的支付就在付给 Bob 的同一个交易里面。可以说，Alice 的钱包将她的金额分成了两个支付：一个给 Bob，一个给自己。她可以在以后的交易里消费这笔零钱输出。

最后，为了让这笔交易尽快被网络处理，Alice 的钱包会多付一小笔费用。这笔费用不是明显地包含在交易中的，而是通过输入和输出的差值所隐含的。如果 Alice 创建找零时只找 0.084 5 比特币，而不是 0.085 比特币，那么这里就剩下 0.000 5 比特币。因为支付给 Bob 的 0.015 比特币和找零的 0.084 5 比特币加起来小于 0.10 比特币，所以这个差值就会被矿工当成交易费放到区块的交易里，最终放进区块链账簿中。

这个交易的结果信息可以从区块链数据查询站点看到，如图 1－4 所示。

图 1－4　区块链数据查询站点

那么这笔交易是如何被发送到比特币网络的呢？比特币网络是由参与的比特币客户端互相连接组成的 P2P 网络。比特币网络的目的是将交易和区块传播给所有参与者。Alice 的钱包应用可以发送新的交易给其他任意一个已连接到互联网的比特币客户端，无论其是由有线网、WiFi，还是通过手机连接的。她的钱包不必直接连着 Bob 的比特币钱包，且她不必使用咖啡厅提供的网络联网，虽然这两者都是可能的。任何比特币网络节点（其他客户端）收到一个之前没见过的有效交易时会立刻将它转发给连接到自身的其他节点。因此,这个交易迅速从 P2P 网络中传播开来,几秒内就能到达大多数节点。如果 Bob 的比特币钱包应用直接连接 Alice 的钱包应用,那么 Bob 的钱包应用也许就是第一个收到这个交易的节点。然而,即使 Alice 的交易是通过其他节点发过来的,一样可以在几秒钟内到达 Bob 钱包应用。Bob 的钱包会立即确认 Alice 的交易是一个收入支付,因为它包含能用 Bob 的私钥兑换的输出。Bob 的钱包应用也能够独立地用之前未消费输入来确认这个交易是正确构建的,并且由于包含足够的交易费,这笔交易会被下一个区块包含进去。这时 Bob 就可以以一个很小的风险假定这个交易会很快被加到区块并且被确认。

1.2.3 比特币挖矿

为什么 Alice 支付给 Bob 以后,Bob 的账户不能立即到账呢?我们都知道,Alice 给 Bob 的这笔交易已经在网络上传播开来,但只有被一个称为挖矿的过程验证且加到一个区块中之后,这个交易才会成为这个共享账簿(区块链)的一部分。比特币系统的信任是建立在计算的基础上的。交易被包在一起放进区块中时需要极大的计算量来证明,但只需少量计算就能验证这个计算结果是否正确。挖矿在比特币系统中起着两个作用:

第一,挖矿在构建区块时会创造新的比特币,和一个中央银行印发新的纸币很类似。每个区块创造的比特币数量是固定的,会随时间渐渐减少。

第二,挖矿创建信任。挖矿确保只有在包含交易的区块上贡献了足够的计算量后,这些交易才被确认。区块越多,花费的计算量越大,意味着更多的信任。

描述挖矿的一个好方法是将之类比为一个巨大的多人数独游戏。一旦有人发现正解之后,这个数独游戏会自动调整难度以使游戏每次需要大约 10 分钟解决。想象一个有几千行几千列的巨大数独游戏。如果给你一个已经完成的数独,你可以很快地验证它。然而,如果这个数独只有几个方格里有数字,其余方格都为空,就会需要花费非常长的时间来解决。这个数独游戏的困难度可以通过改变其大小(更多或更少行列)来调整。而比特币中的"谜题"是基于哈希加密算法的,两者展现了相似的非对称特性:解起来困难而验证很容易,并且它的困难度可以调整。

这里又引入一个新的"比特币矿工"角色,他的名字为 Jing。根据比特币的挖矿原理,Jing 在比特币网络中扮演着一个矿工的角色。大概每 10 分钟,Jing 和其他上千个矿工一起展开一场对一个区块的交易寻找正解的全球竞赛。为寻找这个解,也被称为工作量证明,整个网络需要具有每秒亿万次哈希计算的能力。这个工作量证明算法指的是用SHA-256加密算法不断地对区块头和一个随机数字进行哈希计算，直到出现一个和预设值相匹配的解。第一个找到这个解的矿工会赢得这局竞赛并会将此区块发布到区块链中。

Jing从2010年开始挖矿，当时他使用一个非常快的桌面电脑来为新区块寻找正解。随着更多的矿工加入比特币网络中，寻找数独正解的困难度迅速增大。不久后，Jing和其他矿工不得不升级了更专业的硬件，如游戏桌面电脑或控制台专用的高端独享图像处理单元芯片（即显卡图像处理器（GPU））。在写这本书的时候，解题已经变得极其困难，只有使用集成了几百个挖矿专用算法硬件并能同时在一个单独芯片上并行工作的专用集成电路（ASIC）挖矿才会盈利。Jing同时加入了一个类似彩票奖池的、能够让多个矿工共享计算能力和报酬的矿池。Jing现在运行两个通过USB连接的ASIC机器每天24小时不间断地挖矿。他卖掉一些挖矿所得到的比特币来支付电费，通过这样的盈利方式获得一些收入。

网络中产生的一笔交易直到成为整个比特币大账簿——区块链的一部分时才会被确认有效。平均每10分钟，矿工会将自上一个区块以来发生的所有交易生成一个新的区块。新交易不断地从用户钱包和应用流入比特币网络。当比特币网络上的节点看到这些交易时，会先将它们放到各自节点维护的一个临时的未经验证的交易池中。当矿工构建一个新区块时，会将这些交易从这个交易池中拿出来放到这个新区块中，然后通过尝试解决一个非常困难的问题（又称工作量证明）以证明这个新区块的合法性。

这些交易被加进新区块时，会以交易费用以及其他一些规则进行排序。矿工一旦从网络上收到一个新区块，会意识到在这个区块上的解题竞赛已经输掉了，马上开始下一个新区块的挖掘工作。它会立刻将一些交易和这个新区块的数字指纹放在一起开始构建下一个新区块，并开始给它计算工作量证明。每个矿工会在他的区块中包含一个特殊的交易，将新生成的比特币（当前每区块为25比特币）作为报酬支付到他自己的比特币地址。如果他找到了使得新区块有效的解法，就会得到这笔报酬，因为这个新区块被加入总区块链中，他添加的这笔报酬交易也会变成可消费的。参与矿池的Jing设置了他的软件，使得构建新区块时会将报酬地址设为矿池的地址。然后根据上一轮Jing和其他参与矿池挖矿的矿工各自贡献的工作量将所得的报酬进行分成。

Alice的交易被网络拿到后放进未验证交易池中。因为包含足够的交易费，它被Jing的矿池放到了生成的新区块中。大约在Alice的钱包第一次将这个交易发送出来5 min后，Jing的ASIC矿机发现了新区块的正解并将之发布为第277316号区块，包含419个其他交易。Jing的ASIC矿机将这个新区块发布到网络上后，其他矿机就会验证它，并投身到构建新区块的竞赛中。几分钟后，第 277317 号新区块诞生在另一个挖矿节点中。因为这个新区块是基于包含 Alice 交易的第 277316 号区块的，在这个区块的基础上增加了更多的计算，因此就加强了这些交易的可信度。包含 Alice 交易的区块对这个交易来说算一次“证明”。基于这个区块每产生一个新区块，对这个交易来说就会增加一次“证明”。当区块一个个堆上来时，这个交易指数级地变得越来越难被推翻，因此它在网络中得到更多信任。

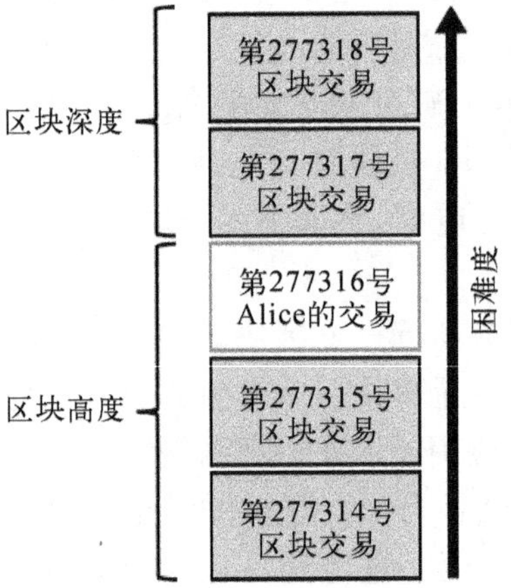

图 1-5　区块链

如图 1-5 所示，可以看到包含 Alice 的交易的第 277316 号区块。在它之下有 277316 个区块(包括 0 号区块)，像链子一样一个连着一个(区块链)，一直连到 0 号区块，即创世区块。随着时间变长，这个区块链的高度也随之增长，每个区块和整个链的计算复杂度也随之增加。包含 Alice 的交易的区块后面形成的新区块使得信任度进一步增加，因为它们叠加了更多的计算在这个越来越长的链子上。按惯例来说，一个区块获得六次以上“证明”时就被认为是不可撤销的，因为要撤销和重建六个区块需要巨量的计算。

1.2.4　比特币的闪电网络

根据上面的描述，我们都了解了比特币的交易确认需要一段时间，但是在现实生活中这种延迟确认往往是不能满足要求的。在此基础上，闪电网络(lightning network)应运而生，它也是油罐车去中心化的系统，它的卓越之处在于无须信任对方以及第三方即可实现实时的、海量的交易。

闪电网络基于微支付通道演进而来，创造性地设计出了两种类型的交易合约：序列到期可撤销合约(revocable sequence maturity contract, RSMC)和哈希时间锁定合约(hashed timelock contract, HTLC)。RSMC 解决了通道中比特币单向流动问题，HTLC 解决了比特币跨节点传递的问题。这两个类型的交易组合构成了闪电网络。

1. RSMC 的创建

下面举例说明 RSMC 的创建过程。

Alice 和 Bob 是合作方，经常有比特币往来，所以他们决定各拿出 0.5 比特币放入通道中，便于业务往来。如图 1-6 中 RSMC 交易的结构，左侧为 Alice 的视角，右侧为 Bob 的视角。中间 Funding Tx 为共同可见，C1a 和 RD1a 为 Alice 持有，C1b 和 RD1b 为 Bob 持有。交易图中带有尖括号的签名表示待填入。

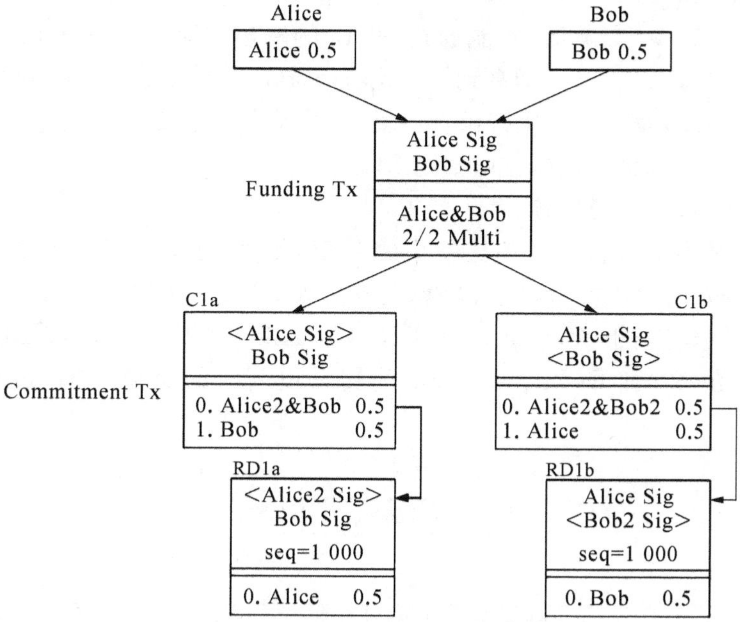

图 1-6 RSMC 交易的结构图

(1) 双方各拿出 0.5 比特币构建 Funding Tx，输出为 Alice 和 Bob 的 2/2 多重签名。此时，Funding Tx 未签名，更不广播。

(2) Alice 构造 Commitment Tx，即 C1a 和 RD1a，并交给 Bob 签名。C1a 的第一个输出为多重签名地址，即 Alice 的另一把私钥 Alice2 和 Bob 的 2/2 多重签名，第二个输出为 Bob 0.5 比特币。

(3) RD1a 为 C1a 第一个输出的花费交易，输出给 Alice 0.5 比特币，但此类型交易带有 seq，作用是阻止当前交易进区块，只有前向交易有 seq 个确认时才能进区块。

(4) Bob 构造 Commitment Tx，即 C1b 和 RD1b，并交给 Alice 签名。结构与 C1a、RD1a 是对称关系。

(5) Bob 对 C1a 和 RD1a 进行签名，并将签名给 Alice；同理，Alice 对 C1b 和 RD1b 签名，完成后给 Bob。此时，由于并未对 Funding Tx 进行签名，所以任何一方均无法作恶，任何一方也不会有任何损失。

(6) 双方均完成对 Commitment Tx 的签名并交换后，各自再对 Funding Tx 进行签名，并交换。此时，Funding Tx 是完整的交易，可以广播。

上述过程以及结构图的描述，就是创建 RSMC 的全部过程。

C1a、C1b 两笔交易花费的是同一个输出，故两个交易只有一个能进块。若 Alice 广播 C1a，则 Bob 立即拿到 0.5 比特币(C1a 的第二个输出)，而 Alice 需要等 C1a 得到 1 000 个确认，才能通过 RD1a 的输出拿到 0.5 比特币。另外，若 Bob 广播 C1b，则 Alice 立即拿到 0.5 比特币，Bob 等待 C1b 得到 1 000 个确认，才能通过 RD1b 拿到 0.5 比特币。也就是说，单方广播交易终止合约的那一方会延迟拿到币，而另一放则立即拿到币。

2. RSMC 交易的更新

Alice 和 Bob 各自有 0.5 比特币的余额，此时 Alice 从 Bob 处购买了一件商品，价格为 0.1 比特币，那么余额应该变为 Alice 0.4 比特币，Bob 0.6 比特币。于是创建新的 Commitment Tx，对于 Alice 来说是 C2a 和 RD2a，对于 Bob 来说是 C2b 和 RD2b。图 1－7 为交易更新时的交易结构，过程与上面类似。

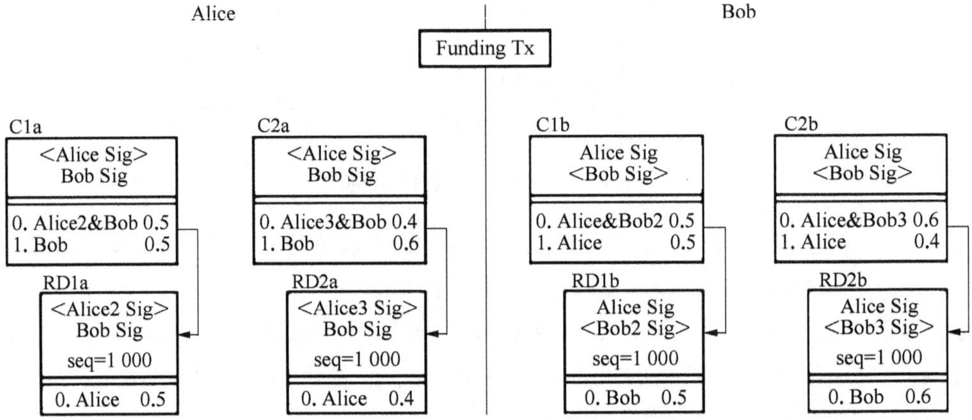

图 1－7　交易更新时的交易结构

此时两个状态均是有效的，那么最核心的问题是如何才能彻底废弃掉 C1a 和 C1b。RSMC 采用了一个非常巧妙的方法，即在 C1a 的第一个输出中，采用了 Alice2 和 Bob 的多重签名，如图 1－8 所示，Alice 将 Alice2 的私钥交给 Bob，即表示 Alice 放弃 C1a，承认 C2a。

Alice 交出 Alice2 的私钥给 Bob，那么 Bob 就可以修改 RD1a 的输出给他自己，形成新的交易 BR1a。若 Alice 破坏合约存在 C2a 的情况下依然广播出 C1a，那么 Alice 的惩罚就是失去她全部的币。Alice 交出 Alice2 的私钥，或者对交易 BR1a 进行签名，两者是等同的，都是对 C1a 的放弃。

反之亦然，Bob 交出 Bob2 的私钥给 Alice 即意味放弃 C1b，而仅能认可 C2b。

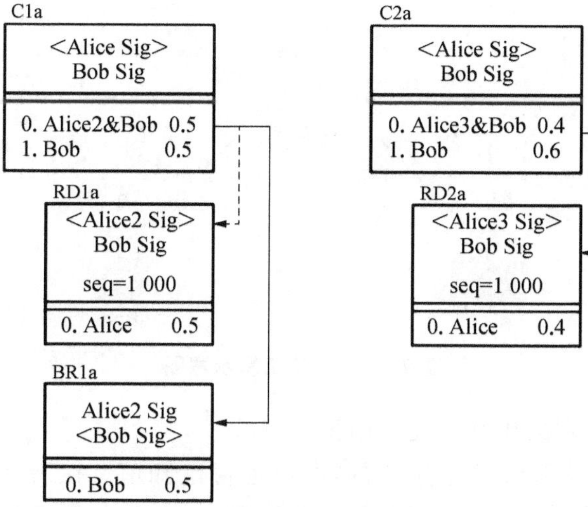

图 1-8　交易更新时的多重签名

引入 seq 的目的是阻止后续交易进块(RD1a),给出一个实施惩罚窗口期,当发现对方破坏合约时,可以有 1 000 个块确认的时间去实施惩罚交易,即广播 BR1a 代替 RD1a。若错过 1 000 个块时间窗口,则无法再实施惩罚了(RD1a 进块了)。

3. RSMC 交易的关闭

关闭 RSMC,直接按照最终的余额构造出一个 Commitment Tx 即可,例如,输出为 Alice 0.1 比特币、Bob 0.9 比特币,无须再设置多重签名、构造惩罚交易等。

4. RSMC 交易的中转

Alice 想要支付 0.5 比特币给 Bob,但她并没有一个渠道来和他进行交易。幸运的是,她和 Charlie 有一个交易渠道,而 Charlie 正好和 Bob 有一个交易渠道。这样 Alice 就能借助 Charlie 的交易渠道,通过哈希时间锁定合约(HTLC)来和 Bob 进行交易,如图 1-9 所示。

为了完成这次交易,Alice 就会给 Bob 发短信说:"嘿! 我要给你付笔款。"这时鲍勃自己将收到一个随机数字(R),接着 Bob 便会回一个被哈希的数字(H)(可以认为被哈希的数字 R 是随机数字的一种加密形式)给 Alice。然后 Alice 的钱包紧接着就会联系 Charlie 说:"嘿,Charlie。如果你给我生成(H)的未加密值(R),那么我就同意更新我们渠道的支付分配,这样你得到的就会比 0.5 比特币多一点,我得到的比 0.5 比特币少一点。"尽管 Charlie 并不知道 R,但他也会同意。之后 Charlie 便会去找 Bob 说:"嘿,Bob。如果你给我那个能生成 H 的未加密的值 R,我将同意更新我们渠道的支付分配,这样你得到的就会比 0.5 比

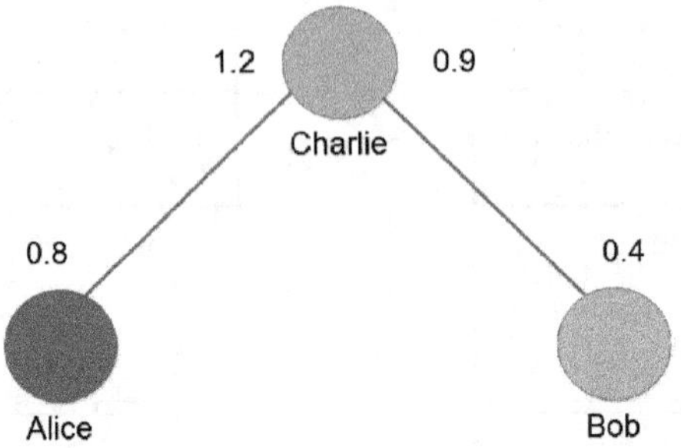

图 1-9　中转交易示意图

特币多一点，我得到的比 0.5 比特币少一点。”

因为 *R* 就是从 Bob 这里生成的，所以他肯定知道。接着他马上将 *R* 告诉 Charlie，并更新了其渠道的支付分配。然后 Charlie 将 *R* 告诉给 Alice 之后也更新他们的渠道，最后交易完成，Alice 以脱链的形式付给鲍勃 0.5 比特币。

RSMC 通过巧妙地设置 Commitment Tx 的多重签名输出，以及 sequence 的延迟进块形成惩罚窗口期，解决了在微支付通道中的代币单向流动问题。

1.2.5　比特币相关的一些疑问

1. 如果同时收到两份合法的账簿页怎么办?

注意在上面的运行机制中，各个挖矿小组是并行工作的，因此完全可能出现这样的情况：某小组收到两份不一样的账簿页，它们都基于当前这个小组的主账簿的最后一页，并且内容也都完全合法，怎么办?

关于这个问题，中本聪说，小组不应该以线性方式组织账簿，而应该以树状方式组织账簿，任何时刻，都以当前最长分支作为主账簿，但是保留其他分支。举个例子，某小组同时收到 A、B 两份账簿页，经核算都是合法的，此时小组应该将两页以分叉的形式组织起来，如图 1-10 所示。黑色表示当前账簿主干。此时，可以随便选择一个页作为当前主分支，如选择 A(图 1-11)。此时如果有一个新的账簿页是基于 A 的，那么这个主干就延续下去(图 1-12)。

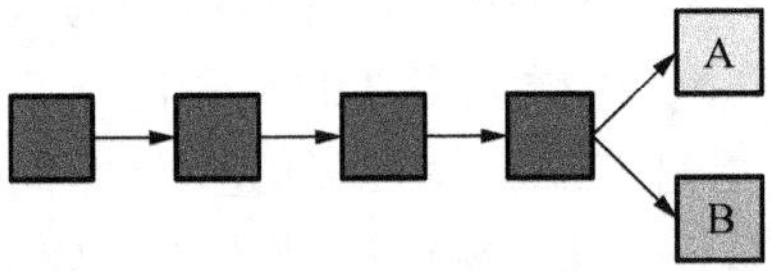

图 1-10　分支账簿

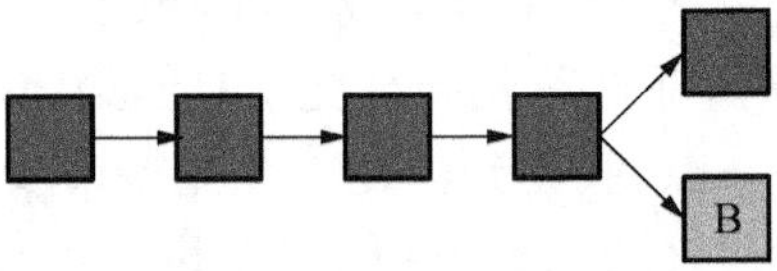

图 1-11　A 为主分支的账簿

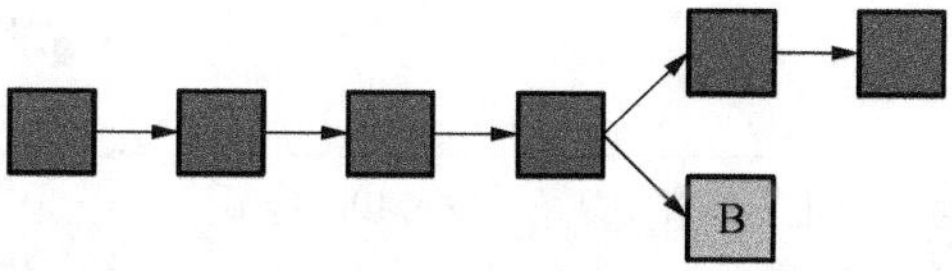

图 1 - 12　A 为主分支账簿的延续

如果这个主干一直延续下去，表示基本都以 A 为主干，B 就会被遗忘。但是也有可能忽然 B 变得更长（图 1 - 13），那么就需要将 B 分支作为当前主干，基于这个分支进行后续工作（图 1 - 14）。

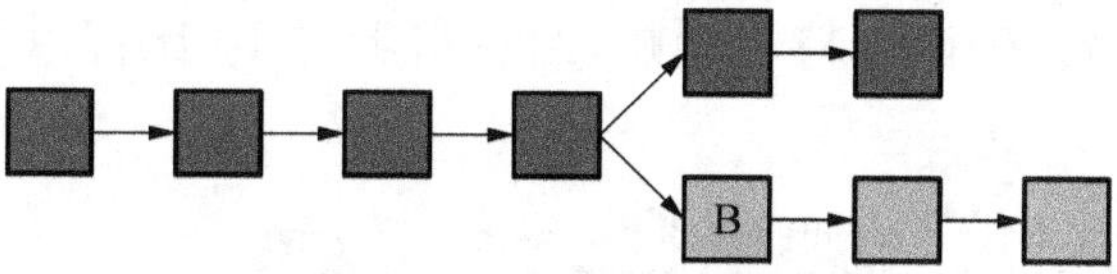

图 1 - 13　账簿的分支 B 变长

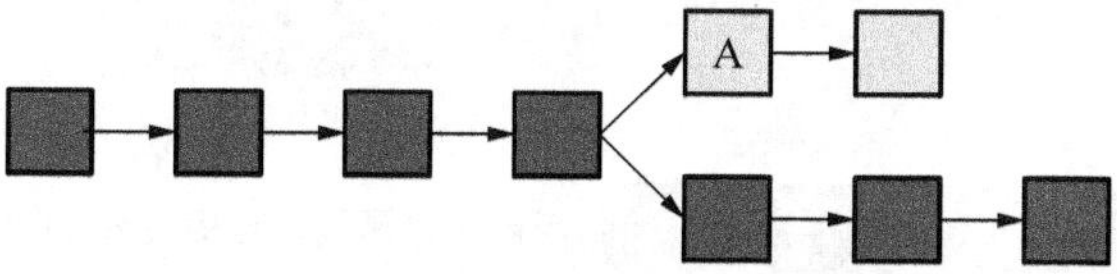

图 1 - 14　B 为主分支的账簿

从局部来看，虽然在某一时刻各个小组的账簿主干可能存在不一致，但大方向是一致的，那些偶尔由于不同步产生的小分支，会很快被淹没。

2. 如果挖矿小组有人伪造账簿怎么办？

关于这个问题，中本聪说，只要挖矿组织中大多数人是诚实的，这个系统就可靠，具体来说有以下几个方面。

首先，基于保密印章机制，没有人能伪造他人身份进行付款，因为编码生成器在打印编码时会核对所有交易单的保密印章，印章和付款人不一致会拒绝打印。

其次，诚实的矿工也不会承认不合法的交易（如某笔交易付款方余额不够）。

所以只有一种可能的攻击行为，即在收款人确认收款后，从另一条分支上建立另外的交易单，取消之前的付款，而将同一笔钱再次付款给另一个人（即 double-spending 问题）。下面同样用一个例子说明这个问题。

先假设有一个攻击者拥有 10 比特币，他准备将这笔钱同时支付给两名受害者 A 和 B，并都得到承认。

第一步，攻击者准备从受害者 A 手里买 10 比特币的黄金，他签署交易单给受害者 A，转 10 比特币给受害者 A，如图 1 - 15 所示。

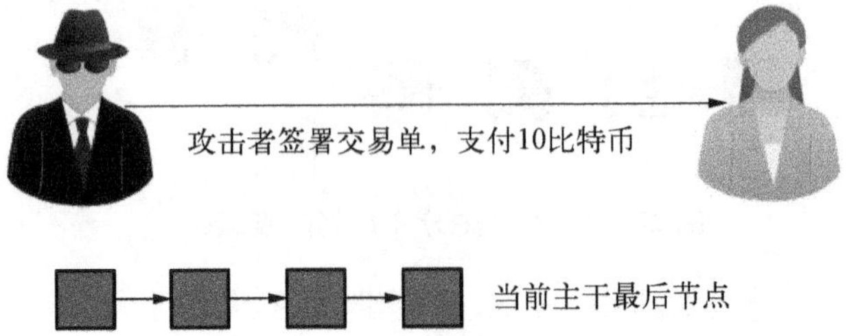

图 1-15 攻击者签署交易单给 A

第二步，这笔交易在最新的账簿页中被确认，并被各个挖矿小组公告出来。受害者 A 看到公告，确认比特币到账，给攻击者与 10 比特币等值的黄金，如图 1-16 所示。

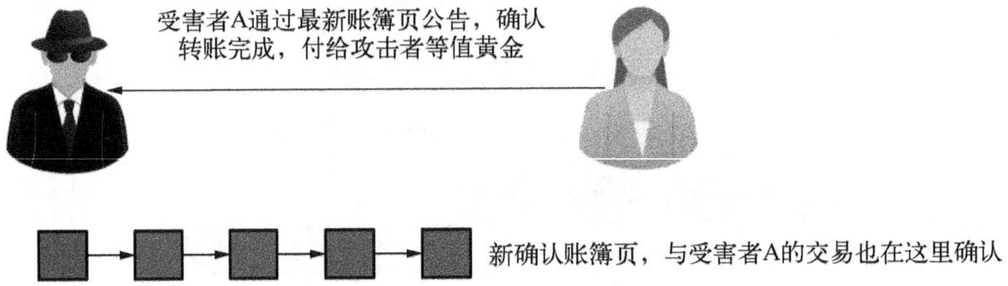

图 1-16 攻击者与受害者 A 的交易被确认

第三步，攻击者找到账簿，从包含以上交易的账簿页的前一页做出一个分支，生成更多的账单页，超过刚才的分支。由于此时刚才攻击者制造的分支变成了主干分支，而包含受害者 A 得到钱的分支变成了旁支，所以挖矿组织不再承认前面的转账，受害者 A 得到的 10 比特币被取消，如图 1-17 所示。

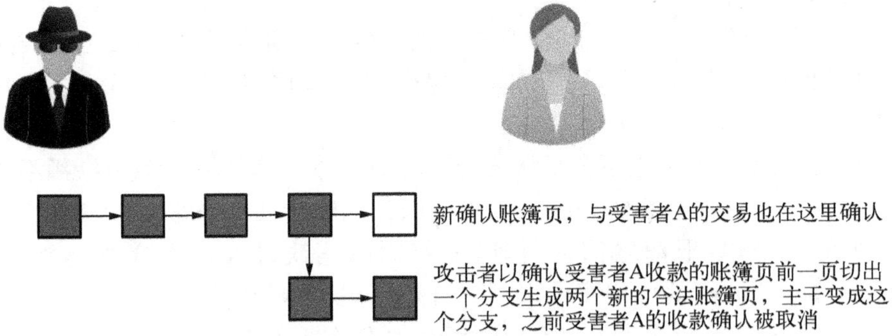

图 1-17 受害者 A 的收款被取消

第四步，攻击者可以再次签署交易单，将同一笔钱支付给受害者 B。受害者 B 确认钱到账后，支付给攻击者等值黄金，如图 1-18 所示。

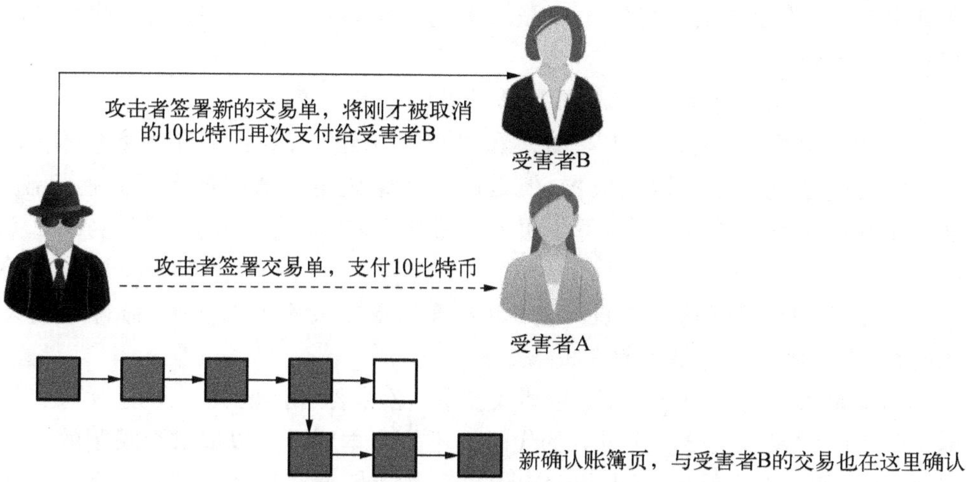

图 1-18　攻击者与受害者 B 的交易被确认

至此，攻击者将 10 比特币花了两次，从两名受害者那里各购得等值黄金。攻击者还可以如法炮制，取消与受害者 B 的转账，将同一笔钱再支付给其他人。

关于这种攻击，中本聪给出的解决方案是，建议收款人不要在公告挂出时立即确认交易完成，而是应该再看一段时间，等待各个挖矿小组再挂出 6 张确认账簿，并且之前的账簿没有被取消，才确认钱已到账。

中本聪解释道，之前设定变态的编号规则，正是为了防御这一点。根据前面所述，生成有效账簿页不是那么简单的，要花费大量的人力反复试不同的幸运数字，而且过程完全是碰运气。如果某账簿页包含收到钱的确认，并且在后面又延续了 6 个，那么攻击者想要在落后 6 页的情况下从另一个分支赶超当前主分支是非常困难的，除非攻击者拥有非常多的人力，超过其他所有诚实矿工的人力之和。而且，如果攻击者有如此多人力，与其花这么大力气弄这种攻击，还不如做诚实矿工挖矿得到的收益大。这就从动机上杜绝了攻击的形成。

3. 比特币会一直增加下去，岂不是会严重通货膨胀？

中本聪说，这一点我也想到了。前面忘了说了，我给矿工组织的操作细则手册会说明，刚开始我们协议每生成一页账簿，奖励小组 50 比特币，后面，每当账簿增加 21 000 页，奖励就减半，例如，当达到 210 000 页后，每生成一页账簿奖励 25 比特币，420 000 页后，每生成一页奖励 12.5 比特币，依次类推，等账簿达到 6 930 000 页后，新生成账簿页就没有奖励了。此时比特币全量约为 21 000 000 个，这就是比特币的总量，所以不会无限增加下去。

4. 没有奖励后，就没人做矿工了，岂不是没人帮忙确认交易了？

到时，矿工的收益会由挖矿所得变为收取手续费。例如，你在转账时可以指定其中1%作为手续费支付给生成账簿页的小组，各个小组会挑选手续费高的交易单优先确认。

5. 矿工如果越来越多，比特币生成速度会变快吗？

中本聪解释，虽然可以任意加入和退出矿工组织，导致矿工人数变化，每个矿工也会拿到一个编码生成器，但是已经在编码生成器中加入了调控机制，当前工作的编码生成器越多，每个机器的效率就越低，保证新账簿页生成速率不变。

6. 虽然每个人的代号是匿名的，但如果泄露了某个人的代号，账簿又是公开的，岂不是他的所有账目都查出来了？

确实是这样的。例如，你要和某人交易，必然要有他的代号才能填写交易单。因为收款人一栏要填入对方的代号。不过中本聪说可以提供无限制的保密印章，建议每一次交易用不同的保密印章，这样查账簿就追查不到同一个人的所有账目了。

1.3 从比特币到区块链

1.3.1 下一代区块链——以太坊

如果说比特币是去中心化社会秩序和点对点加密数字货币的鼻祖，那么以太坊的出现为比特币底层的区块链技术赋予了新的生命力和想象空间，把它称为下一代区块链。

以太坊是一个全新开放的区块链平台，它允许任何人在平台中建立和使用通过区块链技术运行的去中心化应用。就像比特币一样，以太坊不受任何人控制，也不归任何人所有——它是一个开放源代码的项目，由全球范围内的很多人共同创建。和比特币协议有所不同的是，以太坊的设计十分灵活，极具适应性。在以太坊平台上创立新的应用十分简便，随着 Homestead 的发布，任何人都可以安全地使用该平台上的应用。

区块链技术是比特币的底层技术，这一技术第一次被描述出现在中本聪2008年发表的论文中，但直到几年后，区块链技术才作为通用术语出现。一个区块链是一个分布式计算架构，里面的每个网络节点执行并记录相同的交易，交易被分组为区块。一次只能增加一个区块，每个区块有一个数学证明来保证新的区块与之前的区块保持先后顺序。这样一来，区块链的“分布式数据库”就能和整个网络保持一致。个体用户与总账的互动(交易)受到安全的密码保护。由数学执行并编码到协议中的经济激励因素(挖矿)激励着维持和验证网络的节点。

在比特币中，分布式数据库被设想为一个账户余额表或一个总账，交易就是通过比特币的转移以实现个体之间无须信任基础的金融活动。但是随着比特币吸引了越来越多开发者和技术专家的注意，新的项目开始将比特币网络用于有价代币转移之外的其他用途。其中很多都采用了“代币”的形式——以原始比特币协议为基础，增加了新的特征或功能，采用各自加密货币的独立区块链。在2013年年末，以太坊的发明者 Vitalik Buterin 建议通过程序重组来运行任意复杂运算的单个区块链不仅仅是一个简单账本，并且应该包含其他程序。

2014年，以太坊的创始人 Vitalik Buterin、Gavin Wood 和 Jeffrey Wilcke 开始研究新一代区块链，试图实现一个总体上完全无须信任基础的智能合约平台。

以太坊是可编程的区块链，它并不是给用户一系列预先设定好的操作（如比特币交易），而是允许用户按照自己的意愿创建复杂的操作。这样一来，它就可以作为去中心化区块链的平台，提供多种类型的应用，包括但并不仅限于加密货币。

以太坊狭义上是指一系列定义去中心化应用平台的协议，它的核心是以太坊虚拟机（EVM），可以执行任意复杂算法的编码。在计算机科学术语中，以太坊是“图灵完备的”。开发者能够使用现有的 JavaScript 和 Python 等编程语言，创建出在以太坊虚拟机上运行的应用。

和其他区块链一样，以太坊也有一个点对点网络协议。以太坊区块链数据库由众多连接到网络的节点来维护和更新。每个网络节点都运行以太坊虚拟机并执行相同的指令。因此，人们有时形象地称以太坊为“世界计算机”。

这个贯穿整个以太坊网络的大规模并行运算并不是为了使运算更高效。实际上，这个过程使得在以太坊上进行运算比在传统“计算机”上更慢、更昂贵。然而，每个以太坊节点都运行着以太坊虚拟机保持了整个区块链的一致性。去中心化的一致性使以太坊有极高的故障容错性，保证零停机，而且可以使存储在区块链上的数据保持永远不变且抗审查。

以太坊平台本身没有特点，没有价值性。和编程语言相似，它由企业家和开发者决定其用途。以太坊尤其适合那些在点与点之间自动进行直接交互或者跨网络促进小组协调活动的应用。例如，协调点对点市场的应用，或是复杂财务合约的自动化。比特币使个体能够不借助金融机构、银行或政府等其他中介来进行货币交换。以太坊的影响可能更为深远。理论上，任何复杂的金融活动或交易都能在以太坊上用编码自动且可靠地进行。除金融类应用外，任何对信任、安全和持久性要求较高的应用场景，如资产注册、投票、管理和物联网，都会在以太坊平台受益。

1.3.2 以太坊的工作机制

以太坊合并了很多对比特币用户来说十分熟悉的特征和技术，同时自己也进行了很多修正和创新。比特币区块链纯粹是一个关于交易的列表，而以太坊的基础单元是账户。以太坊区块链跟踪每个账户的状态，所有以太坊区块链上的状态转换都是账户之间价值和信息的转移。账户分为两类：外部账户(EOA)，由私人密码控制；合约账户，由它们的合约编码控制，只能由外部账户"激活"。

对于大部分用户来说，两者基本的区别在于外部账户由人类用户掌控，因为他们能够控制私钥，进而控制外部账户。而合约账户则是由内部编码管控。如果它们是被人类用户"控制"的，那也是因为程序设定它们允许被具有特定地址的外部账户控制，进而被持有私钥的外部账户的所有者所控制。"智能合约"这个流行的术语指的是在合约账户中编码——交易被发送给该账户时所运行的程序。用户可以通过在区块链中部署编码来创建新的合约。

只有当外部账户发出指令时，合约账户才会执行相应的操作。所以合约账户不可能自发地执行诸如任意数码生成或应用程序界面调用等操作。之所以对合约账户要求这么严格，是因为以太坊要求节点与运算结果保持一致。

和比特币一样，以太坊用户必须向网络支付少量交易费用。这可以使以太坊区块链免受无关紧要或恶意的运算任务干扰，如分布式拒绝服务(DDoS)攻击或无限循环。交易的发送者必须在激活的"程序"的每一步付款，包括运算和记忆存储。费用通过以太坊自有的有价代币——以太币的形式支付。

交易费用由节点收集，节点使网络生效。这些"矿工"就是以太坊网络中收集、传播、确认和执行交易的节点。矿工将交易分组，包括许多以太坊区块链中账户"状态"的更新，分成的组称为"区块"，矿工会互相竞争，以使他们的区块可以添加到下一个区块链上。矿工每挖到一个成功的区块就会得到以太币奖励。这就为人们带来了经济激励，促使人们为以太坊网络贡献硬件和电力。

和比特币网络一样，矿工有解决复杂数学问题的任务以便成功地"挖"到区块，称为"工作量证明"。为防止比特币网络中已经发生的、专门硬件(如特定用途集成电路)造成的中心化现象，以太坊选择了与比特币不同的难以存储的运算问题。如果问题需要存储器和中央处理器(CPU)，那么理想的硬件是普通的计算机。这就使以太坊的工作量证明具有抗特定用途集成电路性，和比特币这种由专门硬件控制挖矿的区块链相比，能够带来更加去中心化的安全分布。

新一代程序员的目光正由比特币转向以太坊。这些程序员可能从没有对加密货币产生兴趣，但是他们被以太坊的无须信用的交易以及图灵完备性所吸引。

以太坊的智能合约其实就是存储在区块链里的代码。只要再加一个用户界面，智能合约就可以作为去中心化应用(dapps)的后端。用已有的对比特币的理解，可以把一个比特币交易想成一个具有三个输入和两个输出的程序(比特币对输入和输出的定义并不是这样的，但先不要在乎细节)。输入指的是要交易的比特币总和、转账人的地址和收款人的地址。输出就是转账后，余额更新后的这两个账户。被矿工挖出来的交易记录是公开的，里面有一个程序曾经运行的记录，通过某些输入产生了某些输出。在比特币里，这种转账程序就是唯一存在的程序，每个节点因此都能根据输入正确地验证输出。

以太坊把程序的限度，从简单的转账，扩展到一切能在图灵机上编写的程序。

以太坊能有这样的复杂性是因为每个网络节点上都运行着一个虚拟机(以太坊虚拟机，或 EVM)。EVM 和其他任何虚拟机没什么不同。举个例子，你可能已经熟悉 Java 虚拟机(Java virtual machine, JVM)。JVM 代码在任何装有它的机器里，同样的输入会产生同样的输出。相似地，EVM 也能让以太坊区块链代码，在同样的输入下产生公认正确的输出。

比特币区块链的完整节点里存有从零区块到现在的所有记录。以太坊的完整节点里，还多了静态代码(若是存在)、与之相关的账户信息，以及代码此时的状态。

想象存储在账户内的一个简单程序，它只接受数字输入，然后把输入的数字加到一个累计的数字上，再用新的总和来代替旧的结果。有两个账户和这个合约账户进行了交易，一个输入了 5，另一个输入了 2。现在在区块链里的信息有：

(1) 合约账户和它的静态代码；

(2) 这个合约账户的目前存储状态，即总和为 7；

(3) 一个这个账户过去的账户存储状态，即总和为 5；

(4) 一个这个账户过去的账户存储状态，即总和为 0；

(5) 三个转账记录：一个是代码最开始的存储，一个是某账户输入的 5，另一个是某账户输入的 2。

想象一个类似的程序，(必然地)存储在另一个账户里。这个程序除了有上面的功能，还存有一个线性的数组，里面存储着有两个字段的结构(结构指的是结构化的排列数据的模板)，每个结构里存有寄账人的地址，和寄账人输入的数字。有两个账户和这个合约地址进行了交易，一个输入了 5，一个输入了 2。

现在区块链里的信息有：

(1) 合约账户和它的静态代码；

(2) 这个账户的目前存储状态，即总和为 7，和一个含有两个结构的数组；

(3) 一个这个账户过去的存储状态,即总和为 5,和一个含有一个结构的数组;

(4) 一个这个账户过去的存储状态,即总和为 0,和一个空的数组;

(5) 三个转账记录,一个是代码最开始的存储,一个是某账户输入的 5,另一个是某账户输入的 2。

现在可以轻松地重新构建这个账户之前的状态,并查看都有哪些账户和它有过交易,从而创建了现在的状态。但应该尽量避免这种模式,因为从上面的例子可以看到,所有存储在数组里的数据都可以方便地用区块链本身构建出来。

1.3.3 以太坊中的矿工费

如何防止有人上传 10TB 的静态代码合约,把所有网络节点的存储空间都耗尽,或者让 CPU 无休止地做无用功。和比特币一样,在以太坊上交易是有手续费的,用来激励矿工处理交易和保护网络。不同的是以太坊是以“油费”的形式来收费的。就像汽车跑单位距离需要特定数量的汽油,以太坊上的交易每运行单位 CPU 周期或存储单位数据也要花费特定的以太币。因为以太币本身是珍贵稀有的,所以就预防了僵尸攻击。区块链上的亿万富翁,想要烧钱搞恶作剧是可以让网络变慢一会儿,但挖出这些恶意交易的矿工也会因此赚上一笔。

这对开发者和用户意味着什么呢?虽然读取本地区块链是免费的,但写入和运算是花钱的。存储更是尤其昂贵,因为任何写入的信息都会被永久地存储。相比之下,CPU 运算很便宜。正是因为任何程序所有的历史状态都被记录,改变一个账户的存储状态,在一般程序里被认为是对已分配内存的操作,在区块链中却算作写入操作。以太坊是图灵完备的,谁也拦不住你写一个视频解码器然后发布在区块链上;只不过估计你没钱运行它。假设这样的程序的代码有几千行,即使把它上传到区块链上也不会便宜。一个帮助人们理解以太坊合约实际能力的方法是:这个功能是否能在一个 1999 年的智能手机上实现?

作为开发者,这意味着你要认真思考代码的效率。虽然存储效率尤其重要,但是 CPU 的每个周期也是要花用户的钱的。两个同样功能的合约,最有效率的那个才能生存下来。

1.3.4 基于以太坊的数字版权

在同我们一起充满激情地讨论智能合约的无限可能(包括无基础设施的政府)和其他改变世界的想法前,我们来一起学习一个生活中简单的智能合约的例子。

假设我的乐队刚刚录制完一个全新的专辑,然后打算分享给观众。我们打算把专辑印制100份限量版黑胶唱片，然后只邀请购买者去我们认为最棒的酒吧观看独家表演。一般来讲我们会用类似PayPal之类的服务来收款，它再在每个交易里收取一些费用。我们收到钱后就发货，然后在表格软件上记录这个交易，这样等到第101人要买的时候我们就会拒绝他。这个计划听起来就不够稳妥，所以难怪艺人和观众宁可付中介费也要用类似Ticketmaster和Bandcamp的中介公司。幸运的是，乐队鼓手有编写以太坊智能合约的经验，我们就决定编写一个"购买记录表"来完成我们的计划，如图1-19所示。

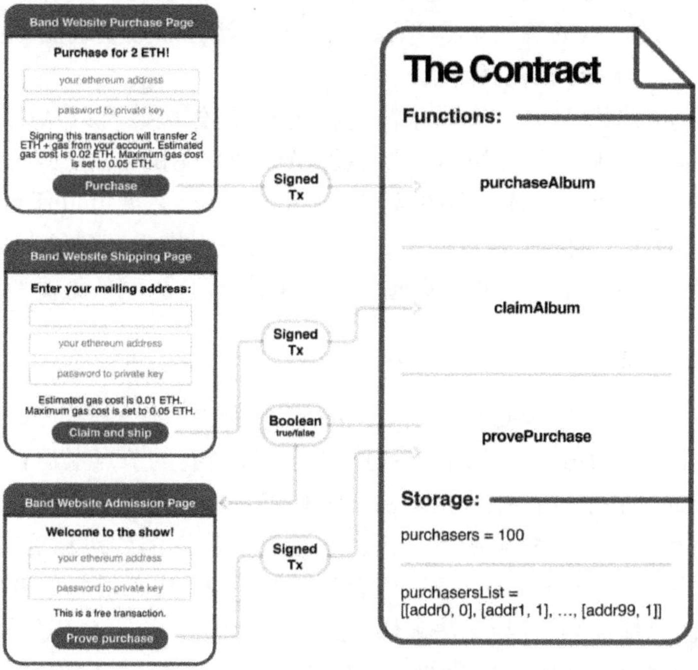

图1-19　购买记录表

这个记录表合约很简单，只有三个函数：purchaseAlbum、provePurchase和claimAlbum。观众在网页上通过purchase函数往合约账户里转入指定数额的以太币。只要转入的钱大于等于售价，合约中的计数器就会累加。寄款人的以太坊地址和领认次数组成一个结构，保存在一个数组里。要是转账后计数器超过100，交易就会失败(并退款)。

购买成功后，观众会发给我们收唱片的地址。但在寄出前，claimAlbum函数会在数组里的各个结构中查找付款人的地址并将领认次数加1。只有领认次数为1的时候我们的网页才会接受这个收货地址，之后再发货。为了保证我们只接受完成付款的人的收货地址，而且只发一份唱片，要求提交地址时用户与

claimAlbum 的转账（与区块链函数的互动都称为转账）必须使用与 purchase 函数的转账同样的以太币账户。

那如何防止表演当天没买专辑的人混进来呢？这时候就要用到 provePurchase 函数了。只需在门口放个 iPad，人们就可以用购买专辑的账户和 provePurchase 验证之前的交易了。如果这些账户存在于合约的数组里，就知道他们确实购买了专辑，provePurchase 也就会返回 True。

不仅如此，粉丝也能在购买前验证我们的专辑是否真的是独家的。以太坊上的合约的地址是内容决定的，也就是说源码进了区块链后是可以通过它的哈希散列值找到的。合约源码若是开源的话，人们就可以独立地用源码的哈希散列来验证区块上的合约的功能性。

这里描述的例子只是一个非常简化的实现，但你应该可以从中看到智能合约是如何免除中介的。Ujo Music，用更加稳固和易用的方式，实现了流媒体和转售的微支付，并让艺人有更多的掌控权。不仅如此，艺人可以保留 100%的收入。在传统的中心化的苹果音乐分发商店，一般艺人们需要付给苹果公司 30%的利润以获得安全性，但这些如果通过区块链来分发，几乎是免费的。

1.3.5 区块链 2.0——以太坊

现在我们有能力写任意复杂度的代码，把它存在区块链上，再通过它的哈希值去找它，并知道调用里面的函数后，这代码会在所有的节点上运行。代码输出的结果可以通过验证其过往的状态来让所有节点达成共识。这些复杂的函数交易就像比特币的转账一样被矿工挖出。上传到区块链的代码称为合约，也就是去中心化应用（dapps）的后台。“智能合约”这个比喻其实很好地解释了以太坊运作的方式，包括优势（合约无法破坏，任何输入都会产生可预测的输出，并且记录无法修改）和劣势（比请律师便宜，但是不完全免费）。你能想象这样的世界吗？

1.4 区块链 3.0

区块链 2.0 通过智能合约彻底颠覆了传统货币和支付的概念，而本节将探讨区块链在非金融货币领域中的价值。

根据前文所述，我们认识到区块链之所以能够做很多事情是因为区块链具有价值转移和信用转移的优势，这是一种“去信任”的架构。“去信任”架构就是系统中的参与方无须信任对方就可以完成交易和协作，这是传统互联网最薄弱的一项。

互联网时代我们通过中心化方式让信用局限在一定机构，实现了国家内的传递，但面对全球流通的挑战仍然没有好办法。在不同宗教、政治、文化的全球活动中，唯有通过数学来实现更多共识。通过信用共识，基于数学的区块链实现了全球货币、支付的全部功能。进入区块链3.0时代后，区块链的应用会远远超越货币、支付和金融这些经济领域，并利用其优势重塑人类社会的方方面面。

1. 区块链是一个高效的模型

区块链不仅会重塑货币市场、支付系统、金融服务及经济形态的方方面面，而且会改变人类的每个领域。区块链技术能够提供从根本上让组织形态减少摩擦并且提高效率的新方案。区块链去中心化的特性和整个网络的流动性，两者将所有人连接在一起。去中心交易提供了一种通用技术和全球化的解决方案，自动化地实现物理资源和人力资源的分配，解放了过去由人力来完成的各种协调和确认，也许以后所有人类活动都可以通过区块链来协调。

2. 区块链技术涉及的领域

区块链涉及多个领域知识：公钥和私钥加密、P2P文件共享、分布式计算、网络模型、匿名、区块链账本、加密数字货币和协议等。只有理解了这些概念才能提出基于区块链的创新解决方案，并应用到已知领域，反过来也会推动区块链的发展。

3. 区块链技术能够实现量子级别管理

区块链可以促进一种全自动的计算方式，这是一种通用的无缝协作方式，让没有数量限制的参与方共同协作，这种通用协作方式是过去人类无法想象的。

4. 区块链促进大数据预测任务自动化

区块链可以和大数据连接，大数据预测分析可以和自动执行的智能合约完美结合，区块链技术加入经济支付层面，作为量化工具，海量自动执行的任务会解放大量的人类生产力。区块链也会促进大数据向下一个数量级发展。

5. 分布式反审查组织模式

区块链为跨国公共产品服务的管理问题提供了解决方案。维基解密的斯诺登泄密事件中，由于强大的中心化政府干预，信用卡支付网络和PayPal都拒绝支持对维基解密的捐赠，这样维基解密在经济上被完全封锁了，这种情况下，使用比特币进行捐款就可以突破这种限制。

6. Namecoin：去中心化域名系统

Namecoin可以用于替换域名系统，无法被任何公司或政府控制。它能够让全世界任何人不受限制和审查，自由地在互联网上发布信息。

7. 数字艺术：区块链认证服务

数字艺术是区块链加密技术能提供颠覆性创新的另一个舞台。数字艺术在区块链行业的主要应用是指，利用区块链技术来注册任何形式的知识产权，或将鉴证服务变得更加普遍，如合同公证。数字艺术还可以针对在线图片、照片或数字艺术作品这些数字资产，通过区块链来保护知识产权。

8. Monegraph：在线图片保护

Monegraph 用户只要将之前创建且发布在网上的图片资产进行注册，就可以对他们的这些数字资产进行货币化。就像比特币能够验证货币的所有权一样，Monegraph 也能验证资产所有权：这是一个区块链智能资产运用案例。

未来区块链可以应用到任何领域，虽然我们现在还不熟悉去中心化的服务，但是趋势不可逆转。我们也在慢慢接受去中心化的服务，如微博、微信正在重构传统媒体。相信未来更多领域将会引入去中心化的区块链技术。

1.5 其他改进的区块链加密数字代币

1.5.1 以太坊经典

以太坊经典(ETC)是以太坊硬分裂的一个产物，这一分裂不只是心理上的分裂。鉴于其还涵盖了公共区块链系统，这一分裂也是技术上的分裂，它呈现了两个真实区块链中的不同竞争观念，或者说是项目交易历史的不同版本。

如果说比特币设想的是如何让用户创造并管理货币，那么以太坊追求的就是让一个用户分布小组创建并管理一个去中心化且不受审查的应用程序商店。但是，现在这个平台有两个略有差异的版本供用户进行选择：一个是以太坊，也就是该区块链的“官方”版本，由其原始开发者进行维护；另一个是“以太坊经典”，是该区块链的一个替代方案，由一个全新团队进行维护。这两个版本都提供相同的技术平台，根据开发者表示，他们对于接下来的发展路线图的见解也是一致的。但是，他们之间小小的区别却衍生出了两个市场，两者合起来总价值达 12 亿美元左右。

以太坊为什么会分裂？这都起源于以太坊最热项目 The DAO(分布式自治组织的缩写)通过公开众筹共筹集了 1.5 亿美元以太币。

网络上，任何持有以太币的人都可以参与这次众筹。投资者将钱传给 The DAO，然后收到投票代币，之后由这些投资(投票)的人通过民主投票，决定如何使用 The DAO 资金。但是就在要开始投票表决的时候，The DAO 被黑客攻击了(或者说被攻击了，被强迫妥协了，仁者见仁，智者见智)。

但是，当某个体也可能是团体通过代码中一个有效行动，将资金提取到其所控制的 DAO 账户中时，问题就变得非常严重了。对以太坊平台而言，这个行为从某种程度上说是有效的，它可以根据合约内容进行执行；但是对其他投资者来说，这就是个饱受争议的行为。跳过其间的一系列争论，以太坊社区最终做出投票表决，大部分参与者同意更改以太坊代码，希望索回资金——从攻击者那里要回来，还给投资人。

紧接着就有一小部分人不同意这个选择，他们还采取了行动。虽然大部分人认为区块链能够也应该进行更改，前提是大家都同意。但是其他开发者表示，为了提供一个良好的历史记录，区块链不得不实现抗审查性并且避免被篡改。因此，少数发声群众没有在以太坊创建全新区块链时改变态度，相反，他们继续坚持老版本的区块链。最后的结果就是，“以太坊经典”是其区块链的一个平行版本，其中资金从来没有还给过随着 The DAO 项目终止而失去资金的以太币持有者。相比之下，以太坊区块链，已经将这些资金转移到其他地址中了。

以太坊经典的网站显示：“以太坊基金会回应的方式可能是最糟糕的一种。”之后他们又解释道：“我们相信最初版本的以太坊，作为一个世界计算机，它不会说倒就倒，它运行着不可逆的智能合约。”项目组织者随后在加密声明中概括了规定，即区块链应该在其见证下进行，包括其开放性，以及更重要的不可改变性——也就是，一旦做出交易，即使是在黑客攻击下，交易也不能逆回。网站写着：“不是所有区块链都是平等的。”而且通过留在未经变动的以太坊版本中，他们是在保护这些价值。

关于以太坊经典的价值所在仍旧在争论中，但是总的来说，它拥有价值是因为人们信任其中的项目，而且既然它已经存在于世上，那么这些想要给予支持的人就可以在市场进行投资（或投机）。

从本质上说以太坊经典可以说是数字货币界的一次克隆，所以以太币持有者现在可以在以太坊经典区块链版本中设置账户，来赚钱并复制其余额。因为以太坊经典是原始区块链的一个复制品，除了几个与 The DAO 交易逆转相关的关键变化外，每个在以太坊持有代币的人，在分叉期都会持有相同数量的以太坊经典代币。对交易者来说，这从本质上算是一笔意外之财。

如果你曾拥有 100 美元以太币，那么在分叉期（那时的价格是 12 美元），你就有 8 个以太币，也就是说你现在还有 8 个经典以太币（ETC），或者说是另外拥有了 16 美元。之前持有更多以太币的人，现在会获取更多意外之财。

这也给交易所带来了问题，因为即使他们不想让经典以太币上市，他们怎么说也是持有顾客资金的，因为在分叉期他们持有以太币。但是大型交易所已经纳入了这些替代的以太坊代币，所以现在就可以交易以太币（ETH）或经典以太币了。

在更换两种货币中也有获利机遇，某初创公司创建人甚至提出了这个质疑，即这是否会是货币二次使用的一个新途径，这个问题也曾是比特币区块链要解决的，因为其不需要中央权威的介入。未来会有两个以太坊在两条不同的道路上发展。目前为止，它们中有一个拥有以太坊应该提供的相似功能，主要就是智能合约，来帮助创建推特的构建版本，从而省去审查过程，实现去中心化自治组织。但是，它更便宜，而且要在没有开发者工具生态系统的环境下使用，会出现更多麻烦。以太坊本身也是压紧的，因为有些用户与矿工还留在旧链上，这就减少了用户总数，降低了网络安全。虽然现在这些事情都已发生，以太坊经典也已存在，但是社区还是抱有很多疑问。例如，区块链硬分叉，或者说是在没有达到近乎一致的共识情况下重写代码来逆转交易的这种冒险是否值得。如果以太坊开发者再次分叉来解决相似的问题，那么它又是否会被再次分裂。无论是哪种方式，我们都无法清楚地确定以太坊经典对技术的发展是好是坏。而这个颇具争议的区块链给了少数人创建自己系统的机会，而且有些人也表示这是一项令人激动的开发。

1.5.2 莱特币

莱特币(Litecoin)加密货币是一款点对点的分布式网络货币系统。它可以在瞬间以低廉交易费的方式向全世界的任意角落付款。莱特币是一个开源的项目，全球性的支付网络，没有任何的中央控制节点。严谨的密码学协议使这个网络系统充分保障每一位用户的财务安全。莱特币相对比特币的加密货币系统，拥有更快的交易确认时间，更高的网络交易容量和效率。莱特币现在拥有完整的产业链，充分的流动性，足以证明其是成熟、安全、稳定的商用金融系统。

莱特币受到了比特币的启发，并且在技术上具有相同的实现原理，莱特币的创造和转让基于一种开源的加密协议，不受任何中央机构的管理。莱特币旨在改进比特币，与其相比，莱特币具有三种显著差异。

第一，莱特币网络每 2.5 分钟(而不是 10 分钟)就可以处理一个块，因此可以提供更快的交易确认。

第二，莱特币网络预期产出 8 400 万个莱特币，是比特币网络发行货币量的 4 倍之多。

第三，莱特币在其工作量证明算法中使用了由 Colin Percival 首次提出的 Scrypt 加密算法，这使得相比于比特币，在普通计算机上进行莱特币挖掘更为容易。每一个莱特币被分成 100 000 000 个更小的单位，通过八位小数来界定。

由于莱特币类似于比特币的点对点网络，通过 Scrypt 工作量证明方案来处理莱特币交易、结余以及发行(当一个足够小的哈希值被发现时，一个块就会被创建，此时莱特币就会被发行，而发现这个哈希值和创建块的过程称为“挖矿”)。

莱特币的发行速率按照等比数列，每四年(每 840 000 个块)减少一半，最终达到总量 8 400 万个莱特币。不同于比特币，Scrypt 所具有的内存密集特性让莱特币更适合用图形处理器进行“挖矿”。为 Scrypt 实施的现场可编辑逻辑门阵列(FPGA)和专用集成电路(ASIC)，相比于比特币使用的 SHA－256 更为昂贵。莱特币是需要通过“矿工挖矿”产生的，挖矿通过计算机显卡进行哈希运算，如果计算到“爆矿”的值，则系统会一次性奖励 50 个莱特币，目前莱特币的运算能力增长很快，矿工通过几台计算机已无法挖到矿，因此需要加入矿池，矿池集合了大家所有运算能力，估计计算到“爆矿”值的概率更大。莱特币区块链与其竞争对手比特币比起来，能够处理更大的交易量。由于数据块的生成更加频繁，该网络可以支持更多的交易，并且无须在将来修改软件。因此，商家可以获得更快的交易确认，而且在销售大额商品时依然能够等待更多的交易确认。

1.5.3　瑞波币

瑞波币是 Ripple 网络的基础货币，它可以在整个 Ripple 网络中流通，总数量为 1 000 亿，并且随着交易的增多而逐渐减少，瑞波币的运营公司为 Ripple Labs。

瑞波币是 Ripple 系统中唯一的通用货币，其不同于 Ripple 系统中的其他货币，其他货币如人民币、美元不能跨网关提现，换句话说，A 网关发行的人民币只能在 A 网关提现，若想在 B 网关提现，必须通过 Ripple 系统的挂单功能转化为 B 网关的人民币才可以到 B 网关提现。而瑞波币完全没有这方面的限制，它在 Ripple 系统内是通用的。

在 Ripple 网络发展的早期，其用户一直不多，仅流行于若干个孤立的小圈子，原因是 Ripple 协议的最初设计思路是基于熟人关系网和信任链的。一个人要使用 Ripple 网络进行汇款或借贷，前提是在网络中收款人与付款人必须是朋友(互相建立了信任关系)，或者有共同的朋友(经过朋友的传递形成信任链)，如果无法在该用户与其他用户之间建立信任链，转账就无法进行。

该状况随着 OpenCoin 公司的成立得以改观。克里斯拉尔森和杰德迈克卡勒伯 2012 年在旧金山共同创立了 OpenCoin 公司，并接手了 Ripple，组建 Ripple Labs，开始搭建这个在他们眼里代表“未来支付”的平台。公开资料显示，2013 年的新版 Ripple 网络引入两个措施解决孤立小圈子的问题。

其一是推出瑞波币(XRP)，它作为 Ripple 网络的基础货币，就像比特币一样可以在整个 Ripple 网络中自由流通，而不必局限于熟人圈子。瑞波币是一个网络内的工具，它有两个作用，一是防止垃圾请求攻击(由于 Ripple 协议的开源性，恶意攻击者可以制造大量的“垃圾账目”，导致网络瘫痪，为了避免这种情况，

Ripple Labs 要求每个 Ripple 账户都至少有 20 个瑞波币，每进行一次交易，就会销毁十万分之一个瑞波币。这一费用对于正常交易者来说成本几乎可以忽略不计，但对于恶意攻击、制造海量的虚假账户和交易信息者，所销毁的瑞波币会呈几何数级增长，成本将是巨大的)；二是作为桥梁货币，成为各种货币兑换之中的一个中间物。

其二是引入网关(Gateway)系统，网关是 Ripple 网络中资金进出的大门，它类似于货币存取和兑换机构，允许人们把法定货币、虚拟货币注入或抽离 Ripple 网络，并可充当支付双方的桥梁，即作为陌生人之间的“共同朋友”，相当于 SWIFT 协议中的银行，这使得瑞波币之外的转账可以在陌生人之间进行。

需要说明的是，有一些人认为，Ripple 系统作为一种全新的全球支付系统，无疑潜力巨大，很有可能颠覆未来的支付行业，但是其系统上的通用货币瑞波币可有可无，因为没有瑞波币的 Ripple 系统照样可以正常运转，这是一个很明显的错误，首先 2013 年之前的 Ripple 一直是没有瑞波币的，事实已经证明这样的 Ripple 系统无法发展，正因为有了瑞波币，才使得 Ripple 系统从 2013 年开始步入了快速发展的崭新时期；其次，没有瑞波币的这样一个通用货币，任何一个人都可以通过建立很多个虚假账户来信任一个虚假网关，从而欺骗系统形成一个规模很大的假网关，这对 Ripple 的发展是极为不利的；而且，瑞波币的存在相当于 Ripple 系统的润滑剂和桥梁，为 Ripple 系统的流动性提供了巨大的便利。

一直以来，瑞波币绝大多数为 Ripple Labs 所持有，其发币的体制也长期为人所诟病，截至 2015 年 1 月瑞波币只发行了 1 000 亿中的 300 多亿，其中还包括三位联合创始人的将近 200 亿，据此推断，瑞波币的实际流通量不超过 150 亿。获取瑞波币有以下途径：

(1) 社区用户的免费赠送；

(2) 世界社群网络(WCG)挖矿(目前已暂停)；

(3) 大户批发；

(4) 内部员工以工资形式发放；

(5) 合作机构的免费赠送。

瑞波币和比特币一样都是基于数学和密码学的数字货币，与比特币没有真正的用途不同。瑞波币在 Ripple 系统中主要起桥梁货币和保障安全的功能，其中保障安全的功能是不可或缺的，这要求参与这个协议的网关都必须持有少量瑞波币。理论上，网关需要购买的瑞波币并不多，其价格也非常便宜，1 个瑞波币仅为 0.4 美分(截至 2015 年 3 月 14 日，其价格已经升至 1 美分左右)。Ripple Labs 持有 770 亿瑞波币，简单以 0.4 美分的价格估值，价值约为 3 亿美元。Ripple Labs 称，为了让 Ripple 协议有更多的参与者，他们将逐步将其中的 550

亿瑞波币捐赠给这一系统中的用户，自己留下 220 亿。与比特币一样，瑞波币的数量也是不能“超发”的（总量为 1 000 亿个），但由于每次交易都将销毁少量瑞波币，这就意味着瑞波币的数量会逐渐减少。如果 Ripple 协议能够成为全球主流的支付协议，网关对于瑞波币的需求就会更为广泛——需求旺盛而数量却在减少，就会导致瑞波币升值。因此，即使捐出了持有大部分的瑞波币，Ripple Labs 的价值仍然可以非常高。

这仅仅是设想。毕竟，这一支付协议还只是一个新生的事物。截至目前，全球首家，也是唯一一家宣布接入 Ripple 协议的银行，是德国 Fidor 银行，这是一家在数字货币领域踊跃探索的互联网直销银行，总部设在德国慕尼黑。此前，该银行与比特币合作也被视为开创性的举动。虽然有了起步，但 Ripple 协议要“征服”银行，尤其是不像 Fidor 那么创新的传统银行，仍是任重道远。同时，因 Ripple Labs 官方并不在乎瑞波币价格的高低，也不希望人们通过炒作使瑞波币的价格在短期内得到很大的升高，而是希望人们通过了解 Ripple 协议来慢慢接受瑞波币，所以瑞波币价格波动相比其他虚拟币可能会小一些，但是长期来看，它的价格会随着 Ripple 协议的发展而慢慢显现出来。然而，任何投资都是有风险的，建议大家理性投资，对其价值做出合理判断后再做决定。

1.5.4　达世币

基于比特币成果，达世币（DASH）是首个以保护隐私为要旨的加密数字货币。它在比特币概念的基础上进行了一系列的改进，由此诞生出一个具备去中心化的和良好匿名性的加密数字货币，它支持防篡改的即时交易，又具有能为达世币网络提供服务奖励机制的点对点次级网络。

全节点是运行在 P2P 网络上的服务器，让小节点使用它们来接受来自全网的动态变化。这些全节点需要显著的流量和消耗大量成本的其他资源，由此在一段时间内会观察到比特币网络上的这些节点数量呈现稳步下降的趋势，导致区块广播的时间需要额外增加 40 秒。为解决这个问题，达世币提出了许多方案：

（1）主节点奖励计划——成本和奖励；

（2）确定顺序；

（3）非信任制的 Quorum；

（4）角色和服务量证明机制；

（5）主节点协议；

（6）主节点列表的广播；

（7）使用挖矿进行支付和强制规定；

(8) 匿名支付；

(9) 直接链接和中继链接；

(10) 增强的隐私和 DOS 防护；

(11) 被动的资金和区块链匿名；

(12) 安全性考虑；

(13) 其他改进——x11 算法；

(14) 达世币挖矿。

总之，达世币旨在在比特币协议的基础上作出进一步的改进，这对于普通用户来说意味着更好的隐私性、可互换性、更少的价格波动和全网更快的信息广播。这一切都是通过使用 two-tier 激励模型，而不是借用其他数字货币如比特币现有的 single-tier 模型来实现。使用这个可替代的网络设计让添加更多类型的服务成为可能，如去中心化的混币技术、即时交易和使用主节点 Quorum 的去中心化预言。

1.5.5 狗狗币

一位澳大利亚的品牌与市场营销专家，一位美国俄勒冈州波特兰市的程序员，这两个人此前素昧平生，却成功地将最火爆的两种产品——比特币和狗狗(Doge，对美国人而言 Doge 就跟土豪在中国的流行程度类似)结合在一起，结果 Dogecoin(狗狗币)就诞生了。而且人们还真的在使用它。

Adobe 公司悉尼市场部门的 Jackson Palmer 一直在研究电子货币，看了 Doge 后突发奇想，发了个推文：投资狗狗币，这就是下一个大机遇。

随后不久他得到了不少回复，都是鼓励他继续完成这个想法。而一个礼拜后他买下了 Dogecoin. com 的域名，该域名被 Doge 的大本营 reddit 收录。

而与此同时，在波特兰，Billy Markus 一直想创造属于自己的电子货币，他希望这种货币能够满足更多人的需求，而不是像比特币那样为投机者服务。域名刚注册没两天，他偶然知道了这个网站，顿时觉得找到了归属。

于是他给 Palmer 发了条推文，表达合作之意。在 Palmer 回复之前，他就开始重新排列比特币的源代码，并加入了 Doge Meme 的元素。

后来两人一拍即合，在 Palmer 半开玩笑的推文发布后一周左右，狗狗币诞生了。

在 reddit 的推波助澜之下，这个网站立刻就火了。不过两周的时间，狗狗币已经有了专门的博客、论坛，市值达到 800 万美元，一度跃升为全球第七大电子货币。

它是如何做到的呢?

答案是“小费”。如果你在互联网上表演了一个相当不错的段子，人们通常会愿意通过电子货币给你点小费。在小费文化盛行的美国，这种事情很容易得到认同。

但比特币太贵了，所以更便宜的狗狗币受到欢迎。其上线仅一周的时间，便成为第二大的小费货币。他们正希望脸书能够接受狗狗币，这样你的朋友不仅可以点赞，还可以顺便给你点小费。

狗狗币如此受追捧的理由当然不止如此。

从技术上说，狗狗币实际上与莱特币是一个派别，它们都基于 Scrypt 算法，与莱特币一样，其交易过程比比特币更加便捷，而且它们的数量也更多，狗狗币最多可以挖出 1 000 亿个，而比特币是 2 100 万个。

Palmer 也提到，狗狗币并不像比特币那样，人们并不是为了投机才参与其中，狗狗币是一种表达分享和感谢的方式。

狗狗币能风靡全球的原因主要有以下三点。

第一，它有一个好的文化背景——小费文化。狗狗币作为电子货币，诞生于 2013 年 12 月 12 日，其上线仅一周的时间，便成为第二大的小费货币。好多人参与狗狗币交易，并不是为了投机才参与其中，而是把它作为一种表达分享和感恩的方式。

第二，它有一个好的人文背景——慈善文化。狗狗币在慈善方面的应用已经非常广泛，继帮助“牙买加雪橇队”和印度三名运动员踏上索契冬奥会征程之后，“Doge4Kids”的慈善募捐活动，所得善款全部捐献给 4 Paws For Ability 慈善机构。据了解狗狗币基金又赞助 3 万美元解决肯尼亚水资源危机，这不得不说是狗狗币做的另一件值得表扬的慈善事件。此外据消息，近期狗狗币基金还资助了一个赛车比赛。

第三，人气指数比较高，有数据表明在 reddit 狗狗币社区关注度超过 7. 5 万，远远超过了莱特币，而比特币五年的时间，才 12 万的关注度。有比较广泛的应用的大量国外网站在接受比特币支付的同时，都支持狗狗币支付；成交量是另一个佐证。在 C 网上狗币的成交量，自从上线以来，一直都是排在第一位，超过其他所有币包括莱特币的成交量。成交量大，流通性好，是虚拟货币存在的一个重要价值体现。

狗狗币的一些应用如下。

(1) Facebook 通过狗狗币消费应用程序。

两款打赏应用软件已经获得了 Facebook 的上线允许。这两款应用分别是 Doge Tipping App 和 Multicoin Tipping App，前者仅限使用狗狗币，后者支持狗狗币在内的 14 种币，可以对 Facebook 上的评论给予打赏。这已经不是电子货币第一次出现在 Facebook 了,但是这确是专门的打赏服务软件首次登录这一平台。

软件开发团队负责人 Alejandro Caballero 将这两个应用接连获得允许称为“双重惊喜”,团队现在正努力向该领域引进更多新的币种。狗狗币社区对这一事件表示赞赏并给予狗狗币作为鼓励。

尽管 Facebook 批准了这两个应用上线,但是用户应该对相关限制保持注意,打赏功能只限于被批准的组群,这样可以避免用户的混乱,但是组群是可以添加的,所以实际上所有 Facebook 用户都可能收到打赏。

除了在 Facebook 上线外,开发团队还有更远大的计划,目前正在为 WordPress、Drupal、Joomla、Xenforo、PHPBB 等开发全球性的打赏平台。狗狗币是比较流行的打赏工具,但是受到一些平台的限制,这次在 Facebook 的登录将为狗狗币带来更多使用者。

(2) Twitch 接受狗狗币。

2014 年 10 月 22 日消息,面向视频游戏的实时流媒体视频平台 Twitch 在其官方 Twitter 上宣布,该公司已经接受狗狗币作为其支付订阅方式。值得注意的是,Twitch 这家公司上月底成功以 9.7 亿美元的价格被亚马逊收购,成为亚马逊史上的最大一笔收购。

Twitch 成立于 2011 年 6 月,主要为游戏玩家提供流媒体实时视频直播服务。Twitch 表示,该公司拥有超过 5 500 万人次的月活跃用户数。

(3) 狗狗币高中电子竞技联赛。

美国高中电子竞技联赛的第一场比赛(HSEL)将有 50 000 的狗狗币作为奖金,联赛选择的游戏是“League of Legends”(国内译为“英雄联盟”),这是一个非常受欢迎的免费在线游戏。

你可以在 Twitch.tv 上关注这个比赛的实况。在该比赛中,50 000 狗狗币被发放,随着越来越多的人开始关注,狗狗币这个词蔓延传播。大家逐渐接受这种使用场景,对狗狗币未来的价值起到有力的支撑。

(4) 44.6 万美元融资。

另外,狗狗币流行打赏工具 Dogetipbot,其团队已在种子轮中筹集到了近 44.6 万美元。

本轮融资由黑鸟风险投资公司(Blackbird Ventures)领投,这是一家总部位于悉尼的风投集团,其他投资者包括天使投资人 Scott 和 Cyan Banister。

据悉,Dogetipbot 是一种可以让用户进行狗狗币小额打赏的工具,目前该打赏工具支持 Reddit、Twitter 以及 Twitch 几大平台,据 Dogetipbot 一方表示,迄今为止,该服务已经处理了超过 6.5 亿笔交易。

(5) 国际支付平台 GoCoin 宣布计划支持狗狗币。

此举意味着使用该平台商家将很快能够接受狗狗币支付，目前 GoCoin 已经支持比特币和莱特币。

GoCoin 创始人兼 CEO 史蒂夫·博勒加德表示："我们已经仔细观察了所有的最新山寨币(对比特币以外所有的虚拟货币的总称)，选择狗狗币作为一个可行的货币款项，在很大程度上，来源于其社会的力量。通过集成狗狗币到我们的平台，GoCoin 更进一步让商家接受任何数字货币，增加平台销售与扩展新顾客的能力。""我们期望能够在未来几周实现对狗狗币的支持，"他补充说。

(6) 美国 Xidax 公司成首家支持狗狗币支付企业。

据美国福布斯网站报道，美国犹他州盐湖城的高级个人计算机生成器公司 Xidax，成为第一个把狗狗币作为支付货币的生成器公司。由于该公司此前的比特币支付大获成功，在狗狗币用户的请求之下，Xidax 的狗狗币支付也应运而生。

(7) 大型礼品卡兑换网站支持狗狗币购买。

随着越来越多的电子商务网站提供狗狗币购买购物卡的支持，现在大型礼品卡兑换网站 egifter. com 也开始支持狗狗币购买礼品卡。

(8) "一天不接触"无国界医生狗狗币游戏募捐。

这是一个以团结而进行的筹款挑战(类似于小游戏募捐)。将筹集足够的资金来帮助无国界医生组织(MSF)治疗埃博拉病毒的受害者，并提高西非人的生活。

(9) CheapAir 宣布接受狗狗币预订航班。

2014 年 9 月 4 号，CheapAir 在宣布接受比特币预订航班以及火车票后，近日又宣布接受狗狗币以及莱特币预订航班。CheapAir 透露网站自添加比特币付款方式以来，已经完成了 150 万美元的比特币总销售额。

(10) 狗狗币打赏应用神器"币推"。

伴随着英文打赏神器 Dogetipbot 的出现，国产打赏应用软件开发也不甘落后，日前一款名为币推的打赏神器一出生就很快在施币圈中流行开来，只要看到自己喜欢的评论、喜欢的明星、喜欢的博主，都可以通过币推神器直接打赏对方，整个施币圈都沉浸在互相打赏取乐的欢快氛围中。据悉币推作者正在研发微信版，以便在中国传统节日——春节里方便施币互相打赏红包。

第 2 章　区块链的基础技术

2.1　区块链的密码学

什么是密码学？密码学是研究如何隐秘地传递信息的学科，它涉及数学和计算机科学。从古至今密码学一直在军事政府机构被重视，20 世纪 70 年代后，随着计算机技术的兴起，密码学有了重大突破并逐渐进入民用市场，现在互联网上交易、ATM 取款、刷卡消费、网络身份登录等都涉及密码学。

密码，即通信双方按照约定的法则进行信息特殊变换的一种保密手段。密码最早被使用在军事中传递重要情报，信息传递过程中一般会遇到一些恶意行为，来阻止或者破坏信息的正常传递，如传递过程中信息被干扰、中断、截取、修改等。密码学就是为了保证可靠的信息传递过程而衍生的学科。

密码学在信息技术领域的重要地位无须多言，如果没有现代密码学的研究成果，人类社会根本无法进入信息时代。下面介绍密码学与区块链相关的基础知识。

2.1.1　哈希函数

哈希函数(hash function)也称为散列函数、杂凑函数，它是一种单向密码体制，即一个从明文到密文的不可逆映射，只有加密过程，没有解密过程。其中 $h=H(x)$，x 为任意长度的输入值，H 为哈希函数，h 为输出的固定长度的密文。哈希函数这种单向的特征及长度固定的特征使得它可以生成消息或数据块的消息摘要(也称为散列值、哈希值)，因此在数据完整性和数字签名领域有着广泛的应用。

典型的哈希函数有两类：消息摘要算法(MD5)和安全散列算法(SHA)。

密码学中的哈希函数有三个重要的性质，即抗碰撞性、原像不可逆、难题友好性。

抗碰撞性是指寻找两个能够产生碰撞的消息在计算上是不可行的。但找到两个碰撞的消息在计算上不可行，并不意味着不存在两个碰撞的消息。因为哈希函数是把大空间上的消息压缩到小空间上，所以碰撞肯定存在。例如，如果哈希值的长度固定为 256 位，显然如果顺序取 1，2，…，$2^{256}+1$ 这 $2^{256}+1$ 个输入值，计算它们的哈希值，肯定能够找到两个输入值，使得它们的哈希值相同。

原像不可逆是指知道输入值，很容易通过哈希函数计算出哈希值；但知道哈希值，没有办法计算出原来的输入值。

难题友好性是指没有便捷的方法产生一个满足特殊要求的哈希值。

一个哈希函数 H 称为难题友好的，是指对于每个 n 位的输出 y，若 k 是从一个具有较高不可预测性（高小熵）的分布中选取的，不可能以小于 2^n 的时间找到一个 x，使 $H(k||x)=y$。

为了引申出工作量证明机制，考虑一个由哈希函数构成的解谜问题：已知哈希函数 H、一个高小熵分布的值 value 以及目标范围 Y，寻找 x，使得 $H(\text{value}||x)\in Y$。

这个问题等价于需要找到一个输入值，使得输出值落在目标范围 Y 内，而 Y 往往是所有输出值的一个子集。实际上，如果一个哈希函数 H 的输出为 n 位，那么输出值可以是任何一个 $0\sim2^n$ 范围内的值。预定义的目标范围 Y 的大小决定了这个问题的求解难度。如果 Y 包含所有 n 比特的串，那么问题就简单了，但如果 Y 只包含一个元素，那么这个求解是最难的，相当于给定一个哈希值，找出其中一个原像，原像不可逆的性质说明了这个难度。事实上，由于 value 具有高小熵分布，这确保了除了随机尝试 x 值以完成搜寻那个很大的空间外，没有其他有效的途径。

哈希函数的难题友好性构成了基于工作量证明的共识算法的基础。通过哈希运算得出的符合特定要求的哈希值，可以作为共识算法中的工作量证明。

高小熵是指变量呈均匀分布（随机分布）。如果在这个分布中进行随机抽样，不会经常抽到一个固定的值。例如，如果在一个 128 位的数中随机选一个固定的数 n，那么选到该数的概率是 $1/2^{128}$。

一个良好的哈希算法具有以下特点：① 在有限时间和资源内计算出哈希值；② 给定（若干）哈希值，在有限时间内很难（基本不可能）逆推出明文；③ 修改任意小的信息，输出哈希值有较大改变；④ 很难找到两段内容不同的明文，使得它们的哈希值一致（发生冲突）。

哈希函数一般可以划分为以下几类：

（1）加法哈希，将输入元素一个个加起来形成最后的结果。

（2）位运算哈希，通过移位或者异或的方式进行各种位运算，混合输入元素。

（3）乘法哈希，利用乘法不相关性，如 32 位 FNV（Fowler - Noll - Vo，以三

位科学家的姓命名)算法。

(4) 除法哈希,利用除法不相关性,但该方法应用较少。

(5) 查表哈希,循环冗余校验查表算法。

(6) 混合哈希,上述各种算法的组合,如 MD5 算法。

哈希算法常用于文件的校验和数字签名,下面介绍常用的几种哈希算法。

1. SHA-1 算法

1993 年美国国家标准与技术研究院公布了安全哈希算法 SHA-0 标准,1995 年 4 月 17 日公布的修改版本称为 SHA-1。SHA-1 在设计方面很大程度上是模仿 MD5 进行设计的,但它对任意长度的消息均是生成 160 位的消息摘要(MD5 仅仅生成 128 位的摘要),因此抗搜索能力更强。它有 5 个参与运算的 32 位寄存器字,消息分组和填充方式与 MD5 相同,主循环也同样是 4 轮,但每轮要进行 20 次操作,包含非线性运算、移位和加法运算等,但非线性函数、加法常数和循环左移操作的设计与 MD5 有一些区别。

SHA-1 的输入是最大长度小于 2^{64} 位的消息,输入消息以 512 位的分组为单位进行处理,输出是 160 位的消息摘要。SHA-1 具有实现速度快、容易实现、应用范围广等优点,其算法描述如下。

(1) 对输入的消息进行填充:填充方式是先在消息最后补一个 1,接着补 0,填充的长度范围为 1~512,经过填充后,消息的长度模 512 应与 448 同余。再将消息被填充前的长度以 64 位大头编码(big-endian)的方式附加在已填充的消息的最后。

(2) 初始化缓冲区:可以用 160 位来存放哈希函数的初始变量、中间摘要及最终摘要,但首先必须进行初始化,对每个 32 位的初始变量赋值如下。

$$H_0=\text{0X67452301}$$

$$H_1=\text{0XEFCDAB89}$$

$$H_2=\text{0X98BADCFE}$$

$$H_3=\text{0X10325476}$$

$$H_4=\text{0XC3D2E1F0}$$

(3) 进入消息处理主循环,处理消息块:一次处理 512 位的消息块,总共进行 4 轮处理,每轮进行 20 次操作,如图 2-1 所示。这 4 轮处理具有类似的结构,但每轮所使用的辅助函数和常数都不相同。每轮的输入均为当前处理的消息分组和缓冲区的当前值 A、B、C、D、E,输出仍放在缓冲区以替代旧的 A、

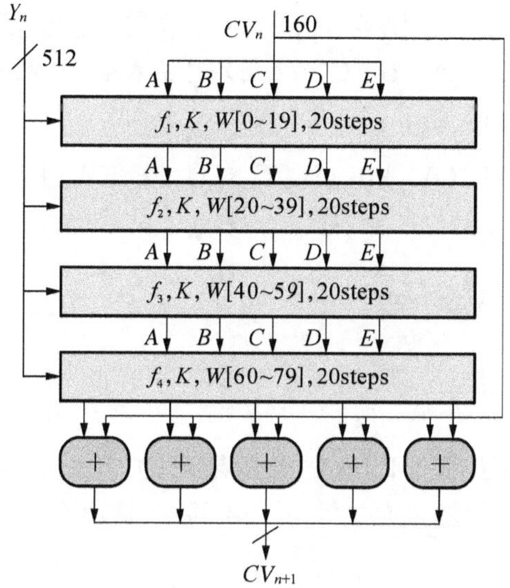

图 2-1　单个 512 bit 消息块的处理流程

B、C、D、E 的值。第 4 轮的输出再与第 1 轮的输入相加，以产生最终结果，其中加法是缓冲区 5 个字中的每个字与中相应的字的模再相加。

(4) 输出：所有的消息分组都被处理完之后，最后一个分组的输出就是得到的消息摘要值。

SHA-1 的步函数如图 2-2 所示，它是 SHA-1 最为重要的函数，也是 SHA-1 中最关键的部件。

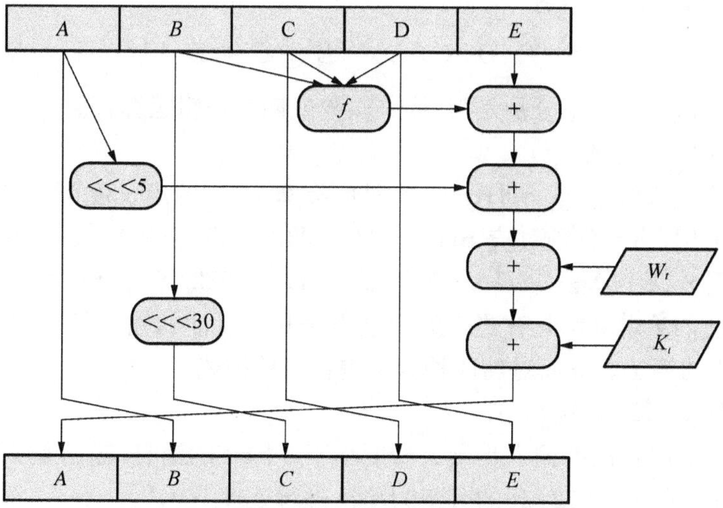

图 2-2　SHA-1 的步函数

SHA-1 每运行一次步函数，A、B、C、D 的值就会依次赋值给 B、C、D、E 这几个寄存器。同时，A、B、C、D、E 的输入值、常数和子消息块在经过步函数运算后都会被赋值，如下：

$$A=(\mathrm{ROTL}^5(A)+f_t(B, C, D)+E+W_t+K_t) \bmod 2^{32}$$

$$B=A$$

$$C=\mathrm{ROTL}^{30}(B) \bmod 2^{32}$$

$$D=C$$

$$E=D$$

其中步函数是由当前 512 bit 的分组导出的一个 32 bit 的字，K_t 是加法常量。基本逻辑函数 f 的输入是 3 个 32 bit 的字，输出是一个 32 bit 的字，其函数表示如下。

当 $t=0 \sim 19$ 时，有

$$f_t=(B, C, D)=(B \wedge C) \vee (\overline{B} \wedge D)$$

当 $t=20 \sim 39$ 时，有

$$f_t(B, C, D)=B \oplus C \oplus D$$

当 $t=40 \sim 59$ 时，有

$$f_t(B, C, D)=(B \wedge C) \vee (B \wedge D) \vee (C \wedge D)$$

当 $t=60 \sim 79$ 时，有

$$f_t(B, C, D)=B \oplus C \oplus D$$

其中，∧、∨、—、⊕分别是与、或、非、异或四个逻辑运算符。

2. SHA-2 算法

2002 年，NIST 推出 SHA-2 系列哈希算法，其输出长度可取 224 bit、256 bit、384 bit、512 bit，分别对应 SHA-224、SHA-256、SHA-384、SHA-512。它还包含另外两个算法：SHA-512/224、SHA-512/256。SHA-2 系列哈希算法比之前的哈希算法具有更强的安全强度和更灵活的输出长度，其中 SHA-256 是常用的算法。下面对前四种算法进行简单描述。

1) SHA-256 算法

SHA-256 算法的输入是最大长度小于 2^{64} bit 的消息，输出是 256 bit 的消息摘要，输入消息以 512 bit 的分组为单位进行处理。

SHA-256 的计算过程分为两个阶段：消息的预处理和主循环。在消息的

预处理阶段，主要完成消息的填充和扩展填充，将所有输入的原始消息转换为 n 个 512 bit 的消息块，之后对每个消息块利用 SHA-256 压缩函数进行处理。

SHA-256 计算步骤如下。

第 1 步：附加填充比特。对报文进行填充使报文长度 n(448 mod 512)，填充比特数范围是 1～512，填充比特串的最高位为 1，其余位为 0(448=512−64，这 64 bit 将在下一步用到)。

第 2 步：附加长度值。将用 64 bit 表示初始报文(填充前)的位长度附加在第 1 步的结果后(低字节位优先)。

第 3 步：初始化缓存。使用一个 256 bit 的缓存来存放该哈希函数的中间值及最终结果。缓存表示为 A = 0x6A09E667、B = 0xBB67AE85、C = 0x3C6EF372、D = 0xA54FF53A、E = 0x510E527F、F = 0x9B05688C、G = 0x1F83D9AB、H = 0x5BE0CD19。

第 4 步：处理 512 bit(16 个字)报文分组序列。该算法使用了六种基本逻辑函数，由 64 步迭代运算组成。每步都以 256 bit 缓存值 $ABCDEFGH$ 为输入，然后更新缓存内容。每步使用一个 32 bit 常数值 K_t 和一个 32 bit W_t。K_t 是常数值，在伪代码中有它的常数值定义。W_t 是分组之后的报文，512 bit=32 bit×16，也就是 W_t(t=1, 2, …, 16)由该组报文产生。W_t(t=17, 18, …, 64)由前面的 W_t 按递推公式计算出来。

第 5 步：所有的 512 bit 分组处理完毕后，对于 SHA-256 算法最后一个分组产生的输出便是 256 bit 的报文摘要。

图 2-3 是 SHA-2 的第 t 个加密循环，图中的深灰色方块是事先定义好的非线性函数。$ABCDEFGH$ 一开始分别是 8 个初始值，K_t 是第 t 个密钥，W_t 是本区块产生的第 t 个字。原消息被切成固定长度的区块，对每一个区块，产生 n

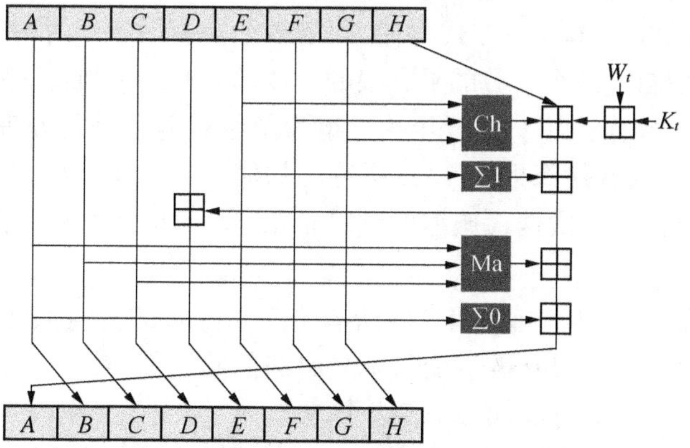

图 2-3　SHA-2 的第 t 个加密循环

个字(n 视算法而定),通过重复运作循环 n 次对 $ABCDEFGH$ 这 8 个工作区循环加密。最后一次循环所产生的八段字符串合起来就是此区块对应的哈希字符串。若原消息包含数个区块,则最后还要将这些区块产生的哈希字符串加以混合才能产生最后的哈希字符串。

SHA-256 能够对一则长度为 l 的消息 M 产生散列值,$0 \leqslant l \leqslant 2^{64}$。在该算法中,使用了一个由 64 个 32 bit 单元构成的消息表(message schedule),8 个 32 bit 的工作变量,8 个 32 bit 字长组成的中间散列值。最终生成 256 bit 的消息摘要。消息表记作 W_0, W_1, …, W_{63},8 个工作变量记作 a, b, c, d, e, f, g 和 h,中间哈希值记作 $H_0^{(i)}$, $H_1^{(i)}$, …, $H_7^{(i)}$。$H^{(0)}$ 要用固定的数值来初始化,运算过程中不断被每个消息分组处理完成后的中间哈希值代替,最终被最后的中间哈希值代替,SHA-256 也使用了两个临时变量 T_1 和 T_2。

2) SHA-512 算法

SHA-512 算法是 SHA-2 系列算法中安全性能较高的算法,主要由明文填充、消息扩展函数变换和随机数变换等部分组成,初始值和中间计算结果由 8 个 64 bit 的移位寄存器组成。该算法允许输入的最大长度是 2^{128} bit,并产生一个 512 bit 的消息摘要,输入消息被分成若干个 1 024 bit 的块进行处理,具体参数为:消息摘要长度为 512 bit;消息长度小于 2^{128} bit;消息块大小为 1 024 bit;消息字大小为 64 bit;步数为 80。输出消息摘要整个过程的具体步骤如下。

(1) 消息填充:填充一个“1”和若干个“0”,使其长度模 1 024 与 896 同余,填充 bit 数为 0~1 023,填充前消息的长度以一个 128 bit 的字段附加到填充消息的后面,其值为填充前消息的长度。

(2) 链接变量初始化:链接变量的中间结果和最终结果都存储于 512 bit 的缓冲区中,缓冲区用 8 个 64 bit 的寄存器 A、B、C、D、E、F、G、H 表示。初始链接变量也存储于 8 个寄存器 A、B、C、D、E、F、G、H 中。初始链接变量采用大头编码(big-endian)方式存储,即字的最高有效字节存储于低地址位置。初始链接变量取自前 8 个素数的平方根的小数部分的二进制表示的前 64 bit。

(3) 主循环操作:以 1 024 bit 的分组为单位对消息进行处理,要进行 80 步循环操作。每一次迭代都把 512 bit 缓冲区的值 A、B、C、D、E、F、G、H 作为输入,其值取自上一次迭代压缩的计算结果,每一步计算中均采用了不同的消息字和常数。

(4) 计算最终的哈希值:消息的所有个 1 024 bit 的分组都处理完毕之后,N 次迭代压缩输出的 512 bit 链接变量就是最终的哈希值。

3) SHA-224 算法与 SHA-384 算法

1995 年,NIST 公布了新的安全哈希算法 SHA-1,该算法替代了 1993 年颁布的哈希函数标准算法 SHA；2001 年，为了满足更高的安全等级，NIST 又颁布了 3 个新的哈希函数，即 SHA-256、SHA-384 和 SHA-512，哈希值的长度分别为 256 bit、384 bit 和 512 bit；2004 年，又增加了 SHA-224。5 种哈希函数一起作为安全哈希标准。

SHA-256 和 SHA-512 是很新的哈希函数，前者定义一个字为 32 bit，后者则定义一个字为 64 bit。实际上二者的结构是相同的，只是在循环运行的次数、使用常数上有所差异。SHA-224 及 SHA-384 则是前述两种哈希函数的截短型，它们利用不同的初始值进行计算。

SHA-224 的输入消息长度与 SHA-256 算法的也相同，也是小于 264 bit，其分组的大小也是 512 bit，其处理流程与 SHA-256 算法也基本一致，但是存在如下两个不同的地方：① SHA-224 算法的消息摘要取自 A、B、C、D、E、F、G 共 7 个寄存器的 32 bit，而 SHA-256 算法的消息摘要取自 A、B、C、D、E、F、G、H 共 8 个寄存器的 32 bit；② SHA-224 算法的初始链接变量与 SHA-256 算法的初始链接变量不同，它采用高端格式存储，但其初始链接变量的获取方法是取前第 9～16 个素数(23、29、31、37、41、43、47、53)的平方根的小数部分的二进制表示的第二个 32 位，SHA-224 算法的初始链接变量如下：

$$A=0XC1059ED8$$

$$B=0X367CD507$$

$$C=0X3070DD17$$

$$D=0XF70E5939$$

$$E=0XFFC00B31$$

$$F=0X68581511$$

$$G=0X64F98FA7$$

$$H=0XBEFA4FA4$$

SHA-224 算法的详细计算步骤与 SHA-256 算法一致。

SHA-384 算法的输入消息长度与 SHA-512 算法相同，也是小于 2^{128} bit，而且其分组的大小也是 1 024 bit，处理流程与 SHA-512 算法也基本一致，但是有如下两处不同之处。

(1) SHA-384 算法的 384 bit 的消息摘要取自 A、B、C、D、E、F 共 6 个 64 bit，而 SHA-512 算法的消息摘要取自 A、B、C、D、E、F、G、H 共 8 个

64 bit。

(2) SHA-384 的初始链接变量与 SHA-512 的初始链接变量不同，它也采用高端格式存储，但其初始链接变量的获取方法是取前 9～16 个素数(23、29、31、37、41、43、47、53)的平方根的小数部分的二进制表示的前 64 bit，SHA-384 算法的初始链接变量如下：

$$A = 0XCBBB9D5DC1059ED8$$

$$B = 0X629A292A367CD507$$

$$C = 0X9159015A3070DD17$$

$$D = 0X152FECD8F70E5939$$

$$E = 0X67332667FFC00B31$$

$$F = 0X8EB44A8768581511$$

$$G = 0XDB0C2E0D64F98FA7$$

$$H = 0X47B5481DBEFA4FA4$$

SHA-384 算法的详细计算步骤与 SHA-512 算法的相同。

3. SHA-3 算法

由于 MD5、SHA 系列哈希函数遭受到了碰撞攻击，NIST 在 2005 年 10 月 31 日～11 月 1 日和 2006 年 8 月 24～25 日举办了两次哈希函数研讨会，评估了哈希函数当前的使用状况，征求了公众对哈希函数的新准则的看法。经过讨论之后，在 2007 年 11 月，NIST 决定通过公开竞赛，以高级加密标准(AES)的开发过程为范例开发新的哈希函数，新的哈希算法称为 SHA-3，用于扩充包含 SHA-2 算法在内的 FIPS 180-3 中的安全哈希标准。截至 2008 年 10 月 31 日，有 64 个算法提交到 NIST。2008 年 12 月 10 日，NIST 宣布在这 64 个算法中有 51 个算法满足对候选算法提出的可接受的最低标准，确定为第一轮的候选，并开始进行 SHA-3 算法的第一轮竞选。提交的第一轮候选算法公布在 www.nist.gov/hash-competition 上以用于公众的评审。到 2009 年 7 月 24 日，第一轮的候选算法中剩下 14 个候选算法进入第二轮竞选中，这 14 个第二轮的候选算法为 BLAKE、BLUE MIDNIGHT WISH、CubeHash、ECHO、Fugue、Grøstl、Hamsi、JH、Keccak、Luffa、Shabal、SHAvite-3、SIMD 和 Skein。

NIST 于 2010 年 8 月 23～24 日在加州大学圣塔芭芭拉分校举行第二次 SHA-3 候选会议。在 2010 年 12 月 9 日，NIST 宣布 5 个候选算法进入第三轮，也是最后一轮的竞选，这 5 个候选算法分别是 BLAKE、Grøstl、JH、Keccak

和 Skein。其中，BLAKE 使用 HAIFA 迭代框架，在压缩函数中加入随机盐和计数器，内部结构是局部宽管道结构；Grøstl 和 JH 采用宽管道 MD(merkle-damgard)结构，能抵抗一般的通用攻击；Keccak 使用 Sponge 函数；Skein 既可以使用迭代结构，也可以使用树结构。NIST 在 2012 年评选出最终算法并产生了新的哈希标准。Keccak 算法由于其较强的安全性和软硬件实现性能，最终被选为新一代的标准哈希算法，并被命名为 SHA－3 算法。

SHA－3 算法整体采用 Sponge 结构，分为吸收和榨取两个阶段。SHA－3 的核心置换 f 作用在 $5\times5\times64$ 的三维矩阵上。整个 f 共有 24 轮，每轮包括 5 个环节 θ、ρ、π、χ、τ。算法的 5 个环节分别作用于三维矩阵的不同维度之上。环节是作用在列上的线性运算；环节是作用在每一道上的线性运算，将每一道上的 64 bit 进行循环移位操作；环节是将每道上的元素整体移到另一道上的线性运算；环节是作用在每一行上的非线性运算，相当于将每一行上的 5 bit 数据替换为另一个 5 bit 数据；环节是加常数环节。

目前，公开文献对 SHA－3 算法的安全性分析主要是从以下几个方面来展开的。

(1) 对 SHA－3 算法的碰撞攻击、原像攻击和第二原像攻击。

(2) 对 SHA－3 算法核心置换的分析，这类分析主要针对算法置换与随机置换的区分来展开。

(3) 对 SHA－3 算法的差分特性进行展开，主要研究的是 SHA－3 算法置换的高概率差分链，并构筑差分区分器。

Keccak 算法的立体加密思想和海绵结构，使 SHA－3 算法优于 SHA－2 算法，甚至优于 AES。

Sponge 函数可建立从任意长度输入到任意长度输出的映射。

2.1.2　哈希指针链

2.1.1 节介绍了哈希函数的各种算法的性质和特点，那么哈希函数是如何用到区块链上的呢？哈希指针指示某些信息存储在何处？将这个指针与这些信息的密码学哈希值存储在一起。哈希指针不仅是一种检索信息的方法，同时是一种检查信息是否被修改过的方法。

哈希指针是一个指向存储地点的指针，加上一个针对存储时信息的哈希值(图 2－4)。

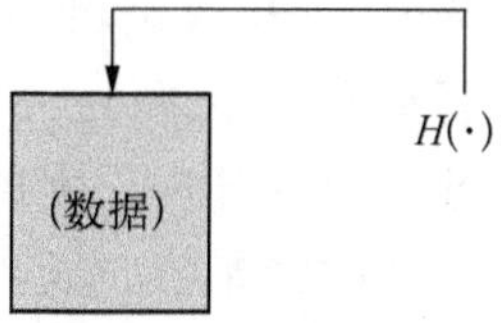

图 2－4　哈希指针示意图

可以用哈希指针搭建各种数据结构，如人们熟悉的串联列表，或是二歧搜索树。核心思想是使用哈希指针代替通常的指针。

其实区块链就是用哈希指针构建一个串联列表。在一个有一连串块的常规串联列表里，每一个块都包含数据，以及一个指向上一个块的指针。在一个区块链中，前一个块的指针会被哈希指针代替。所以每一个块不仅能告诉人们前一个块的值在哪，同时包含该值的摘要，这允许人们去验证这个值是否被篡改过。存储列表的开头是一个指向最近数据块的常规哈希指针。

一个区块链就是一个由哈希指针建立的串联列表，如图 2-5 所示。区块链的一个实用案例是防篡改日志。也就是说，我们想要建一个存储一堆数据的日志数据结构，它允许我们在日志的最后加上新的数据。但是一旦有人想要篡改之前的数据，我们就能检查到。

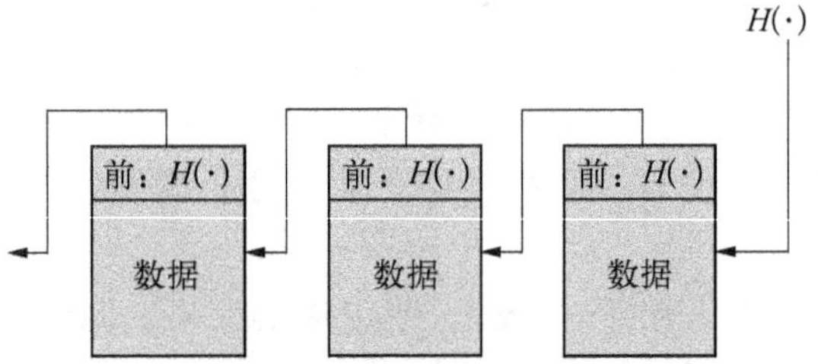

图 2-5　哈希指针链

要理解一个区块链能够实现这种防篡改属性的原因，先来看看如果一个人试图去篡改链条中间的数据，那会发生什么？具体而言，攻击者的目标是在我们只记得哈希指针开头、无法检查到篡改的情况下修改数据。为了实现这一目标，攻击者修改了某个块 K。由于数据被修改，作为整个块 K 的哈希值，块 $K+1$ 的哈希值将不再匹配。新的哈希值是不会匹配修改过的内容的，因为哈希函数是免碰撞的，不可能同时匹配修改前后的内容。因此，将会检查到在块 K 中的新数据和块 $K+1$ 中的哈希值的不一致。当然，攻击者也可以通过继续修改块 $K+1$ 的哈希值去掩盖 K 中的篡改。然后攻击者可以继续这样做，但是一旦他到达列表开头，这个策略就会失败，因为只要我们将哈希指针的头存储在攻击者无法修改的地方，攻击者就无法在不被检查到的情况下修改任何块。这样的结果是，如果攻击者想要篡改整条链的任何一个地方的数据，为了保持一致性，他将沿着哈希指针一路修改到区块链的开头。他最终将撞上南墙，因为他无法修改列表的开头。因此，仅仅通过记住单独这个哈希指针，我们基本就记住了整列防篡改哈希值。同时，我们称区块链的第一个块是创世区块。

读者可能已经注意到了，区块链结构其实类似于之前提到过的 Merkle-Damgard 结构，并且应用相同的安全认证。

如果一个攻击者修改了区块链中任何一个地方的数据，这将导致接下来的哈希指针都出现错误。如果存储好了列表的开头，即使攻击者修改了所有指针以求与修改的数据一致，开头的指针也会是错误的，那么我们仍将会检查到恶意篡改，如图 2-6 所示。

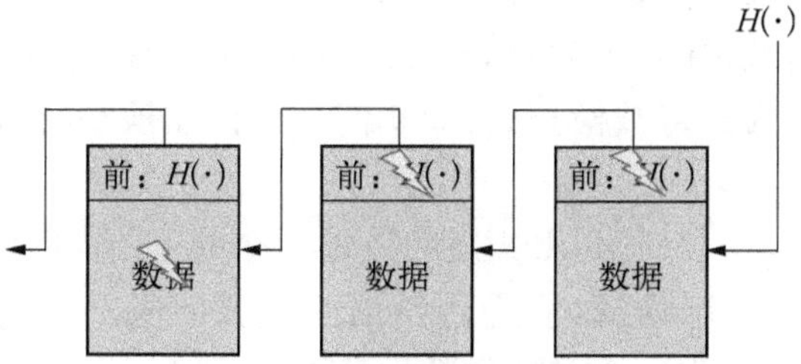

图 2-6　防篡改日志图

2.1.3　Merkle 树

人们可以利用哈希指针建立的另一个很有用的数据结构是一种二进制树结构，即 Merkle 树，Merkle 树是普遍被认知的一种由哈希指针构建的二进制树，以其创造者 Ralph Merkle 命名。假设有很多个包含数据的块，这些块就是组成树木的叶子。将这些块两个分为一组，对每一组建立一个包含两个哈希指针的数据结构，每个指针都指向一个块。这些被指向的数据结构就建起了树的下一个阶级，依次将这些数据分为两个一组，对每一组建立一个包含两个哈希指针的数据结构。持续这样做，直到到达一个单独的块，称为数根，如图 2-7 所示。

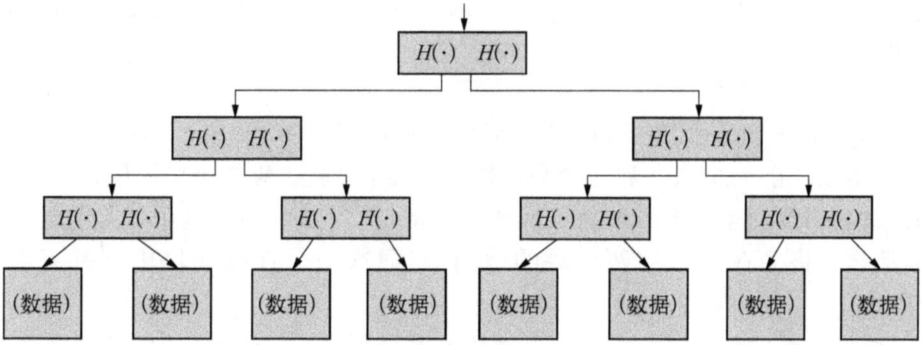

图 2-7　Merkle 树

在一个 Merkle 树里，数据块是两两一组的，每个块的哈希值存储在上一级节点。而上一节点又两两一组，其哈希值储存在更上一级的节点。这样一直持续到根节点。

像之前一样，只需记得树开头的哈希指针，就有能力去管理列表中任意一点的哈希指针。这能让人们确保数据没有被篡改过，因为就如人们所看到的区块链一样，如果有攻击者修改了树下面的一些数据块，那么这将导致高一级的哈希指针不再匹配。就算攻击者继续修改更高级的块，但是数据的改变已经影响到他无法修改的树的最顶端，因为我们已经保存好了顶端的数据。因此，任何试图修改任意数据的行为都将被检查到，而我们只需记住顶端的哈希指针。

1. 成员证明

Merkle 树的另外一个优点是，不像我们之前建立的区块链，它允许简洁的成员证明。也就是说，有人想要证明一个确切的数据块是 Merkle 树中的一员，通常，我们只记住了数根，之后他们需要向我们展示这个区块和通向数根沿途的所有数据块。我们就可以暂时忽略树的其他部分，沿途的数据块足以让我们验证到数根。查看图 2-8 的图形化描述来了解成员证明的工作机制。

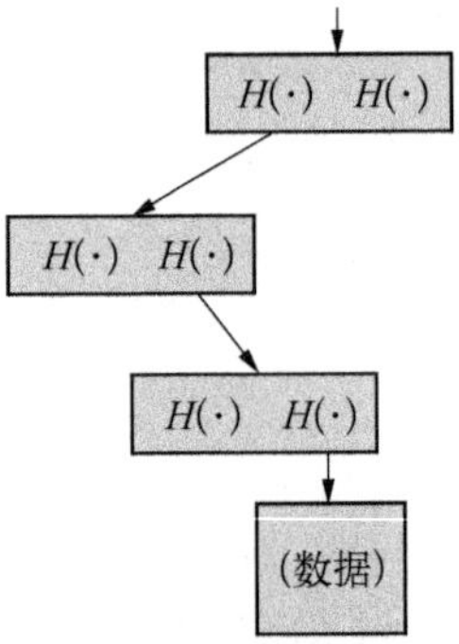

图 2-8 成员证明示意图

如果树上有 n 个节点，那么就只有 $\log_2 n$ 个块需要展示。因为每一个步骤都只需要计算下一级块的哈希值，所以大概只需要 $\log_2 n$ 次去证明它。所以，即使这个 Merkle 树包含了非常多的块，人们依旧可以在一个较短的时间内证明一个成员块。

为了证明一个数据块是包含在树里的，我们只需要展示从这个数据块到数根沿途的数据块。

一个排序 Merkle 树是一种将数据放在底层，并用一定方式分类的 Merkle 树，如按字母表分类、按字典顺序分类、按序号分类，或是按一些其他约定的顺序分类。

2. 非成员证明

利用排序 Merkle 树，可以证明某个块不属于 Merkle 树，而且方法也很简单，展示该块前一个块和后一个块的哈希路径，如果这两个块在树里是连贯的，那么就表明我们想要证明的块不属于 Merkle 树。因为如果这个块是包含其中的，那么它将会在展示的两个块的中间，然而这两个连续的块中间并不会有空间。

前面已经讨论过了将哈希指针运用于串联列表和二进制树中，但更通常地，可以在任何基于指针的数据结构中使用哈希指针，只要这个数据结构没有循环。如果数据结构是有循环的，那将无法让全部的哈希值都匹配。可以试想，在一个非循环的数据结构中，可以从没有指针输出的叶子或是数据开始，对其进行哈希计算，然后依次计算到数据的开始。

因此，就像前面说明的，具备哈希指针的定向非环形结构，可以非常有效地验证成员属性，而且这也很容易计算。

2.2 公钥密码算法

2.2.1 对称加密

顾名思义，加解密的密钥是相同的。

对称加密的概念出现在密码学发展的第二阶段，应用最为广泛的是美国的数据加密标准(data encryption standard, DES)。目前很多金融机构还一直在使用这种类型的密码用于加密。对称加密算法中，发送方将明文和密钥经过算法转换后，通过密文发送给接收方，接收方通过相同的算法和密钥进行逆向解密，这种方式加解密过程中使用同一密钥(图 2－9)。这需要双方事先都知道密钥。

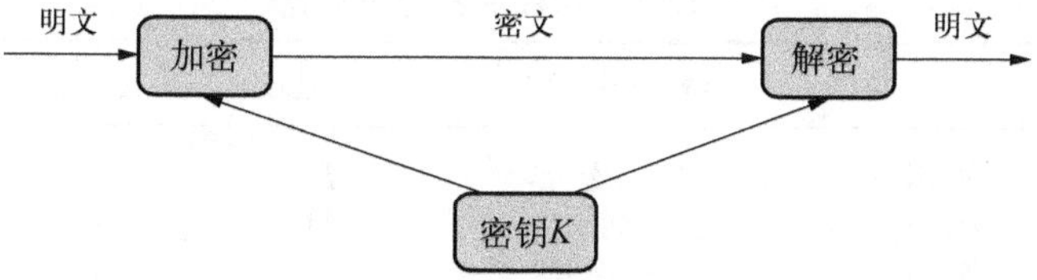

图 2－9 对称加密体制

对称加密的优点是加解密效率高(速度快、空间占用小)，加密强度高。

缺点是参与多方都需要持有密钥，一旦有人泄露密钥，安全性将被破坏；另外，如何在不安全通道下分发密钥也是一个问题。

对称密码从实现原理上可以分为两种：分组密码和序列密码。前者将明文切分为定长数据块作为加密单位，应用最为广泛。后者则只对一字节进行加密，且密码不断变化，只用在一些特定领域，如数字媒介的加密等。代表性的加密算法包括 DES、3DES、AES、IDEA 等。

1. DES

数据加密标准加密速度较快，适用于加密大量数据的场合。DES 算法的入口参数有三个：Key、Data、Mode。其中 Key 为 7 字节共 56 位，是 DES 算法的工作密钥；Data 为 8 字节共 64 位，是要被加密或被解密的数据；Mode 为 DES 的工作方式，有加密和解密两种。DES 算法是明文按 64 位进行分组，密钥长 64 位，且密钥事实上是 56 位参与 DES 运算(第 8 位、16 位、24 位、32 位、40 位、48

位、56 位、64 位是校验位，使得每个密钥都有奇数个 1)分组后的明文组和 56 位的密钥按位替代或交换的方法形成密文组的加密方法。

2. 3DES

3DES 算法使用 3 条 56 位的密钥对数据进行三次加密，是 DES 的一个更安全的变形。它以 DES 为基本模块，通过组合分组方法设计出分组加密算法。比起最初的 DES，3DES 更为安全。该方法使用两个密钥，执行三次 DES 算法，加密的过程是加密—解密—加密，解密的过程是解密—加密—解密。

3. AES

高级加密标准(advanced encryption standard, AES)为目前最常见的对称加密算法，加密、解密使用的密钥相同，一般配合非对称加密传输密钥，然后通过加密函数 E 最后输出密文，$C=E(K, P)$，其中 P 为明文，K 为密钥，C 为密文。解密函数 D，$P=D(K, C)$，其中 C 为密文，K 为密钥，P 为明文。微信中的加密方式即参考这种模式。

表 2-1 为几种对称加密算法的对比。

表 2-1　几种加密算法对比

算　法	类　型	密钥长度/位	加密速度	安全性	资源需求
AES	对称加密	128/192/256	高	高	低
DES	对称加密	56	中	低	中
3DES	对称加密	112/168	低	中	高

2.2.2　非对称加密

非对称加密算法是现代密码学历史上最为伟大的发明，可以很好地解决对称加密算法需要提前分发密钥的问题。

顾名思义，非对称加密的加密密钥和解密密钥是不同的，在加密和解密过程中使用两个非对称的密码，分别称为公钥(public key)和私钥(private key)。

公钥一般是公开的，人人可以获取，私钥一般个人自己持有，不能被他人获取。

非对称密钥具有两个特点：一是用其中一个密钥(公钥或私钥)加密信息后，只有另一个对应的密钥才能解开；二是公钥可向其他人公开，私钥则保密，其他人无法通过该公钥推算出相应的私钥。

图 2-10 为非对称加密机制示意图。

非对称加密的优点：通信双方不需要通过建立一个安全信道来进行密钥的交换，密钥空间小，降低了密钥管理的难度。

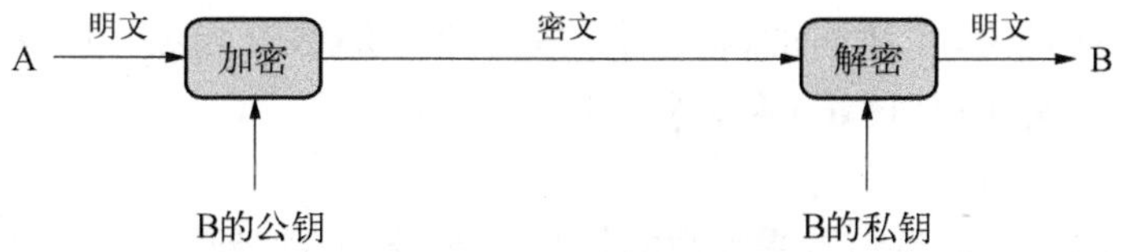

图 2-10 非对称加密机制

非对称加密的缺点：实现速度慢，不适合通信负荷较重的情况。

非对称加密算法的安全性往往需要基于数学问题来保障，目前主要有基于大数质因子分解、离散对数、椭圆曲线等几种思路。

非对称加密的代表算法包括 RSA、Diffie-Hellman、ElGamal、椭圆曲线加密系统(elliptic curve crytosystems，ECC)算法。

1. *RSA 算法*

RSA 算法是经典的公钥算法，于 1978 年由 Ron Rivest、Adi Shamir、Leonard Adleman 共同提出，三人于 2002 年获得图灵奖。

RSA 算法既能加密，又能解密。与对称加密算法如 DES 相比，RSA 算法用于加密、解密的密钥是不同的。使用 RSA 算法，只要密钥足够长(一般要求 1 024 bit)，加密的信息是不能被破解的。用户通过 HTTPS 协议访问服务器时，就是使用非对称加密算法进行数据的加密、解密操作。

服务器发送数据给客户端时使用私钥对数据进行加密，并且使用加密之后的数据和私钥生成数字签名(digital signature)发送给客户端。客户端接收到服务器发送的数据会使用公钥对数据进行解密，并且根据加密数据和公钥验证数字签名的有效性，防止加密数据在传输过程中被第三方修改。

2. *Diffie-Hellman 算法*

该算法基于离散对数无法快速求解，可以在不安全的通道上，双方协商一个公共密钥，它的作用是保证通信双方在非安全的信道中安全地交换密钥。目前 Diffie-Hellman 算法最重要的应用场景之一就是 HTTPS 的握手阶段客户端和服务器端利用 Diffie-Hellman 算法交换对称密钥。

3. *ElGamal 算法*

ElGamal 算法由 Taher ElGamal 设计，利用了模运算下求离散对数困难的特性。ElGamal 算法基于 1985 年提出的公钥密码体制和椭圆曲线加密体系，既能用于数据加密，也能用于数字签名，其安全性依赖于计算有限域上离散对数这一难题。在加密过程中，生成的密文长度是明文长度的 2 倍，且每次加密后都会在密文中生成一个随机数 K，在密码中主要应用离散对数问题的几个性质：求解离散对数(可能)是困难的，而其逆运算指数运算可以应用平方-乘的方法有效计算。也就是说,在适当的群 G 中,指数函数是单向函数。ElGamal 算法常应用在优良保密协议(PGP)等安全工具中。

4. 椭圆曲线算法

椭圆曲线算法是目前备受关注的算法系列,基于对椭圆曲线上特定点进行特殊乘法逆运算难以计算的特性,最早在 1985 年由 Neal Koblitz 和 Victor Miller 分别独立提出。椭圆曲线算法具备较高的安全性,但加、解密过程比较费时。

非对称加密算法一般适用于签名场景或密钥协商,不适于大量数据的加解密。

RSA 算法等已被认为不够安全,所以一般推荐采用椭圆曲线算法。

2.2.3 混合加密机制

混合加密即先用计算复杂度高的非对称加密算法协商一个临时的对称加密密钥(会话密钥,一般相对内容来说要短得多),然后双方通过对称加密对传递的大量数据进行加解密处理。

典型的场景是现在大家常用的 HTTP 机制。HTTP 实际上是利用传输层安全/安全套接字层(transport layer security/secure socket layer, TLS/SSL)来实现可靠的传输。TLS 为 SSL 的升级版本,目前广泛应用的为 TLS 1.0,对应 SSL 3.1 版本。

混合加密机制建立安全连接的具体步骤如下:

(1) 客户端浏览器发送信息到服务器,包括随机数 R_1、支持的加密算法类型、协议版本、压缩算法等。注意该过程为明文。

(2) 服务端返回信息,包括随机数 R_2、选定加密算法类型、协议版本,以及服务器证书。注意该过程为明文。

(3) 浏览器检查带有该网站公钥的证书。该证书需要由第三方认证授权机构(certificate authority, CA)来签发,浏览器和操作系统会预置权威 CA 的根证书。如果证书被篡改作假(中间人攻击),很容易通过 CA 的证书验证出来。

(4) 如果证书没问题,则用证书中公钥加密随机数 R_3,发送给服务器。此时,只有客户端和服务器都拥有 R_1、R_2 和 R_3 信息,基于 R_1、R_2 和 R_3,生成对称的会话密钥(如 AES 算法)。后续通信都通过对称加密进行保护。

2.2.4 椭圆加密算法

椭圆加密算法是一种公钥加密体制,最初由 Koblitz 和 Miller 于 1985 年提出,其数学基础是椭圆曲线上的有理点构成 Abel 加法群上椭圆离散对数的计算困难性。椭圆曲线的优点:与经典的 RSA、DSA 等公钥密码体制相比安全性高，160 位的椭圆密钥与 1 024 位的 RSA 密钥安全性相同。在私钥的加密解密速度上，椭圆曲线算法比 RSA、DSA 速度快，存储空间占用小，带宽要求低。

有理点：一个 n 维空间中的几何物体，它的每一点的坐标可以用(x_1，x_2，…，x_n)表示。如果所有 x_i 都是有理数，则称该点为有理点。

平行线和射影平面：数学中有个定理，两条平行线永不相交。如果换一种思考方式，两条平行线在无穷远处会相交，有一个交点。然后根据这个理解，得出下面几个无穷远处点的性质：

(1) 一条直线，无穷远处点只有一个；

(2) 在平面上一组互相平行的平行线在无穷远处有公共的无穷远处点；

(3) 平面上相交的两条线在无穷远处有不同的无穷远处点；

(4) 平面上所有无穷远处点构成一条直线，称为无穷远处直线，那平面上的无穷远处点和正常点构成一个射影平面。

引入一个射影平面坐标系，联系下数学中的平面直角坐标系(图 2-11)，那么把坐标系的任意点(x，y)，改变成 $x=X/Z$，$y=Y/Z$ ($Z\neq 0$)则坐标系内点可以表示为($X : Y : Z$)。有三个参量的坐标就建立了新的坐标体系。例如，平面(4，8)，射影平面坐标($4Z$，$8Z$，Z)，那么 Z 不等于 0，(4，8，1)、(8，16，2)、(6，12，1.5)都是(4，8)在射影平面坐标下的点。再根据坐标直线方程求解 $aX+bY+c_1Z=0$；$aX+bY+c_2Z=0$ ($c_1\neq c_2$)，联立方程求解，$c_2Z=c_1Z=-aX+bY$ 且 $c_1\neq c_2$，$aX+bY=0$，解得(X，Y，0)来表示无穷远点。表示这种类型的坐标体系为映射平面坐标系(图 2-12)。

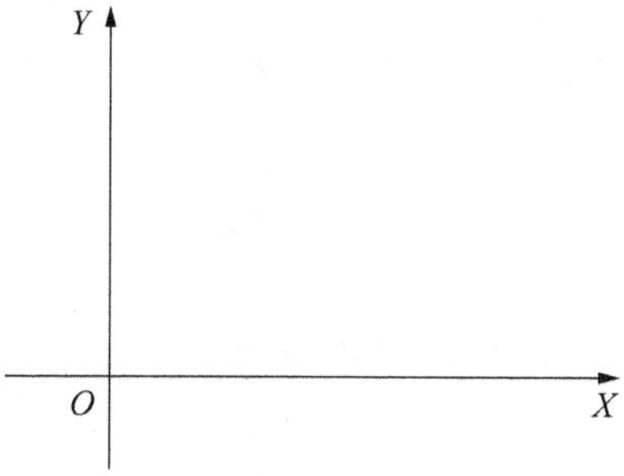

图 2-11　平面坐标系

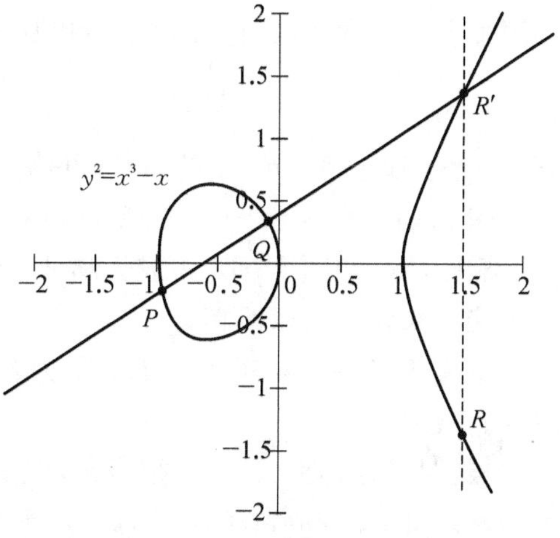

图 2-12　映射平面坐标系

曲线上三个点 A，B，C 处于一条直线上，则 $A+B+C=0\infty$　下面利用

P、Q 点的坐标(x_1, y_1)、(x_2, y_2)，求出 $R=P+Q$ 的坐标(x_4, y_4)。P、Q、R'共线，设为 $y=kx+b$，若 $P\neq Q$，则 $k=(y_1-y_2)/(x_1-x_2)$若 $P=Q$，则 $k=(3x_2+2a_2x+a_4-a_1y)/(2y+a_1x+a_3)$解方程组得到：$x_4=k_2+ka_1-a_2-x_1-x_2$，则 $y_4=k(x_1-x_4)-y_1-a_1x_4-a_3$。

椭圆曲线在密码学中的应用，把整个函数理解成一个曲线光滑的连续曲线，结合加密中质数分解的说明，加密必须是离散的，那么把椭圆曲线定义在一个有限域上。

给出一个有限域 F_p，这个域只有有限个元素。

F_p 中只有 p(p 为素数)个元素 $0, 1, \cdots, p-2, p-1$。

F_p 的加法$(a+b)$法则是 $a+b\equiv c \pmod p$，即$(a+c)/p$ 的余数 和c/p 的余数相同。

F_p 的乘法$(a\times b)$法则是 $a\times b\equiv c \pmod p$。

F_p 的除法(a/b)法则是 $a/b\equiv c \pmod p$，即 $a\times b-1\equiv c \pmod p$ ($b-1$ 也是一个 $0\sim p-1$ 的整数，但满足 $b\times b-1\equiv 1 \pmod p$)。

F_p 的单位元是 1，零元是 0。

同时，并不是所有的椭圆曲线都适合加密。$y_2=x_3+ax+b$ 是一类可以用来加密的椭圆曲线，也是最为简单的一类。下面把 $y_2=x_3+ax+b$ 这条曲线定义在 F_p 上。

选择两个满足下列条件的小于 p(p 为素数)的非负整数 a、b：

$$4a_3+27b_2\neq 0 \pmod p$$

则满足下列方程的所有点(x, y)，再加上无穷远点 0∞，构成一条椭圆曲线：

$$y_2=x_3+ax+b \pmod p$$

其中 x、y 属于 $0\sim p-1$ 的整数，并将这条椭圆曲线记为 $E_p(a, b)$。

图 2-13 为 $y_2=x_3+x+1 \pmod{23}$的图像。

椭圆曲线在图 2-13 中成为离散的点。

接下来就是加密解密。

定义等式 $K=kG$(其中，K、G 为 $E_p(a, b)$上的点，k 为小于n(n 是点G 的阶)的整数)。

根据加法法则，计算 K 很容易，但给定 K 和G，求 k 就相对困难了。把点 G 称为基点(base point)，k($k<n$，n 为基点 G 的阶)称为私钥，K 称为公钥。

整个加密通信过程如下：

(1) 用户 A 选定一条椭圆曲线 $E_p(a, b)$，并取椭圆曲线上一点，作为基点 G；

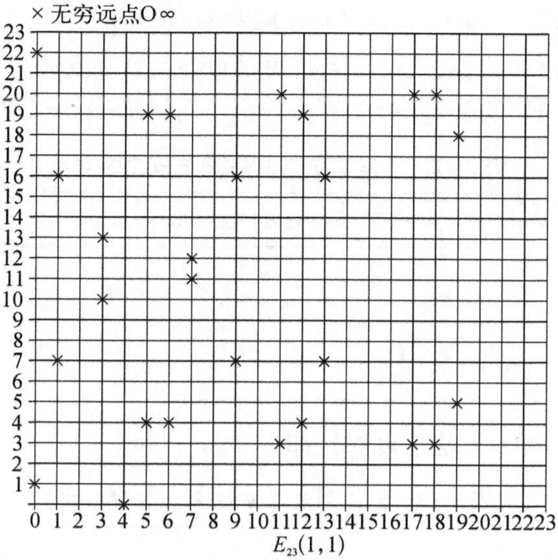

图 2-13　$y_2 = x_3 + x + 1$ **的图像**

(2) 用户 A 选择一个私钥 k，并生成公钥 $K=kG$；

(3) 用户 A 将 $E_p(a, b)$和点 K、G 传给用户 B；

(4) 用户 B 接到信息后，将待传输的明文编码到 $E_p(a, b)$上一点 M(编码方法很多，这里不作讨论)，并产生一个随机整数 $r(r<n)$；

(5) 用户 B 计算点 $C_1=M+rK$ 和 $C_2=rG$；

(6) 用户 B 将 C_1、C_2 传给用户 A；

(7) 用户 A 接到信息后，计算 C_1-kC_2，结果就是点 M。

因为 $C_1-kC_2=M+rK-k(rG)=M+rK-r(kG)=M$，再对点 M 进行解码就可以得到明文。

SM2 算法就是采用椭圆曲线密码机制，但在签名、密钥交换方面不同于 ECDSA、ECDH 等国际标准，而是采取了更为安全的机制。另外，SM2 算法推荐了一条 256 位的曲线作为标准曲线。

SM2 标准包括总则、数字签名算法、密钥交换协议、公钥加密算法四部分。

SM2 算法主要考虑素域 F_p 和 F_2m 上的椭圆曲线，在总则的基础上给出了数字签名算法(包括数字签名的生成算法和验证算法)、密钥交换协议以及公钥加密算法(包括加密算法和解密算法)，并在每个部分给出了算法描述、算法流程和相关示例。

数字签名算法、密钥交换协议以及公钥加密算法都使用了国家密码管理局批准的 SM3 密码杂凑算法和随机数发生器。数字签名算法、密钥交换协议以及公钥加密算法根据总则来选取有限域和椭圆曲线，并生成密钥对。

SM2 算法在很多方面都优于 RSA 算法(RSA 算法发展得早应用普遍，SM2 领先也很自然)，SM2 算法与 RSA 算法安全性对比如表 2-2 所示。

表 2-2　SM2 算法与 RSA 算法安全性对比

RSA 密钥强度(长度)/bit	SM2 密钥强度(长度)/bit	破解时间/年
521	106	104(已破解)
768	132	108(已破解)
1 024	160	1 011
2 048	210	1 020

SM2 算法与 RSA 算法速度对比如表 2-3 所示。

表 2-3　SM2 算法与 RSA 算法速度对比

算　法	签名速度/(次/s)	验签速度/(次/s)
RSA-1024	2 792	51 224
RSA-2048	455	15 122
SM2-256	4 095	871

2.2.5　数字签名

数字签名(又称公钥数字签名、电子签章)类似于写在纸上的普通的物理签名，但是使用了公钥加密领域的技术实现，用于鉴别数字信息的真伪。一套数字签名通常定义两种互补的运算，一个用于签名，另一个用于验证。只有信息的发送者才能产生其他人无法伪造的一段数字串，这段数字串同时也是对信息的发送者发送信息真实性的一个有效证明。简单来说就是证明“我就是我”。

和传统的签名不同，互联网的发展和数字签名的出现，让签名认证的概念应用到更多的层面。

(1) 签名认证。数字签名在网络交易上具有和实际签名一样的认可功能，不可抵赖，签名者拥有私钥，保证签名只能自己操作，在出现签名的环境下，使用私钥验证签名的真伪。

(2) 防篡改。通过网络下载来说明最为直观，在网络上下载一个文件，数字签名和文件混合在一个整体数据包，通过对数字签名的验证，保证文件在传输过程中不被篡改。

(3) 验证数据的完整性。同理，如果文件有丢失，所对应的签名将不完整，解开数字签名和之前的比较就会出现不一致，从而保证文件传输过程中的完整性。

(4) 仲裁机制。数字签名也可以认为是一个数字身份，通过唯一私钥生成，在网络上交易互动时要求收到一个数字签名的回文，保证过程的完整性。如果交互过程出现抵赖，那么可以用数字签名进行仲裁。

数字签名有以下几个特性。

(1) 保密性。对于有安全级别要求的文件，数字签名加密后传输，保证数据在被中途截取后无法获得其真实内容，有利于数据的安全性。

(2) 防重放。在数字签名中，如果采用了对签名报文添加流水号、时戳等技术，那么可以防止重放攻击。

(3) 多重数字签名。通过多次数字签名，对文件数据进行多人认证。

数字签名整个过程验证简单，只需要公钥、私钥进行加解密的验证，和传统签名不同，传统签名验证需要专业的笔记签证专家。数字签名节省了验证流程和成本。

下面从数字签名过程简单解释其原理。

数字签名就是附加在数据单元上的一些数据，或是对数据单元所做的密码变换。这种数据或变换允许数据单元的接收者用以确认数据单元的来源和数据单元的完整性并保护数据，防止被人(如接收者)伪造(图 2-14)。它是对电子形式的消息进行签名的一种方法，一个签名消息能在一个通信网络中传输。

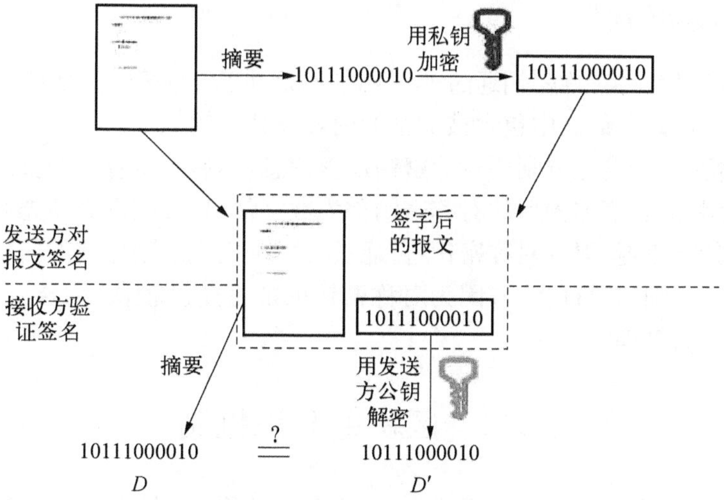

图 2-14　数字签名示意图

一段需发送的数据经过哈希计算生成一份摘要。

摘要通过发送者私钥进行加密。

发送者将使用私钥加密后的摘要和报文，生成一段待发送的数据包，数字签名就是经过私钥加密后的加密摘要。

接收者使用相同哈希算法对报文计算摘要。

接收者通过发送者公钥对摘要进行加密计算，得到 D。

接收者通过发送者公钥对数字签名进行解密，得到 D'。

两者进行比较即可验证。

实现数字签名有很多方法，数字签名采用较多的是公钥加密方式，如基于 RSA Date Security 公司的 PKCS(public key cryptography standards)、Digital Signature Algorithm、x. 509、PGP(pretty good privacy)。1994 年 NIST 公布了数字签名标准而使公钥加密技术广泛应用。公钥加密系统采用的是非对称加密算法。报文的发送方从报文文本中生成一个 128 位的哈希值(或报文摘要)。发送方用自己的私钥对这个哈希值进行加密来形成发送方的数字签名。然后，这个数字签名作为报文的附件和报文一起发送给报文的接收方。报文的接收方首先从接收到的原始报文中计算出 128 位的哈希值(或报文摘要)，接着用发送方的公钥对报文附加的数字签名进行解密。如果两个哈希值相同，那么接收方就能确认该数字签名是发送方的。通过数字签名能够实现对原始报文的鉴别。前文数字签名步骤解释的也就是一种公钥加密签名的模式。当然还有对称加密方式，但是非对称加密方式更为常用。

2.2.6 数字信封

数字信封是将对称密钥通过非对称加密后进行分发，以实现信息完整性验证的技术。在数字信封中包含被加密的内容及其密钥。

一般情况下，发送方利用对称密钥加密信息，然后用接收方的公钥加密之前的对称密钥，被公钥加密后的对称密钥称为数字信封，接收方必须先通过自己的私钥解密数字信封，得到对称密钥，再通过对称密钥机解密之前的信息。

数字信封利用对称密钥，因为对称密钥的加密速度较快，结合公钥体系，可以保证密钥的管理。

2.3 区块链共识机制

一般地，在介绍区块链时经常会提到两个例子：一是由古老的记账模式延伸到分布式账本；二是拜占庭将军问题(Byzantine generals problem)。使用分布式账本的目的是让每个节点都能够验证交易，而拜占庭将军问题与账本的一致性有关，就是区块链中的共识(consensus)机制。

2.3.1 分布式账本技术

分布式账本技术产生的算法是一种强大的、具有颠覆性的创新,它有机会变革公共与私营服务的实现方式,并通过广泛的应用场景提高生产力。

分布式账本,从实质上说就是一个可以在多个站点、不同地理位置或者多个机构组成的网络里进行分享的资产数据库。在一个网络里的参与者可以获得一个唯一、真实账本的副本。账本里的任何改动都会在所有的副本中反映出来,反应时间会在几分钟甚至是几秒内。在这个账本里存储的资产可以是金融、法律定义上的、实体的或是电子的资产。通过公、私钥以及签名的使用控制账本的访问权,确保这个账本里存储的资产的安全性和准确性,从而实现密码学基础上的维护。根据网络中达成共识的规则,账本中的记录可以由一个、一些或者所有参与者共同更新。

区块链就是这种分布式账本的底层技术,它最初来源于 2009 年中本聪实现的点对点数字现金系统比特币。区块链算法让比特币的交易可以在"区块"里集中起来,并通过密码学签名添加到现有区块组成的"链"里面。比特币账本是用分布式及"无须许可"的方式构建的,任何人都可以通过解决生成新区块所需的密码学难题从而添加一个包含交易的区块。现时,这个系统的鼓励机制是在解决难题并生成每个区块后得到 25 比特币的奖励。任何人只要有网络和计算机的计算能力,都有机会解决这些密码学难题并将交易添加到账本里,这些人被称为"比特币矿工"。挖矿的比喻是很恰当的,因为比特币的挖掘是要消耗大量的计算机运算能力的,因此会带来很高的能源消耗。据估计,比特币网络运行所需的能源超过 1GW(十亿瓦特),可以与爱尔兰整个国家的电力消耗相提并论。

现行的数据管理方案,特别是关于个人数据,通常通过在单一的机构内架设的大型传统 IT 系统来管理。由此还会引入一系列的网络与通信系统,才能实现与外界的交流,这也增加了额外的成本和复杂性。高度中心化的系统的单点失败的概率很高,这会带来被黑客攻击的风险,而数据也经常会出现没有及时同步、过期或者不准确的问题。

与此相反,分布式账本天生的就是很难被黑客攻击,因为它没有用单一的数据库去存储记录,而是保留了同一个数据库的多个共享副本,所以黑客攻击必须同时针对所有的副本才能生效。这个技术也具备阻止未授权修改或恶意篡改的能力,因为网络中的参与者会立刻发现账本中的某个部分被篡改了。另外,这种技术用于维护信息安全及更新信息的方法意味着参与者可以共享数据,并确保账本的所有副本在任何时候都是与其他副本一致的。

2.3.2 拜占庭将军问题

可能有些人时常听到或者看到拜占庭将军问题，但又不是很清楚具体是什么问题，下面进行简单介绍。

拜占庭是现在土耳其伊斯坦布尔的旧称，是庞大的东罗马帝国的首都。由于当时的拜占庭罗马帝国国土辽阔，出于防御的目的，每个军队之间分隔得很远，将军与将军之间也只能靠信差来传递消息。

在打仗的时候，拜占庭军队内所有将军必须达成一致意见，对能够打赢达成共识，才去攻打敌人的城堡。但是，军队里可能有叛徒或间谍，动摇将军的决定，扰乱军队整体的秩序。在达成共识时，其结果并不代表大多数人的意见。这时候，在已知有成员谋反的情况下，其余忠诚的将军在不受叛徒的影响下如何达成一致的协议，就是著名的“拜占庭将军”问题。

下面看一下如何达成共识。简单起见，约定为四位将军的情况，如图 2－15 所示。

1	B	C	D
A	1	1	1

0	A	C	D
B	1	1	1

1	A	B	D
C	1	0	1

1	A	B	C
D	1	0	1

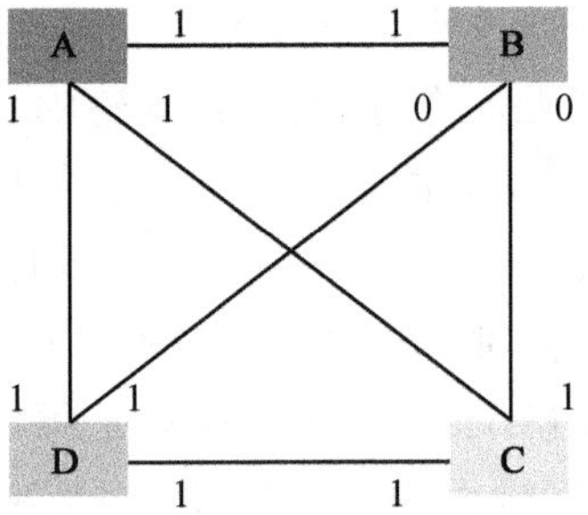

A：同盟军司令，B：同盟军(叛军)，C、D：同盟军

图 2－15 最简单的共识算法：拜占庭将军问题

图 2－15 中，A、B、C、D 是四位拜占庭将军，其中 A 是同盟军司令，B 是同盟军(叛军)，试图破坏这场战役，C 和 D 是同盟军的忠诚将军。A 发布了一个命令攻城，这个命令的代号是“1”。他把这个信息发送给了其他将军，这类似于互联网中的 P2P 网络协议。B、C、D 都会收到 A 将军发来的命令“1”，每个将军把收到的命令签上自己的名字再发送给其他将军。叛徒 B 收到之后，为了混淆视听，他转发给 C 和 D 的不是“1”，而是“0”，但为了不暴露自己，发给 A 将军的仍然是“1”。C 和 D 因为是正常的诚实将军，他们把收到的命令签字之后再按照原样发出去。由图 2－15 可以看出，在收到的命令当中，C 和 D 收到的是“101”，但是根据共识算法，他们在这之前约定，按“多数裁决”方式确定正确的命令，因此，C 和 D 认为是攻城，是“1”。在这个例子中，尽管有 B 的故意捣乱，但 A 仍然可以和

C、D 一起联合行动，取得战争的胜利。

其实，“拜占庭将军”问题并非源于公元 5 世纪的东罗马，而是出自一位名叫莱斯利·兰伯特的美国计算机专家，他在考虑分布式计算时提出的“拜占庭容错系统”，计算机需要克服“拜占庭将军”问题，一群将军互不信任，其中一定有叛徒，但只要“怀有二心”的将军人数不大于将军总数的 1/3，计算机就有一个算法，保证将军达成的共识是真实的。

拜占庭假设是对现实世界的模型化，由于硬件错误、网络拥塞或断开以及遭到恶意攻击，计算机和网络可能出现不可预料的行为。拜占庭容错协议必须处理这些失效，并且这些协议还要满足所要解决的问题要求的规范。这些算法通常以其弹性 t 作为特征，t 表示算法可以应付的错误进程数。

2.3.3 共识机制

在解释什么是区块链时，可以用一句简洁明了的去中心化分布式分类账本来概括，但是在这个账本中，如何对在几乎相同时间内产生的事物进行前后排序，就涉及区块链网络的共识机制。

所以，共识机制就是在一个时间段内对事物的前后顺序达成共识的一种算法。

共识机制在分布式系统中是无解的，原因是众多的节点之间通信，必然存在网络自身不可靠的原因、主机故障原因、恶意操控等，因此无法保证实现完全的共识。Fischer、Lynch 和 Patterson 在 1985 年就提出了一个 FLP（三位学者姓的首字母缩写）不可能原理：在网络可靠的前提下，任意节点失效，一个或者多个的最小化异步模型系统中，不可能存在一个解决一致性问题的确定性算法。

共识机制的核心是区块的构建和检验，工作量证明机制（proof of work，POW）系统构建区块的过程一般称为“挖矿”（mine），权益证明机制（proof of stake，POS）系统的区块构建方式一般称为“铸造”（mint），而 NXT 的区块构建方式一般称为“构造”（forge）。

下面是几种常用的共识机制，需要注意的是，每种共识机制都各有特点和适合的场景，而没有优劣之分。

1. 工作量证明机制

共识机制在以前一般称为证明（proof）方式，是人们最熟知的一种共识机制，而随着大家对分布式账本一致性问题的不断探索，很多方法被提出来，尤其近期有很多区块链项目回归了对传统 BFT（拜占庭）算法的改进，在思路上已经跳出了“证明”的语义，因此进一步被概括为共识机制。通俗地讲就是“通过工作以获得指定成果，用成果来证明曾经付出的努力”。其实人们日常工作生活中经常使用工作量证明，如学生考试成绩、毕业证以及驾照等，这种证明方式的一个显著特征是往往需要很大的工作量才能拿到指定成果，但这个成果很容易验证。因为一般很难去实时监督一个人是否真的付出了这些工作量，所以只能使用工作量的结果来证明。

第一个成功解决该问题的尝试就是比特币系统，因为比特币采用的就是工作量证明。中本聪在比特币的设计思路上已经使用非对称密码解决了电子货币的所有权问题，用区块时间戳解决了交易的存在性问题，用分布式账本解决了剔除第三方机构后交易的验证问题，剩下需要解决的问题是双重支付，这要求所有节点账本统一，而真正的平等又必须赋予人人都有记账的权利，记账是一件简单的事情，每个人都可以做，显然最终会存在众多大同小异的账本，但我们只需要其中的一个账本就够了。

中本聪想到给记账加入成本，总账本由各个分页按照时间先后排序，给每个账本分页设立一个评判标准，以区分账本分页是否合格，这给记账增加了难度，同时给每个账本分页加入一个随机元素，用以调节记账难度以保证一定时间段内只有一个人生成合格的账本分页。增加的成本就是工作量，合格的账本分页就是工作量证明。对于比特币而言，账本分页就是一个区块，区块通过巧妙设计形成区块链，合格的区块可以表述为

$$F(\text{Nonce}) < \text{Target}$$

其中，Nonce 是随机元素；Target 是合格区块的量化，每个记账节点的 Target 一致。此外，工作量证明机制的成功运行还需要配合如下两条约定：

(1) 最优链(best chain)原则，即将最长的链条视为正确的链条；

(2) 激励原则，即找到合格的区块有奖励收益。

第(1)条约定为硬性规则，无条件遵守，大家要么不玩，要玩就遵守这条原则，毕竟共同的目标是找到一致性账本，而最长的链条代表最大的工作量，如果没有这条约定，每个人都只会构造自己的区块链，无法统一。第(2)条为工作量激励，既然记账有成本，那唯有收益才能驱动大家都去记账，参与记账构造区块变成投资行为，其成本和收益风险在第(1)条约束下形成博弈，驱动所有节点按约定规则老老实实构造区块，最终达到纳什均衡。

具体实现方式：比特币采用哈希算法，逻辑上比特币是对整个区块进行哈希运算，但真正实现并非将整个区块数据作为哈希函数的参数，区块大体可分为区块链头和交易列表两部分，交易列表通过构造成 Merkle 树最终浓缩成 Merkleroot 内置于区块头，区块头只有 6 个字段，共 80 字节，如图 2-16 所示，如此设计首先带来的好处是方便哈希运算，每次运算只需要 80 字节的参数输

入，而不是整个区块的数据，但交易列表的任何变化又能体现在哈希运行结果上。

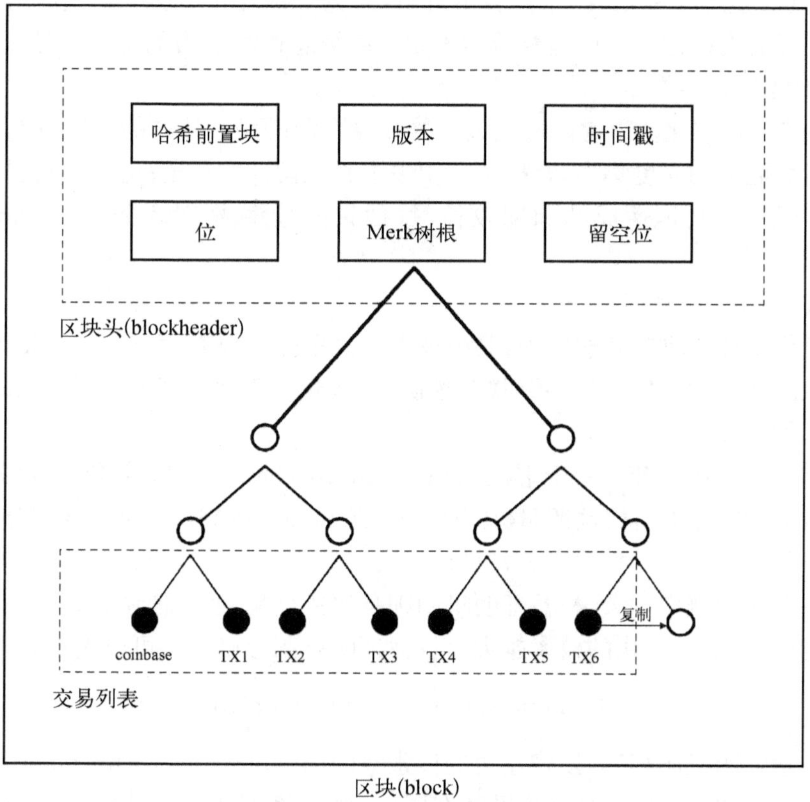

图 2-16　比特币区块分解示意图

比特币采用 SHA-256 哈希运算，且每次都是连续进行两次 SHA-256 运算才能作为最终结果，前一次运算的结果作为后一次运算的输入，即双 SHA-256 加密(Double SHA-256)，一般简称 SHA-256D，扩展上面的公式，比特币合格区块判断依据如下：

$$SHA256D(nVersion, hashPreBlock, hashMerkleRoot, nTimes, nBits, Nonce) < \frac{MAXTARGET}{Diff}$$

其中，MAXTARGET 为最大目标值，常量；Diff 为难度，全网难度一致；MAXTARGET/Diff 即通常所说的当前目标值。

显然，工作量证明机制的核心要义为：运算能力越强，挖到块的概率越大，维护区块链安全的权重越大。相对其他共识机制，工作量证明机制逻辑简单，容易实现，容错达 50%，其安全有严格的数学论证。

优点：完全去中心化，节点自由进出，避免了建立和维护中心化信用机构的成本。只要网络破坏者的运算能力不超过网络总运算能力的 50%，网络的交易状态就能达成一致。

缺点：目前比特币挖矿造成大量的资源浪费；另外，挖矿的激励机制也造成矿池运算能力的高度集中，背离了当初去中心化设计的初衷；更大的问题是工作量证明机制的共识达成的周期较长，每秒只能最多做 7 笔交易，不适合商业应用。

2. 权益证明机制

工作量证明机制并非完美，其中被指责最多的主要有两点：一是浪费能源；二是风险和收益博弈必然导致联合挖矿，而大运算能力矿池可能会对系统地去中心化构成威胁。

于是在 2011 年，一个名为 Quantum Mechanic 的数字货币爱好者在 Bitcointalk 论坛提出权益证明机制(proof of stake，POS)，该机制被充分讨论之后证明具有可行性。如果说工作量证明机制主要比拼运算能力，运算能力越强，挖到一个块的概率越大，权益证明机制则是比拼余额，通俗地说就是自己的手里的币越多，挖到一个块的概率越大。权益证明机制合格区块可以表述为

$$F(\text{Timestamp}) < \text{Target} \times \text{Balance}$$

与工作量证明机制相比，该式左边的搜索空间由 Nonce 变为 Timestamp，Nonce 值域是无限的，而 Timestamp 极其有限，一个合格区块的区块时间必须在前一个区块时间的规定范围之内，时间太早或者太超前的区块都不会被其他节点接纳。右边的目标值引入一个乘积因子余额，可见余额越大，整体目标值(Target×Balance)越大，越容易找到一个区块。因为 Timestamp 有限，权益证明机制构造区块的成功率主要与 Balance 有关。

到目前为止，已有两个系统开始运行：点点币(Peercoin)和未来币(NXT)。点点币使用一种混合模式，用股权调整挖矿难度。未来币使用一个确定性算法以随机选择一个股东来产生下一个区块，基于账户余额来调整被选中的可能性。

权益证明机制只是代表一种共识机制理念，具体有多种实现方式，这里以点点币为例，重点解析这种机制的实现思路。

点点币于 2012 年 8 月发布，最大创新是其采矿方式混合了工作量证明机制及权益证明机制，其中工作量证明机制主要用于发行货币，未来预计随着挖矿难度上升，产量降低，系统安全主要由权益证明机制维护。目前区块链中存在两种

类型的区块，工作量证明机制区块和权益证明机制区块。点点币的发布者为同样不愿意公开身份的密码货币极客 Sunny King，同时也是质数币（primecoin）的发明者。

要掌握点点币的权益证明机制，需要重点理解 Sunny King 专门为点点币设计的几个核心概念：Coinstake（权益证明）、Kernel（Kernel 协议）、Stake Reward（权益激励）、Coinage（币龄）等。

1）Coinstake

为了实现权益证明机制，Sunny King 专门设计了一种特殊的交易，称为 Coinstake，Coinstake 的设计借鉴中本聪的 Coinbase 设计，本质上 Coinbase 和 Coinsake 都是一笔交易，只是对它们的输入输出做了一些硬性限制。

而 Coinstake 的设计又需要区别于 Coinbase，这样才不会扰乱系统原有的工作量证明机制。下面简单对比一下两者结构上的不同。

（1）Coinbase 结构要求。

① 输入数量必须等于 1，且输入的 prevout 字段（指定前一笔交易的输出）必须置空值；

② 输出数量必须大于等于 1。

（2）Coinstake 结构要求。

① 输入数量大于等于 1，且第一个输入的 prevout 字段不能为空，即要求 Kernel 必须存在；

② 输出数量大于等于 2，且第一个输出必须置空值。

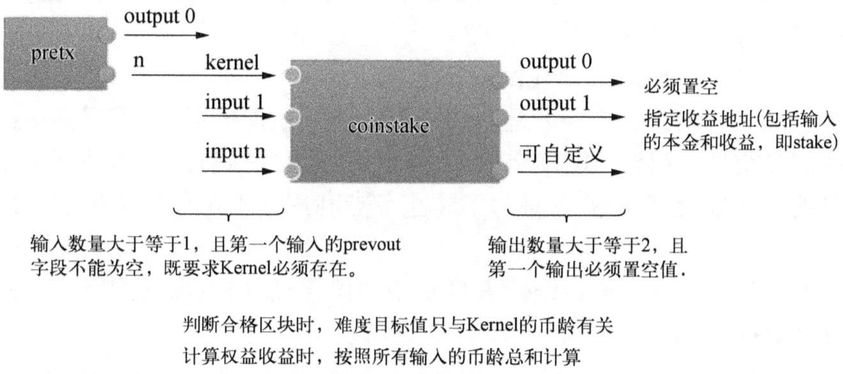

图 2-17 权益证明

这两种特殊交易在区块链中存放的位置也有特殊要求，中本聪规定每个区块的第一笔交易必须放置 Coinbase，反之，Coinbase 不能出现在区块的其他位置。Sunny King 显然不能破坏这个规则，他增加了一条规则，对于权益证明机制区块，第二笔交易必须放置 Coinstake，反之，Coinstake 不能出现在其他位置。换言之，只要第二笔交易是 Coinstake，这个区块就当权益证明机制区块来处理。

2) Kernel Protocal

Coinstake 的第一个输入(Input 0)称为 Kernel，Kernel 在权益证明机制里确实起到核心作用，合格区块的判定与之息息相关。点点币合格区块判断条件为

```
SHA256D(nStakeModifier + txPrev.block.nTime + txPrev.offset
 + txPrev.nTime + txPrev.vout.n + nTime) < bnTarget * nCoinDayWeight
```

每一个参数都有明确的设计目的，其中：

(1) nStakeModifier 是专门为权益证明机制设计的调节器，按照以上公式，如果没有参数 nStakeModifier，当一个人收到一笔币得到网络确认之后，他立即就能提前计算得知自己在未来何时可以构造区块，这显然不符合设计目标，Sunny King 希望权益证明机制矿工和工作量证明机制矿工一样做随机探索，以实时在线维护区块链，nStakeModifier 的设计就是为了防止权益证明机制矿工提前计算。nStakeModifier 可以理解为权益证明机制区块的一个属性，每一个区块对应一个 nStakeModifier 值，但 nStakeModifier 并不是每个区块都变动，不过协议规定每隔一定时间(Modifier Interval)必须重新计算一次，取值与前一个 nStakeModifier 以及最新区块哈希值有关，因此权益证明机制矿工无法提前计算，因为他不知道未来的区块哈希值。也就是说，在点点币系统中，除了存在区块链，币链(币的交易签名历史)还隐藏着一个很少被提及的链条——权益调节器链条。值得一提的是，Sunny King 是在点点币后来的版本才加入这个调节的，一开始他使用 nBits。

(2) txPrev 是 Kernel 对应的前一笔交易。

(3) txPrev. block. nTime 是 txPrev 所在区块的时间戳，一笔交易被纳入区块的时间是交易发起者不能确定的，节点有可能通过提前计算预估到未来对自己有利的时间戳，这个参数就是为了防止节点利用这种预估优势提前生成大批交易。

(4) txPrev. offset 是 txPrev 在区块中的偏移量，用以降低网路节点同时生成 coinstake 的概率。

(5) txPrev. nTime 是 txPrev 构造时间，设计目标如 txPrev. offset。

(6) txPrev. vout. n 是 Kernel 在 txPrev 中的输出下标，设计目标如 txPrev. offset。

(7) bnTarget 是全网当前目标难度基准值，类似工作量证明机制中的当前难度值，由 nbits 记录。

(8) nCoinDayWeight 是 Kernel 的币龄。

由此可知，Sunny King 一方面希望能给权益证明机制矿工提供充足的随机性，另一方面搜索空间严格局限于 Coinstake 的时间戳字段，以保证影响找到合格区块链的最大因素是 Kernel 的币龄。

节点在构造区块时，首先从自己所有的 UTXO(通用交易)中选定一个作为 Kernel，构造 Coinstake，计算其哈希值，如果不合格，重新构造 Coinstake，重构时时间戳会改变，也可以改变 Kernel，以得到不同的 Coinstake，如此往复，直到找到合格区块。

3) Coinage

上面提到了币龄，又称币天，如果 1.5 个币存在于区块链中 10 天，那么币龄为

$$\text{Coinage}=1.5\times 10=15$$

点点币采用币龄，而不是直接采用余额(Balance)来计算。一个 UTXO 一旦被花费，其币龄被清零，新的 UTXO 币龄从 0 开始算起。

4) StakeReward

StakeReward 为权益激励，俗称获得利息，计算公式为

$$\text{StakeReward}=\text{nCoinAge}\times 33/(365\times 33+8)\times 0.01\times \text{COIN}$$

可简化为

$$\text{StakeReward}=(0.01\times \text{nCoinAge}/365)\times \text{COIN}$$

其中，nCoinAge 是 Coinstake 所有输入的币龄总和。由公式可知收益按 1%年率计算。理想状态下，假设所有的币全年都参与挖矿，代币总量每年有 1%通胀率，这一设计为很多人所诟病。而且，这一设计并不能激励矿工积极参与挖矿以维护区块链的安全，因为如果不考虑手续费，持币用户每隔几个月打开节点铸币，或者实时在线铸币，理论上收益都是一样的。

5) StakeMinAge

权益证明机制系统也存在 51%币龄攻击风险，为了增加攻击难度，Sunny King 对每一笔 UTXO 的铸币资格做了最小年龄(StakeMinAge)限制：一个 UTXO 在区块链存在的时间小于 StakeMinAge 则没有铸币资格，点点币最小币龄为 8 小时。后来有些竞争币种加入了最大年龄(StakeMaxAge)限制：一个 UTXO 在区块链存在的时间大于 StakeMaxAge 则币龄始终按 StakeMaxAge 计算。

在 Sunny King 设计的权益证明机制中，一笔 UTXO 就像是一个矿工，该矿

工每成功构造一个区块后必须休息一段时间，因此，整套系统必须保证足够多的“矿工”同时在线构造区块，才有可能获得平滑的出块速度。

2013 年 9 月，一个名为 BCNext 的用户在 Bitcointalk 论坛发起一个帖子，宣布将发行一种全新的纯权益证明机制币种，后来取名为未来币（Nextcoin，NXT）。与当时其他山寨币直接照搬自 Bitcoin 源码的开发思路不同，BCNext 另起炉灶，采用 Java 语言从头开发未来币，并对区块结构、交易结构、非对称密码等做了很多改进。未来币有很多创新点，这里只讨论其中最重要的创新——透明构造（transparent forging）。

未来币的权益证明机制实现方式与点点币完全不同，其合格区块判定方法为

$$\text{hit} < \text{base Target} \times \text{effective Balance} \times \text{elapse Time}$$

（1）未来币抛弃中本聪的 UTXO 设计方案，采用账户（Account）余额方案，每一个账号对应一个私钥。每一个区块都有一个生成签名（generation Signature）字段，hit 的生成与这个字段有关。当用户需要构造区块时，首先计算自己独一无二的 hit，计算过程如下。

用户用自己的私钥对上一个区块的 generation Signature 进行签名，获得自己本区块的 generation Signature。

对上一步结果进行 SHA－256 运算，求得其哈希值。

取其哈希值的前 8 字节（共 64 比特）作为 hit 变量。

生成签名的设计有点类似于点点币的 Stake Modifier，也就是说，未来币区块链下隐藏着一个签名链条。

（2）base Target 是全网难度基准值，这个难度按照每分钟一个区块目标调节。

（3）effective Balance 是账户有效余额，一笔币转到账户需要足够多的确认才有铸币权利，称为有效余额。

（4）elapse Time 是当前时间与上一个区块时间间隔，按照 current Time－last Block Time 计算。

分析以上式子，如果依然将式子左边视为挖矿，右边视为目标值，可知用户根本就没有搜索空间，因为当全网产生一个最新区块时，对于构造下一个区块，每个用户自身的 hit 就固定了。式子右边，每个用户的目标值与自身的账户有效余额呈正比关系，而且随着时间推移，目标值不断变大，不等式最终一定会成立，即理论上每个节点都可以挖那个区块，但规定优先选择最早生成的区块。

用图 2－18 类比未来币的构造机制，每个圆柱体自身高度（hit）是固定的，假

设限高杆不断升高(目标值 Target 随着时间不断增大),最终所有圆柱体都能通过(合格区块),但最矮的圆柱体可以率先通过。

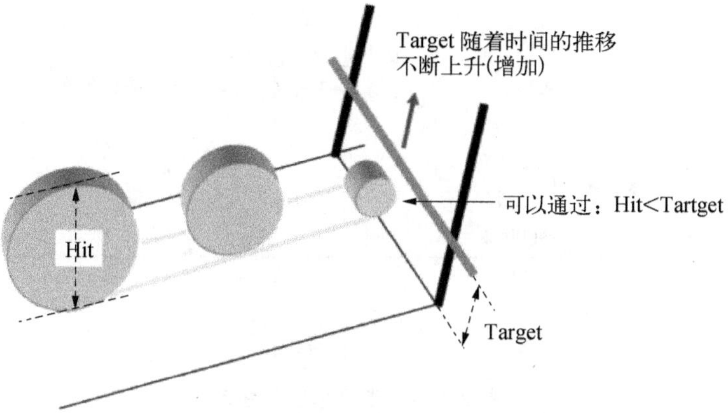

图 2-18 未来币的构造机制

节点构造区块流程为:账户必须实时在线,当全网有最新区块产生时,每个账户立即计算自己对应的 hit,然后根据公式 elapse Time=hit/(base Taret×effective Balance)计算得知自己构造区块的期望时间值,并将这个期望时间广播给网络其他节点,如此,全网每个节点都知道其他节点的期望时间,从而也就得知下一个区块优先由谁来构造。账户在自己的时间窗口构造好区块并立即广播全网,其他节点检验一个新区块是否有效,首先要检验证区块的生成签名是否有效,还要检验新区块的时间戳是否与产生区块的节点之前发布的期望时间吻合。每次客户端检测到网络中有新的区块产生时,都会重新计算自己的期望时间并向全网发布。

因为 hit 是用户用自己的私钥签名的结果,所以对于不同用户来说具有很大随机性,即便余额很少的用户,如果运气足够好,hit 值很小,也有可能快速构造区块。

未来币区块的生成完全摒弃了竞争的理念,有点“上帝早已安排好一切”的味道,下一个区块由谁来生成冥冥中早就注定,全网节点能做的就是静静等待那一刻的到来。

如图 2-19 所示,如果节点 A 没有在自己的构造时间窗口内广播区块怎么办?没问题,网络会等 B 的区块。但是如果 A 和 B 间隔不远,或者由于网络传输原因部分节点先收到 A 的区块,部分节点先收到 B 的区块呢?网络就分叉了,此时 Bestchain 的原则依然是首选最长的链条,长度一致的分支,优先选择最高区块时间戳最小的分支。那如果节点对所有分支都构造并广播区块呢?那就变成了一种攻击行为，网络最新区块附近的分叉会加剧。缓解问题的办法是让节点只挖最优分支，这一点没法体现在协议中，只能依靠诚实节点的自律来实现。

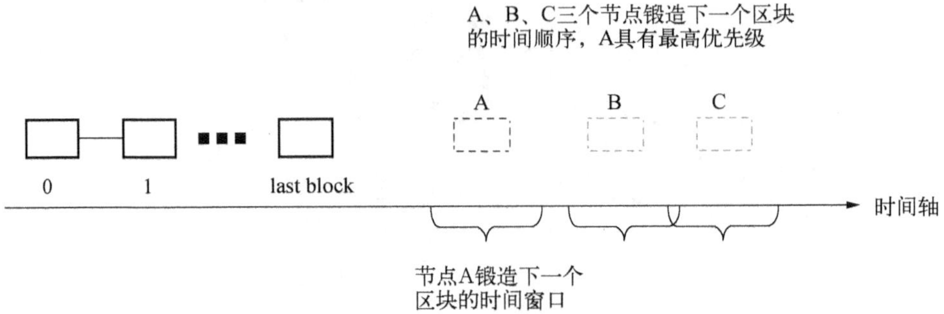

图 2-19　未来币区块生成

摒弃了竞争的理念，未来币共识不得不高度依赖于时间轴，节点虽可预知自己在未来何时可生成区块，但必须要等到那个时候才能广播区块，如果节点提前广播，网络其他节点将不会接受，BCNext 在客户端实现上做了限制：对于最新区块，客户端只接受本机当前时间前后 15 s 范围内广播的区块，这种限制也没法体现在协议上，只能依靠客户端实时辅助实现。

也难怪，未来币全部预挖，如果采用类似比特币那样由矿工慢慢发行模式，免不了竞争构造区块，而一旦竞争，区块链将立即陷入分叉。未来币的整套共识规则的成功运行，背后都有一个潜在的利益博弈，即持币者就是系统使用者，也是系统的受益者，大家应该联合起来共同维护区块链，做一个诚实的节点。

也许你会想到一种攻击方法：即便手里持币量很少，但可通过生成大批账号并往每个账号转少量币，以每次都能找到很小的 hit，也能快速构造区块，如此一来权益证明机制就退化到类似工作量证明机制的尴尬境地。BCNext 首先从非对称签名算法下手，采用 ED25519 代替比特币的 ECDSA，前者的计算难度比后者大。此外，成熟期挖矿产出提高到 1 440 个区块(1 天)，即一个账号有效余额一旦成功构造一个区块，则该部分余额需要等 1 天才能重新获得构造资格。

短暂的分叉还是不可避免的，未来币最新区块附近会有很多分支，一笔交易需要多一些确认才足够安全，未来币官方推荐 10 个确认。

权益证明机制的特点如下。

优点：在一定程度上缩短了共识达成的时间，降低了工作量证明机制的资源浪费。

缺点：破坏者对网络攻击的成本低，网络的安全性有待验证。另外，拥有代币数量大的节点获得记账权的概率更大，会使得网络的共识受少数富裕账户支配，从而失去公正性。

3. 股权授权证明机制

BitShares社区首先提出了股权授权证明机制(DPOS)。

与权益证明机制的主要区别在于，股权授权证明机制节点选举若干代理人，由代理人验证和记账。其合规监管、性能、资源消耗和容错性与权益证明机制相似。类似于董事会投票，持币者投出一定数量的节点，代理他们进行验证和记账。

从某种角度来说，股权授权证明机制可以理解为多中心系统，兼具去中心化和中心化优势。该模式可以每30秒产生一个新区块，并且在正常的网络条件下区块链分叉的可能性极小，即使发生也可以在几分钟内得到解决。

股权授权证明机制的工作流程如下。

去中心化表示每个股东按其持股比例拥有影响力，51%股东投票的结果将是不可逆且有约束力的。其挑战是通过及时而高效的方法达到51%批准。为达到这个目标，每个股东可以将其投票权授予一名代表。获票数最多的前100位代表按既定时间表轮流产生区块。每名代表分配到一个时间段来生产区块。所有的代表将收到等同于一个平均水平的区块所含交易费的10%作为报酬。如果一个平均水平的区块含有100股作为交易费，一名代表将获得1股作为报酬。

网络延迟有可能使某些代表没能及时广播他们的区块，而这将导致区块链分叉。然而，这不太可能发生，因为构造区块的代表可以与构造前后区块的代表建立直接连接。建立这种与之后的代表的直接连接是为了确保能得到报酬。

该模式可以每30秒产生一个新区块，并且在正常的网络条件下区块链分叉的可能性极小，即使发生也可以在几分钟内得到解决。

1）成为代表

成为一名代表，必须在网络上注册公钥，然后分配到一个32位的特有标识符。然后该标识符会被每笔交易数据的“头部”引用。

2）授权选票

每个钱包有一个参数设置窗口，在该窗口里用户可以选择一个或更多的代表，并将其分级。一经设定，用户所做的每笔交易将把选票从“输入代表”转移至“输出代表”。一般情况下，用户不会创建特别以投票为目的的交易，因为那将耗费他们一笔交易费。但在紧急情况下，某些用户可能觉得通过支付费用这一更积极的方式来改变他们的投票是值得的。

3）保持代表诚实

每个钱包将显示一个状态指示器，让用户知道他们的代表表现如何。如果他们错过了太多的区块，那么系统将会推荐用户去换一个新的代表。如果任何代表被发现签发了一个无效的区块，那么所有标准钱包将在每个钱包进行更多交易前要求选出一个新代表。

4）抵抗攻击

在抵抗攻击上，因为前 100 名代表所获得的权利是相同的，每名代表都有一份相等的投票权。因此，无法通过获得超过 1%的选票而将权力集中到一个单一代表上。因为只有 100 名代表，可以想象一个攻击者可以对每名轮到生产区块的代表依次进行拒绝服务攻击(DDoS)。幸运的是，由于事实上每名代表的标识是其公钥而非 IP 地址，这种特定攻击的威胁很容易被减轻。这将使确定 DDoS 目标更为困难。而代表之间的潜在直接连接，将使他们生产区块变得更为困难。

股权授权证明机制的特点如下。

优点：大幅缩小参与验证和记账节点的数量，可以达到秒级的共识验证。

缺点：选举固定数量的见证人作为记账候选人有可能不适合完全去中心化的场景，另外在网络节点数较少的场景，选举的见证人的代表性也不强。

4. Casper：投注共识

这是一种以太坊下一代的共识机制，属于权益证明机制。Casper 的共识是按块达成的，而不是像权益证明机制那样按链达成的。

为了防止验证人在不同的世界中提供不同的投注，还有一个简单严格的条款：如果有两次投注序号一样，或者说提交了一个无法让 Casper 合约处理的投注，你将失去所有保证金。从这一点可以看出，Casper 与传统的权益证明机制不同的是 Casper 有惩罚机制，这样非法节点通过恶意攻击网络不仅得不到交易费，而且还面临着保证金被没收的风险。

Casper 协议下的验证人需要完成出块和投注两个活动，具体如下：

出块是一个独立于其他所有事件而发生的过程。验证人收集交易，当轮到他们出块时，他们就制造一个区块，签名，然后发送到网络上。投注的过程更为复杂。目前 Casper 默认的验证人策略被设计为模仿传统的拜占庭容错共识，即观察其他验证人如何投注，取 33%处的值，向 0 或者 1 进一步移动。

而客户端的确认当前状态的过程如下：

一开始先下载所有的区块和投注，然后用上面的算法来形成自己的意见，但是不公布意见。它只要简单地按顺序在每个高度进行观察，如果一个块的意见概率高于 0.5 就处理它，否则就跳过它。在处理所有的区块之后得到的状态就可以显示为区块链的“当前状态”。客户端还可以给出对于“最终确定”的主观看法：当高度 k 之前的每个块，意见要么高于 99.999%或者低于 0.001%，那么客

户端就可以认为前 k 个块已经最终确定。

5. Ripple Consensus：瑞波共识机制

瑞波币的共识算法如下：

使一组节点能够基于特殊节点列表达成共识。初始特殊节点列表就像一个俱乐部，要接纳一个新成员，必须由 51%的该俱乐部会员投票通过。共识遵循这核心成员的 51%权力，外部人员则没有影响力。由于该俱乐部由“中心化”开始，它将一直是“中心化的”，这点也一直被去中心化的拥护者所诟病。与比特币及点点币一样，瑞波系统将股东与其投票权隔开，因此比其他系统更中心化。

6. Pool 验证池

Pool 验证池基于传统的分布式一致性技术，加上数据验证机制；是目前行业链大范围在使用的共识机制。

Pool 验证池的特点如下。

优点：不需要代币也可以工作，在成熟的分布式一致性算法（Pasox、Raft）基础上，实现秒级共识验证。

缺点：去中心化程度不如比特币；更适合多方参与的多中心商业模式。

最后综合对比分析一下以上几种共识机制的优劣和特点。

（1）安全性。工作量证明机制的安全性存在完整的数学证明，这一点是权益证明机制和股权授权证明机制无可比拟的优势。区块链共识机制一般要同时考虑抵御 DDoS 和双重支付攻击，工作量证明机制存在 51%运算能力攻击威胁，比特币目前超强的运算能力使得破坏该系统需付出巨大代价。权益证明机制也会存在 51%币龄攻击，而股权授权证明机制的安全性完全取决于代表的诚实程度。未来币理论上可以实现快速交易，但需要构造节点曝光自己的 IP 地址，如此一来容易成为 DDoS 攻击的对象，股权授权证明机制的代表也容易成为 DDoS 攻击的对象。

（2）环保性。在不可能三角理论（去中心化、安全、环保不能同时兼备）中，工作量证明机制彻底抛弃节约能源的需求，通过巨大的运算能力来维护系统安全和去中心化特征。权益证明机制和股权授权证明机制几乎不费多余电力，但不可避免地在另外两个特性做出牺牲。

（3）共识速度。工作量证明机制很难缩短区块时间，权益证明机制相对而言可以缩短区块时间，尤其未来币会比点点币的实现方式更快，股权授权证明机制也可以在很短时间内达成共识，比特股目前 30 秒产生一个区块。但是权益证明机制更容易产生分叉，尤其是未来币，所以交易需要更多确认才被认为安全。

（4）交易容量。这是区块链未来发展需要解决的核心问题，巨大的交易容易意味着巨大的带宽和存储空间，工作量证明机制的交易容量很难扩展，而未来币由于每个节点都可以预知下一个区块由谁构造，可以直接将交易发给构造节点，所以未来币交易容量有很大扩展性。从某种角度来说，股权授权证明机制可以理解为多中心系统，兼具去中心化和中心化的优点，如果代表节点都运行强大的服务器且彼此带宽足够大，理论上交易处理能力可比拟传统中心化系统，如Visa。

(5) 出块平滑度。工作量证明机制由于哈希算法特性，可以得到平滑的出块速度，而且可以间隔一段时间再调整全网难度，权益证明机制出块主要与余额有关，而用户余额差距梯度比较大，所以权益证明机制一般每个块都要调整全网基础难度。股权授权证明机制依靠有限代表人的协同作用，如果代表人不会频繁进出，几乎可以做到固定出块间距。

(6) 最终性。工作量证明机制和点点币通过竞争达成共识，不存在最终性，理论上如果有足够运算能力，那么可以从头挖比特币区块链，但是可以依靠检测点实现最终性。未来币和股权授权证明机制严格依赖时间轴，依靠节点实时在线检测，所以存在最终性。

综合各方优势，工作量证明机制适合应用于公链；因为不存在验证节点的信任问题，采用POS搭建私链比较合适；而联盟链由于存在不可信局部节点，采用股权授权证明机制比较合适。

第3章　区块链行业应用解析

3.1　区块链与金融

信任是金融业的基础。为维护信任，金融业的发展催生了大量的中介机构，包括托管机构、第三方支付平台、公证人、银行等。然而，中介机构处理信息依赖人工，且交易信息往往需要经过多道中介的传递，这使得信息出错率高，且效率低下。同时，人们通常认为权威机构公示的信息是经过社会认可的信息，不存在欺诈风险。但在实践中，权威机构通过中心化的数据传输系统收集各种信息，并将这些信息保存在中心服务器中，然后集中向社会公布。这种中心化的传输模式同样使数据传输效率低，成本高。如何高效、便捷且低成本地建立信任，成为业界普遍关心的问题。

区块链可以理解为一个基于计算机程序的公开的总账，它可以记录在区块链上发生的所有交易。区块链中的每个节点都可以将其记录的数据更新至网络，每个参与维护的节点都能复制获得一份完整数据库的副本，这就构成了一个去中心化的分布式数据库。这种分布式的数据库可以在无须第三方介入的情况下，实现人与人之间点对点式的交易和互动。同时，数据一旦写入区块就不能被撤销，在 10 min 内该区块中的信息将会被复制到网络中的所有区块，实现全网数据的同步。区块链建立在互联网的基础上，任何接入互联网的端口都可以接入区块链。

美国《华盛顿邮报》2016 年 1 月 6 日刊文指出，区块链是 2016 年有可能改变创新之路的十大最前卫的创新技术之一，或许是自互联网出现以来最重大的发明。2015 年 9 月，全球知名大金融机构，如高盛集团、美国银行、瑞士联合银行集团(UBS)等 42 家银行加入了一个名为"R3"的组织，共同开展对区块链的研究；德勤加密货币社区(DC3)也于 2016 年年初在 CoinDesk 网站上发表文章，基于对欧美商业社区的调查，预言区块链将在 2016 年走出实验室，变成现实。

3.1.1 数字货币

数字货币产生于 20 世纪 90 年代中期的数学家、密码学家和计算机专家戴维・乔姆之手，他认为在因特网上必须有自己的网络货币，并可自由流通，成为网上交易的无纸化媒介。而目前在网上大行其道的“比特币”已经远远超出了他当年“数字现金”、“电子现金”的概念。“比特币”的概念由中本聪在 2009 年提出，是一种新型的数字化虚拟货币，它已经成为一种完全脱离政府和银行控制、总量“封顶”、可实现兑换法定货币且价格由供求决定、被认为有可能彻底改变全球金融格局的数字货币。比特币背后的关键技术支撑就是“区块链”技术，它的意义要远远超越货币或现金。比特币创造的是一种解决彼此之间不信任的记账方式。

区块链技术的出现，为解决货币的数字化发行、流通和持有问题提供了新的角度和可能。比特币等多种社群“币”、企业内部多种虚拟“币”的出现，则为未来数字货币时代的到来敲响了前奏，进行了世界范围内的技术验证和试错。

1. 社群数字“币”

社群数字“币”是以社群的认可度来做背书的。比特币可以说是第一个去中心化的社群数字“币”。在比特币社区和许多比特币信仰者的支持下，比特币拥有了其价值支撑，也吸引了一些社群外的用户参与交易与使用。据有关媒体报道，全世界约有 1 400 家实体商户可以用比特币来支付，其中欧洲近 600 家，美国有 400 多家。市场上有数百种社群数字“币”，同一社群内使用同一种货币，可以在经济利益上使社群形成一致利益，并通过社群内的交换、交易，将经济活动留在社群之内，使社群拥有自己的经济资源，吸引更多的外界用户参与。

就目前来说，对大众而言，更为熟知的区块链技术的运用成果还是比特币。与大多数货币不同，比特币不依靠特定货币机构发行，它依据特定算法，通过大量的计算产生，比特币使用整个 P2P 网络中众多节点构成的分布式数据库来确认并记录所有的交易行为，并使用密码学的设计来确保货币流通各个环节的安全性。P2P 的去中心化特性与算法本身可以确保无法通过大量制造比特币来人为操控币值。基于密码学的设计可以使比特币只能被真实的拥有者转移或支付。这同样确保了货币所有权与流通交易的匿名性。比特币与其他虚拟货币最大的不同，是其总数量非常有限，具有极强的稀缺性。该货币系统曾在 4 年内只有不超过 1 050 万个，之后的总数量将被永久限制在 2 100 万个。比特币可以用来兑现，可以兑换成大多数国家的货币。使用者可以用比特币购买一些虚拟物品，如网络游戏中的衣服、帽子、装备等，只要有人接受，也可以使用比特币购买现实生活中的物品。

比特币的崛起颠覆了人类对货币概念的认识。比特币及其他数字货币的出现与扩展正在改变人类使用货币的方式。从过去人类使用实物交易，到发展物理货币及后来的信用货币，都是随着人类的商业行为及社会发展不断演进的。随着电子金融及电子商务的崛起，数字货币安全、便利、低交易成本的独特性，更适合基于网络的商业行为，将来有可能取代物理货币的流通。

以比特币为代表的数字货币目前已在欧美国家获得相当程度的市场接受，不但能在商户用比特币购买商品，更是衍生出比特币的借记卡与自动取款机(Automatic Teller Machine, ATM)等应用产品。数字货币与法定货币之间交换的交易平台也应运而生；比特币与法定货币之间的庞大交易量与流动性足以被视为一种国际通行货币。正是比特币网络的崛起，让社会各界注意到其背后的分布式账本——区块链技术，并使比特币逐渐在数字货币外的众多场景获得开发应用。

2. 企业虚拟“币”

目前企业对区块链技术的使用，仍然要落后于社群，企业游戏虚拟币、积分、Q币、储值卡等，从更大意义上来说，都可以说是数字“币”的一部分，但是这类数字币往往和区块链技术没有关系，交易种类非常单一，无法形成真正的生态系统。当前，一些创业企业已经在进行相关尝试，如Factom，基于自己的软件服务，已经发行了可兑换的虚拟“币”，还有的企业如BitGold、GoldPay，也在尝试基于黄金来发行自己的虚拟数字“币”。如果未来数字货币的发行能有规可循，更多的企业将会勇于进入数字虚拟“币”发行这一领域。也许将会看到，世界各地的企业在某一数字虚拟“币”的旗帜下组织起来，进行跨国生产和金融活动。

市场经济对于私有商品来说，可以实现资源的最佳配置，但是对于公共资源来说，纯市场定价机制，有时候并不利于整个社会的利益最大化。这在经济学上往往被称为“灯塔效应”，因为灯塔对于单个航海者来说，其建设成本和收益相比极为悬殊，但其作为一种公共资源，却能引导所有的船只躲避暗礁，最大限度地避免社会财富的损失。由于传统的市场机制无法解决这一类商品的供应问题，大多数这样的公共服务设施，往往是由国家建设和运营的。

随着网络经济时代的到来，经济活动动辄在几十上百个国家中发生，传统的以国家化界和运营的公共服务，就不再能够适应全球化的经济规模，这就出现了新的趋势，部分公共服务由民间的非营利性国际合作组织来进行。目前互联网的基础IP地址和根域名的分配管理，就是由非营利性的国际性组织互联网名称与数字地址分配机构(The Internet Corporation for Assigned Names and Numbers, ICANN)来进行的，互联网上最大的百科全书维基百科，也是由非营利组织维基媒体基金会负责运营的，企业内部的虚拟“币”大概也是这种趋势中的一部分。

3. 国家数字货币

国家数字货币的历史使命和发展方向，与社群数字“币”和企业数字虚拟“币”完全不同，它是国家选择性地利用已有技术，并不仅仅局限于区块链技术，它的演进可能会在几个方向发挥重要作用。

(1) 防伪。国家发行的数字货币将有望在人类历史上第一次摆脱伪钞的发行可能性。这一防伪的特性，又可以用在各种与国家数字货币相关的票据、凭证上，从而解决长时间困扰人们的票据诈骗问题。

(2) 数据追踪和公正。新技术的使用有助于更清晰地收集和跟踪分析海量的各类金融数据，这意味着国家将掌握先进的信息工具，其对于反洗钱和税务征收等工作具有重要意义。

(3) 反制裁，抗攻击。目前国与国之间金融纷争愈演愈烈，一旦出现国家之间的交恶，冻结银行资产、中断资金往来是常用的手段。即使对于俄美这样的大国，这种事情也经常发生。国家的金融机构，也往往是黑客攻击的重点，特别是分布式拒绝服务攻击，对于中心化的金融系统来说，几乎是无法防御的。而如果参考区块链技术，去中心化的数字货币因为具备全网记账、分布式网络的特点，天然地对于此类攻击具有很强的防御能力。即使局部发生暂时的网络中断，记录在全网各个节点的交易数据，也不会丢失。

以上这些特点，对于国家金融来说，都是难能可贵的优点，在平常能够极大提高金融效率和安全性，在非常时期，甚至有可能成为一国金融生命线的保障。

毋庸置疑的是，国家发行数字货币将成趋势。

2015 年厄瓜多尔率先推出国家版数字货币，不但能减少发行成本及增加便利性，还能让偏远地区无法拥有银行资源的民众也能通过数字化平台，获得金融服务。

突尼斯也根据区块链的技术发行国家版数字货币，除了让国民通过数字货币买卖商品，还能缴付水电费等，结合区块链分布式账本的概念，将交易记录记载于区块链中，方便管理。

英国中央银行英格兰银行正委托伦敦大学设计一套数字货币 RSCoin 进行试验，预期通过央行发行的数字货币来提高整体金融体系的安全性与效率。

我国中央银行中国人民银行也在 2016 年 1 月召开数字货币研讨会，提出争取早日推出中央银行发行的数字货币。各国中央银行均认识到数字货币能够替代实物现金，降低传统纸币发行、流通的成本，提高支付结算的便利性；并增加经济交易透明度，减少洗钱、逃漏税等违法犯罪行为，提升中央银行对货币供给和货币流通的控制力；同时，通过发展数字货币，将其背后的区块链技术应用、扩展到整个金融业及其他领域，确保资金和信息的安全，提升社会整体效能。

同时，其他许多国家也在探讨发行数字货币的可行性。目前，包括瑞典、澳大利亚及俄罗斯都正在研讨发展数字货币的计划。

3.1.2　跨境支付与结算

国际结算的三种基本结算方式中，信用证(L/C)比托收(D/P，D/A)和汇款(R/T)更能解决进出口交易双方的不信任问题。其凭借金融中介的高等级信用来提供"有条件的付款承诺"，以保证进出口交易的完成。但伴随而来的是诸多参与方之间环环相嵌带来的复杂结构，每一环节或是单据在不同参与主体间的传递及审查，或是资金在不同参与主体之间汇划清算，每一接手单据的主体(特别是进出口商及代理其业务的进出口银行)都要进行单证的审查("单单相符"与"单证相符")，从而付出专业人员的大量时间和劳动。因此，其每一个环节都要收取相应的"劳动报酬"，或是在清算货款资金之外向进口及出口贸易商另行收取，或是"雁过拔毛"从清算货款资金内扣相应的手续费(30～60 美元)。

通常，信用证交易的参与方基本是 4 个，交易步骤至少为 8 个，交易完成总耗时至少也要 15 天，交易费用接近 3‰。如果一笔 100 万美元的即期信用证按美元兑人民币 7.0 的汇率计算，进出口商最基本的交易成本约为 18 000 元。

1. 银行间支付——保守型解决方案

银行间支付经常由中央交易方完成，每一个银行都有一个本地数据库。这个数据库作为一个权威总账记录了所有账户余额和交易流水。这里面有几个缺点：① 本地数据库必须经过对账并同步；② 中央交易方要在抵消不同账户的借贷后才执行支付。

保守型解决方案就是对于同属一个集团的银行使用区块链来为支付行为生成总账。每一个银行都可能是一个私有区块链网络的参与者，并且能够完成交易，参与一致性算法。

采用了这个解决方案，就不再需要不同数据库之间的对账了，因为一致性算法已经取得了单一总账的权威状态。而且，支付可以不需要中间方就在银行间进行结算，切实地减少了其间的费用。这种交易是近实时的并且是点对点的，减少了交易的风险，将结算时间降至以毫秒计算。在监管者看来，一个区块链是所有交易共享的不可变总账本，所有的监管者和审计方都有权访问它。

不同法律实体的交易私密性可能是一个问题，因为在传统的区块链中，每一个法律实体所在的节点都可以访问其他参与者的记录。这可能和隐私相关的法律框架有所不符。保护参与者的数据隐私的解决方法尚在研究当中。

2. 银行间支付——颠覆性解决方案

区别于单中央交易方，银行间支付的颠覆性解决方案可以采用活跃于特定网络的多重中央交易对手来为借贷双方结算。为了最小化交易对手风险，每一个银行必须为每一个支付网络设立准备金账户。

在这种情况下，许可区块链（私有区块链）可以在属于不同集团的银行间实现。关键的优势在于跨界支付可以摆脱关联银行的参与。这样，本来要给中间交易方的资本金就省下了，能分配给自身银行业务的资源就增多了。只需一个储备金账户，即可达成支付的全网络区块链平台结构。

当大量银行参与到这个网络中时，这个解决方式就显得很有吸引力。Ripple 就是一个基于区块链的跨界支付系统的例子。在 Ripple 中，验证节点由遵守一致性的识别过的金融机构运营。Ripple 也能整合货币交换能力来为跨界支付提供流动性。

现阶段商业贸易交易清算支付都要借助银行。这种传统的通过中介进行交易的方式要经过开户行、央行、境外银行（代理行或本行境外分支机构），每个机构都有自己的账务系统，彼此之间需要建立代理关系，需要有授信额度；每笔交易需要在本银行记录，还要与交易对手进行清算和对账等，导致速度慢，成本高。

与传统支付体系相比，区块链做支付是双方之间直接进行，不涉及中间机构，即使部分网络瘫痪也不影响整个系统运行，成本低廉。例如，Ripple 创建的基于区块链的通用分布式银行间金融交易协议，为用户提供跨境、任意币种的实时支付清算服务。

未来，银行与银行之间可以不再通过第三方，而是通过区块链技术打造点对点的支付方式。省去第三方金融机构的中间环节，不但可以全天候支付、实时到账、提现简便及没有隐形成本，也有助于降低跨境电商资金风险及满足跨境电商对支付清算服务的及时性、便捷性需求。

根据麦肯锡的测算，从全球范围看，区块链技术在 B2B 跨境支付与结算业务中的应用将可使每笔交易成本从约 26 美元下降到 15 美元，其中约 75% 为中转银行的支付网络维护费用，25% 为合规、差错调查，以及外汇汇兑成本。

欧洲中央银行（ECB）已在着手研究如何应用区块链技术，其执行董事会成员伊夫·梅尔施（Yves Mersch）称，区块链这样的创新支付技术具有潜力颠覆卡支付系统以及更广泛的金融体系；澳洲证券交易所（ASX）也在考虑使用比特币背后的区块链技术，作为其清算和结算系统的替代品；越来越多的大型金融机构也开始尝试使用区块链技术进行跨境业务结算以及更多在金融领域的应用，如摩根、Visa、伦敦交易所、法国兴业银行、瑞银集团等。

德勤金融服务中心在其发布的《银行业展望报告》（*Banking Industry*

Outlook）中称，未来几十年内，区块链这项颠覆性技术将带来银行业转型，并预测到 2020 年，区块链支付系统金融交易量会赶上美国自动清算所（Automated Clearing House，ACH）。

3.1.3 票据业务

商业票据在流转过程中，不可避免地存在各种风险：一是信用风险，由于我国票据市场交易主体多元化、行为不规范、信用环境不健全等，企业在签发商业票据时存在欺诈行为，在承兑时出现拖欠票款、拒绝偿还等违约情况；从负责承兑汇票的银行来说，部分商业银行为了提高业务量，承兑超过自身支付能力的票据，或对票据审查不严，存在企业保证金缴纳不足等问题。二是操作风险，我国目前大部分票据交易仍然采用纸质票据的形式，且大多通过人工操作，在企业资格审查、辨别真伪、保管登记、清算等操作过程中，容易产生操作失误或是主观的违规操作，为违法犯罪提供可乘之机。三是市场风险，在票据转贴现过程中，政策变化导致利率变动幅度较大也会产生风险。例如，2003 年中国人民银行提高法定存款准备金率，票据转贴现率急速上升，达到 3.3%，接近同期贷款利率，给开展相关业务的商业银行带来较大损失。随着我国利率市场化进程加快，利率波动将更加难以预测，这对承兑方的利率风险控制能力提出了更高的要求。四是道德风险与逆向选择风险，由于交易主体之间信息不对称，尤其是银行对于票据债务人情况了解不全面，债务人在票据承兑前骗取信任，但到期不履行支付义务。

近年来票据大案频发，2016 年 1 月 22 日，某银行票据买入返售业务发生重大风险事件，涉及金额高达 39.15 亿元。原因是该笔银行转贴现业务在回购到期前被某票据中介提前取出，纸质票据被调包。该笔资金非法流入股市，受股价下跌影响，出现巨额兑付缺口，给银行的资产和声誉带来了巨大损失。事实上，这只是众多票据诈骗案的冰山一角。由于票据业务涉及的金额较大，风险一旦产生，往往造成恶劣影响。

此外，近两年来，互联网票据业务快速发展，涌现出诸多民间票据中介机构，满足了部分中小微企业的融资需求。但是，银行的票据系统还没有完全覆盖这些民间票据中介及数千家中小型金融机构，尤其是在农村信用社、商业银行等信息化不发达的区域。从以上角度来说，传统票据的操作风险和信用风险并没有得到完全解决，随着票据市场的进一步发展，传统的票据形式难以满足改革和创新的要求，但基于区块链的票据创新为此提供了一种解决方案。

如果说票据交易所是由银行主导的、全国统一的票据中介，有利于央行对金融风险进行调控，那么，在票据行业中运用区块链技术，利用基于区块链构造的共识机制的去中心化账本，能够从很大程度上对票据业务领域的道德风险、操作风险、信用风险和市场风险进行防范和控制。区块链技术在票据业务上的应用主要有以下优势：① 能够更好地解决交易双方内控不足、贸易真实和违规交易的问题。借助使用区块链技术，不再需要第三方机构对交易双方的价值传递做实时验证和监督，也不需要特定的实物票据来获取交易双方的信任，真正实现了点对点的价值传递。② 可以有效防范票据市场风险，在当前票据市场上，由于参与机构的多样性和逐利性，风险事件频发，尤其是随着经济下行和中介江湖的混乱，2016 年以来已经有多家银行遭受了重大损失，不透明、不规范和高杠杆错配等潜规则诱发了多种风险。

区块链则能有效解决这类问题。首先，从道德风险来看，纸票中“一票多卖”、电票中打款背书不同步的现象时有发生，但区块链由于具有不可篡改的时间戳和全网公开的特性，无论纸票还是电票，一旦交易，将不会存在赖账现象。其次，从操作风险看，相对于电票系统的中心化运行，区块链中的分布式高容错性和非对称加密算法，则可以使得人为操作产生的风险几乎为零。再次，从信用风险来看，借助区块链的数据可以实现对所有参与者信用的搜集和评估，并可实时进行控制。最后，从市场风险来看，中介市场大量的资产错配不仅导致了自身损失，还捆绑了银行的利益，借助区块链的可编程性不仅可以有效控制参与者资产端和负债端的平衡，还可借助数据透明的特性使整个市场交易价格对资金需求的反应更真实，进而形成更真实的价格指数，有利于控制市场风险。

利用区块链的底层架构和加密算法进行研发的票据，可以显著降低运营成本，提高运作效率。当前，票据市场在信息交流上更多的是单对单，即使通过即时通信工具的群组方式，也容易导致信息的不对称和时效性差。通过构建区块链全新的连续“背书”机制，能够保障整个链条业务运作、决策共识，加快票据交易和资金流通速度。一是通过区块链的信息记载和回溯，易于建立基于关键字或其他智能方式的信息检索和提醒，提升信息的有效性，并可借助其开放性的优势让信息更加快速地传导至需求者，减少市场的不对称。二是由于区块链不需要中心化的服务器，这对现有的系统开发模式形成极大挑战，一旦系统需要系统优化或者变更，不需要通过“需求—代码—测试—投产—验证”等多个环节的时间跨度，对于现在依赖系统来办理业务的票据体系来说是重大优势。三是区块链可以极大程度地改变现行的组织结构、管理体系和行政干预，让经营的决策更加简单、直接和有效，提高整个票据市场的运作效率。

目前，我国票据区块链正处于发展的初期阶段，还没有在实际中大规模应用，但市场各方已经在积极探索可能的实现场景。例如，深圳瀚德金融控股有限公司与深圳农村商业银行依据瀚德票据简单支付（SPV）平台于 2016 年 5 月发行了全球第一笔票据理财交易。无独有偶，浙商银行与成都趣联科技有限公司合作，于 2017 年 1 月推出了基于区块链的移动数字汇票平台，客户可通过移动客户端扫描二维码，实现票据的签收发、转让和兑付等功能，简化与银行等机构进行对接的繁复程序，提升清算效率，建立更加安全的“多中心”系统。另外，恒生银行正尝试将开票和贴现等票据一级市场的交易场景放到区块链上，包括在开票环节利用区块链技术验证贸易背景真实性、在贴现融资环节在区块链上进行广播和查询，从而简化询价步骤，提高安全性。随着区块链技术走向成熟以及票据基础设施的不断完善，未来将涌现出一大批票据区块链的创新应用，实现传统票据到数字票据的跨越式转变，开辟我国票据市场的崭新蓝图。

3.1.4　供应链金融业务

供应链金融并不是一个新生事物。实际上，传统金融机构就一直在从事相关业务——给企业融资。由于交易双方都是个体，相互之间很难产生信任关系，进而导致巨大的“信用成本”。由于这种不信任，很难做到实时的交易交割。例如，一家公司和供应商签订合作关系，必须有 1～6 个月的账期，不可能货到付款。为了给生产提供驱动资金，供应商又不得不去银行贷款，并为此支付利息，从而增加了生产成本。

与此同时，很多行业也很难从银行拿到贷款。以煤炭物流行业为例，银行之所以不肯贷款给煤炭物流商，因为他们的抵押物只能是煤炭，基于这一行业的特点，银行很难准确评估抵押物的价值，整体风险承受能力受限。大企业难，中小企业更没有可能从银行拿到贷款。要么需要抵押物，要么需要信用背书，中小企业需要过五关斩六将才能满足银行的硬性要求并拿到贷款。而实体经济要落地生产，又需要资金作为润滑剂。

供应链金融，就试图用一种新的方式来解决资金的流动问题。传统银行的贷款方式是抵押物，而抵押物在供应链金融中就是应收账款或票据等交易凭证。在产业链中，常常会存在多个资金不流通的阻塞点。例如，一家大公司和供应商签订了 200 万元的采购合同，合同规定 6 个月后才全额支付款项，这 6 个月就是账期。

目前，供应链金融面临的主要挑战有：① 供应链金融企业的发展受制于整个供应链行业对外的低透明度。供应链所代表的是商品生产和分配所涉及的所有环节，包括从原材料到成品制成再到流通至消费者的整个过程。目前的供应链可以覆盖数百个阶段，跨越数十个地理区域，所以很难去对事件进行追踪或是对事故进行调查。买方缺少一种可靠的方法去验证及确认产品和服务的真正价值，因为供应链普遍缺乏透明度，这就意味着人们支付的价格无法准确地反映产品的真实成本。② 交易成本高居不下。仍然以应收账款为例，从显性的角度考虑，传统供应链金融链涉及应付账款方、征信机构、保理机构的多方处理，花费时间长、成本高，这是由于必须由信任机构完成相应的认证和账务处理，通常至少要耗费数周时间才能到账，手续费用昂贵。从隐性角度考虑，为了获取一笔应收账款，交易公司通常要进行大量的调研，并在此基础上进行风险把控。如果标的金额太少，利息收入可能都覆盖不了成本。③ 核心企业的“魔咒”。上述问题的出现和叠加促使核心企业登上历史舞台。就像上下游之间的堤坝，核心企业起到了贯穿产业链的作用。核心企业天生具有从事供应链金融的优势。核心企业几乎掌握了所有上下游企业的交易数据，手头握着所有的应收、应付账款，兼具天时、地利、人和。例如，海尔集团、迪信通等行业巨头都成立了自己的供应链金融公司，并试图用互联网的方式来提高效率，改造行业。

区块链的特性和优势可以帮助人们创新性地解决问题，并促进供应链金融价值链的重塑，这些创新应用千变万化，或许在现在看来，有很多应用都难以想象和预测。这里尝试从下面三个角度描述区块链与供应链金融碰撞出的机会。

(1) 区块链可以提高整个行业的透明度。区块链将分类账上的货物转移登记为交易，以确定与生产链管理相关的各参与方以及产品产地、日期、价格、质量和其他相关信息。由于分类账呈现分散式结构特点，任何一方都不可能拥有分类账的所有权，也不可能为谋取私利而操控数据。此外，由于交易进行过加密，并具有不可改变的性质，所以分类账几乎不可能受到损害。这对于供应链金融具有重要的意义。整个供应链金融企业将据此重新评估风险控制模型。可以明确的是，由于整体透明度的提高，行业风险将被极大地降低，参与各方均将从中受益。区块链为供应链提供了交易状态实时、可靠的视图，有效提升了交易透明度，这将大大方便中介机构基于常用的发票、库存资产等金融工具进行放款。其中抵押资产的价值将根据现实时间实时更新，最终这将有助于建立一个更可靠和更稳定的供应链金融生态系统。

(2) 区块链可以降低整体供应链金融交易成本。例如，甲、乙两家公司在国际上发送高价值和大批量的货物，如铁矿石。甲为发货方，乙为收货方，双方约定到货 30 日后付款。甲方找到金融中介机构 A 为其提供供应链金融服务，B 为其增信。在这个例子中甲、乙两家公司以及金融中介机构 A、B 同时面临着不可预知的运输风险。现在通过签署复杂的纸质文档来试图规避上述风险：当事方必须管理托运人金融中介机构和接收方的金融中介机构之间的协议，同时被管理的还有记录货物价值和装运方式的大量协议。大多数时候，需要原始合同文档验证信息真伪。使用区块链应用程序，公司可以将所有文档都放到区块链上，基于区块链的运行机制，这些数据不能够被更改。一旦出现问题，当事方可以通过区块链技术快速定位在特定日期处于特定版本的合同文档，这对于处理纠纷非常关键。区块链上的所有文档对所有人提供完全平等的访问权，参与方可以快速访问目标材料，并且这种访问基于高度的信任关系和对于所有的交易记录可追溯性和可验证性。事实上，区块链包含对供应链金融至关重要的所有必要组件：时间戳、不可逆性和可追溯性。

(3) 区块链可以催生新的商业模式。区块链技术不仅仅是一项技术变革，它最终会影响供应链金融交易过程中合同、交易及其记录，进而改变现在的商业模式。我们相信，随着信任壁垒的去除、交易透明化，区块链会催生真正意义上的供应链金融平台。新型供应链金融平台，主要的参与者包括平台本身、保理机构、中介金融机构、企业、个人甚至算法公司。供应链金融平台负责提供供应链信息、客户信息这些类似水电的基础服务；第三方中介机构可以基于平台信息进行整合，提供更加定制化的供应链金融服务，这种服务将更加精细化、个性化。最终，区块链将增强市场中抵押资产的流动性，改善当前最常用的供应链金融工具，如保险理赔、采购融资、供应商管理库存融资等，并为深层融资提供机会，催生新的商业模式——供应链金融即服务。

根据麦肯锡测算，全球范围内区块链技术在供应链金融业务中的应用，能帮助银行和贸易融资企业大幅降低成本，其中银行的运营成本一年能缩减 135 亿～150 亿美元、风险成本缩减 11 亿～16 亿美元；买卖双方企业一年预计也能降低资金成本 11 亿～13 亿美元及运营成本 16 亿～21 亿美元。除此之外，由于交易效率的提升，整体贸易融资渠道更畅通，对交易双方收入提升也有帮助。

Wave 已与巴克莱银行达成合作协议，将通过区块链技术推动贸易金融与供应链业务的数字化应用，将信用证与提货单及国际贸易流程的文件放到公链上，通过公链进行认证与不可篡改的验证。基于区块链的数字化解决方案能够完全取代现今的纸笔人工流程，实现端到端完全的透明化，提高处理的效率并减少风险。

3.1.5　证券发行与交易

区块链技术可能彻底改变现有资本市场基础设施，可应用于证券登记与发行、证券清算和结算等领域。资本市场是中国金融体系的重要组成部分，但相比其他发达国家的资本市场，发展规模依然较小，这使得中国金融结构严重扭曲。通过区块链技术简化证券市场业务流程，降低交易成本对推动资本市场健康发展具有积极意义。从中国金融现实看，发展资本市场十分有必要。首先，中国金融体系配置资源效率依然低下。一方面融资难和储蓄率高并存的局面仍未改变，商业银行存留大量资金无法转化为生产性资金导致储蓄的投资转化率低；另一方面，中国广义货币M2供应量世界第一，2016年年底已达155万亿元，M2/GDP为208.31%，远远高于其他国家，这反映了中国经济增长中信贷资产使用效率低下。其次，金融结构不合理和融资结构扭曲。中国直接融资和间接融资比例严重失衡，间接融资为主导的金融结构不仅导致系统性风险主要集中于银行体系，同时银行的低风险偏好决定了其难以将信贷资金配置到高风险的科技型和创新型企业，一定程度上不利于经济转型和产业升级，中国金融改革的目标应是建立一个合理的金融结构，由银行主导型的金融机构逐步过渡到市场主导型的金融结构。

1. 降低证券登记业务成本

证券登记即证券发行人建立和维护证券持有人名册的行为，具有确定或变更证券持有人及其权利的法律效力，是保障投资者合法权益的重要环节，也是规范证券发行和交易过户的关键。在中心化证券体系中，证券登记需要具有公信力的权威机构保证登记或权益变更信息的真实性和一致性，因此中央登记结算机构出现。市场参与者将所有证券登记和结算任务委托给中央登记结算机构——中国证券登记结算有限责任公司，该公司在上海和深圳两地设立分公司。上海分公司主要针对上海证券交易所的上市证券提供证券登记结算服务，深圳分公司主要针对深圳证券交易所的上市证券提供证券登记和结算服务。然而，维护这种中央结构体系的公信力需要极为繁杂的规章制度和审计流程，区块链技术将改变证券登记的操作方式，深化证券登记的作用、功能和效果。

20世纪60年代以前，证券市场登记和发行的股票是通过在实体纸质材料上记录相应权益，投资者直接持有纸质股票，交易时交易双方按照市场价格互换股票和货币，在这种登记和交易方式下，市场交易速度缓慢，市场规模小、成本高。后来，托管业务的出现提高了证券市场工作效率，投资者不再直接持有纸质股票，而是由证券公司代为处理有关证券权益事务。随着上市公司和股票发行快速增加，纸质权益凭证和手工操作阻碍了越来越频繁的证券交易的发展。1968年，美国出现了纸上作业危机，大幅增长的交易量使证券公司陷入海量文件整理和数据核对计算工作，低效的手工操作制度造成大量经纪业务交易失败，给投资者带来不必要的成本，几乎使证券业停顿。纽约证券交易所被迫将每周交易日缩短为四天，并缩短每日交易时间，使证券公司后台能够有充分的时间处理积压的委托单。为了提高效率、降低风险，美国设立了中央证券存管机构(CSD)——一个集中化的全国性清算和结算系统，即美国存管信托和结算公司(DTCC)，结束了手工操作和纸质股票登记与交易的时代。证券存管是证券公司将投资者交给其保管的证券以及自身持有的证券统一交给中央证券存管机构，由后者代为处理有关证券权益事务，而中国的中央证券存管也是由中国证券登记结算有限责任公司承担，中央证券存管机构推动了证券业非移动交收和无纸化操作。由于股票被集中管理，证券登记和过户不需要任何物理上的移动工作，只需中央证券存管机构更新账本，实现了非移动交收；中央证券存管机构的账本得到了市场的公认，股票所有者不再直接持有纸质股票，股票也不再是上市公司登记发行的纸质凭证，成为上市公司在中央证券存管系统的电子账目，实现了证券登记的无纸化。

在区块链分布式记账模式中，任何资产信息都以无纸化和非移动形式交收，每个市场参与者都有一份完整的市场账本，共识机制保证证券登记在整个市场中同步更新，保证内容的真实性和一致性，在没有中央证券存管机构的情况下，实现全部功能。在区块链上通过建立智能合约让证券变为数字化智能资产，智能合约将规定参与者的权利和义务，以计算程序的方式实现执行自动化，再次降低人工操作成本。

2. 简化证券结算流程和化解结算风险

证券结算是对应收证券和应付证券与资金的转移交收操作，包括清算和交收两个过程。清算是指对每个结算参与人证券和资金的应收、应付数量或金额进行计算的处理过程，交收是依据清算结果实现证券与价款的收付，从而结束整个交易过程。清算与交收遵循净额清算、中央对手方(CCP)、货银对付(DVP)和分级结算四个基本原则。净额清算分为双边净额清算和多边净额清算，目前证券交易多采用多边净额清算方式，将结算参与人所有应收、应付证券或资金进行轧差，计算出该结算参与人与中央对手方累计的应收、应付证券或资金，得出清算结果，然后根据货银对付原则，将同时交收证券和资金，完成最终结算。交易主体 A 和 B 在中央对手方制度下进行证券买卖，A 和 B 不直接交易，交易分为 A 和 CCP 之间、B 和 CCP 之间的两笔交易，A 和 B 不需要担心对方能否履约。

这种证券结算体系具有长期结算风险和成本问题。结算体系中风险之一即信用风险，中央对手方转移了交易双方直接面临的信用风险，但并未降低风险，仅仅是通过风险隔离将全部风险转移至中央对手方。在实际交收阶段，如果一个交易方不能履约交收，证券登记结算机构作为结算参与人的中央对手方也要向守约一方支付其应收的证券或资金，证券登记结算机构将集中承担所有对手方的信用风险。垫付证券或资金可能引发证券登记结算机构的流动性风险，导致系统大量交易中断和失败，证券市场将被迫闭市，造成金融市场和经济的不稳定。由于证券登记结算系统在交易高峰期间、物理冲击或人为操作失误容易发生系统故障，致使结算业务延误和发生偏差引起操作风险。此外，当结算银行出现倒闭或出现系统故障时，证券登记结算机构将不能保障货银对付顺利实现，甚至面临无法足额收回资金的风险。传统证券交易需要经过资产托管人、证券经纪人、中央银行和中央登记结算机构才能完成，系统之间兼容性低、处理方式各异，整个流程效率低、成本高，从交易指令发出到结算结束同样需要 T+3 天的时间，并造就了强势中介，处于信息劣势的投资者往往得不到权益保障。

把区块链技术应用在证券结算业务。首先，证券交割和资金交收包含在一个不可分割的操作指令中，交易同时成功或失败，实现货银对付并降低因一方违约另一方受损的风险，违约风险的减少也会降低其他风险出现的可能。其次，证券结算不再完全依赖中央登记结算机构，每个结算参与人都有一份完整的账单，任何交易可在短时间内传送至全网，分布式账本保证了系统安全性，降低了操作风险。最后，区块链技术将减少中介、简化结算流程，实现交易即结算的 T+0 模式，美国上市公司 Overstock 就利用区块链技术开发了一个 T+0 的证券交易平台。现有证券结算制度业务流程长，冗长的结算流程导致更久的资金占用和更长的风险敞口，基于区块链技术的分布式登记结算系统，可降低系统风险和成本，提高结算效率，以实时全额结算模式来作为中央对手方制度的补充和替代。

这种革命性交易模式在西方金融市场的实践中已经显现出三大优势：首先，能大幅度减少证券交易成本，区块链技术的应用可使证券交易的流程更简洁、透明、快速，减少重复功能的 IT 系统，提高市场运转的效率。其次，区块链技术可准实时地记录交易者的身份、交易量等关键信息，有利于证券发行者更快速清晰地了解股权结构，提升商业决策效率；公开透明又可追踪的电子记录系统同时减少了暗箱操作、内幕交易的可能性，有利于证券发行者和监管部门维护市场。再次，区块链技术使得证券交易日和交割日时间间隔从 1～3 天缩短至 10 min，减少了交易的风险，提高了交易的效率和可控性。

Chain 与 Nasdaq 推出私募股权市场交易平台。2015 年 10 月，Nasdaq 在拉斯维加斯的 Money20/20 大会上，正式公布了与 Chain 搭建区块链平台 Linq——首个通过区块链平台进行数字化证券产品管理的系统平台。

对于股票交易者而言，区块链可以消除对基于纸笔或者电子表格的记录依赖的需求，减少交易的人为差错，提高交易平台的透明度和可追踪性。对股票的发行公司而言，Linq 实现了更好的管理股票数据的功能，让纳斯达克在私募股权市场中为创业者和风险投资者提供更好的服务。

Digital Asset Holdings (DAH)为澳大利亚证券交易所设计清算和结算系统。澳大利亚证券交易所在 2015 年表示，将设计一套新系统取代所有的核心技术系统以提升结算速度。美国区块链公司 DAH 在 400 家投标者中，拿到了这项计划合同。DAH 所开发的技术目标将允许所有的参与者，在同一个数据库中进行实时的资产交易；它能够让数字资产在交易的对手方之间进行转移而无须任何中央机构来负责记录交易，因而达到实时交易效果，实现结算时间由当前的两个工作日减少到数分钟。

3.1.6　银行业务

1. 新的信用形成机制

信用体系是银行的核心。银行传统的信用靠各家银行的风险管理机构来完成,信用评级技术根据客户不同性质进行分类,如小额信用贷款的授信技术等。在客户申请贷款时,银行需要查询客户各种征信的信息数据,信息的收集链条长环节多、涉及面广,存在信息不完整、数据不准确、成本高、决策程序冗长等问题,特别是在消费贷款和小微贷款方面尤为突出。

在大数据时代,通过从多个维度分析和挖掘消费者的行为特征来完成信用评级,具有代表性的有对淘宝和天猫客户进行大数据分析的蚂蚁金服,有借助平安数据专营小额消费贷款的深圳大数金融等。大数据风控可以对消费、微小贷款进行批量授信,效率高、信息可靠性和时效性强。其本质依然是传统金融电子化,而信用创造的方式并没有改变。

区块链技术通过建立去中心化的信用创造方式确定一套算法,通过技术背书而非中心化信用机构来进行信用创造。其特点一是信息可靠性强。没有中心且以算法产生的区块链,通过链接密码保证借款方信息数据安全性和不能篡改,每一个交易信息都被程序化记录、储存、传递、核实、公开,银行可以随时得到借款方完整的交易行为和信用状况,可靠性高于大数据风控,同时可以避免客户经理主观因素在信用评级中的偏离度,也可防范道德风险。二是信用建立成本低,仅依靠全网记账来建立信用。信任关系的建立不再依赖征信公司等中介机构提供信用证明,贷款机构通过调取区块链的相应信息数据即可。三是信息公开透明。依靠程序算法自动记录海量信息,存储在数据块上,信息透明,安全性高。特别是对于 300 万元以下的小额贷款、消费贷款,在不同的金融场景中更能够创造新的信用形成机制。当然,在区块链基础上形成的信用机制,还需要研究业务流程和信用维度等多个方面的细节。

2. 形成新的场景价值链

“场”是磁场,是金融机构对实体经济或者说客户的吸引力;“景”是风景,是金融机构服务实体经济形成的风景。在互联网场景金融的冲击下,银行传统的营销模式(主要是对小微客户)已不再适应现代经济运行对金融科技的需求。适时而变的银行机构,特别是不少股份制银行推出专业化的网点如儿童银行等,在网点功能分区上进行优化,但融入实体经济运转流程中的程度有限,形似神不似。场景金融作为互联网金融的重要支柱,改变了传统银行柜台等客上门的服务模式,把各种金融服务融入场景,如网购场景、社交场景、旅游场景等,增强客户的体验感,提升客户的满意度，进而形成一个依托场景的金融服务生态圈和资金闭环。

区块链技术具有灵活的架构。就像邮票有小型张、小全张、小本票等不同的类型，区块链技术可以根据不同的应用场景、用户需求、客户结构和资金运转流程创造一个相对独立的短路径区块链，进一步强化场景中金融与实体经济的融合度。第一，客户的黏性、稳定性更强，更加依附场景金融。第二，客户在场景金融的信息都被记录，安全性高，证伪性更强。第三，场景客户的金融需求不再依赖于传统的银行信贷服务，甚至不依赖于中心化大数据的信用支持，客户之间也不再依赖于大数据中心生成信用状况，依托区块链即可生成 P2P 的信用运行机制。总体来看，金融场景中的区块链让货币蜕掉“皇帝的新衣”——法币的特殊属性，回归一般等价物的范畴，银行的功能也将随之发生变化，融入实体经济的血脉运转之中。

3. *形成新的反欺诈系统*

过去几年各国商业银行为了满足日趋严格的监管要求，不断投入资源加强信用审核及客户征信，以提升反欺诈、反洗钱抵御复杂金融衍生品过度交易导致的系统性风险的成效。

2014 年，瑞士联合银行集团为了应对新的监管要求，增加了约 10 亿美元的支出；而汇丰集团在 2013～2015 年，法律合规部门的员工人数从 2 000 多名增至 7 000 多名。为提高交易的安全性及符合法规要求，银行投入了相当的金钱与人力，已经成为极大的成本负担。

记载于区块链中的客户信息与交易纪录有助于银行识别异常交易并有效防止欺诈。区块链的技术特性可以改变现有的征信体系，在银行进行“认识你的客户”(KYC)时，将不良记录客户的数据存储在区块链中。

客户信息及交易记录不仅可以随时更新，同时，在客户信息保护法规的框架下，如果能实现客户信息和交易记录的自动化加密关联共享，银行之间能省去许多 KYC 的重复工作。银行也可以通过分析和监测在共享的分布式账本内客户交易行为的异常状态，及时发现并消除欺诈行为。

目前，全世界范围内很多银行已经开始利用区块链技术开展相关业务。

Visa 与 Chain 合作提升信用卡交易效率。目前 Visa 的支付平台最快每秒能承担 65 000 笔交易，通过与 Chain 研发的技术，希望将交易效率翻倍提升。同时，区块链技术不篡改的特性也能在未来提升信用卡交易的安全性。Visa 希望通过与 Chain 合作，探索区块链在 Visa 业务流程中的应用，从而惠及客户。

星展银行、渣打银行联手与 Ripple 开发供应链金融业务数字化应用。两家银行在 2015 年年底宣布将与科技公司 Ripple 合作，将区块链技术应用在供应链金融业务，利用智能合约及点到点跨境交易的技术，将流程自动化并提高安全性。各方相信，如果能通过区块链技术将供应链金融的流程数字化并利用其公开、安全及不可篡改的特性，将能大幅度减少贸易链上的欺诈案件，为银行节约数百万美元的风险损失。他们正在寻求更多银行加入合作，一起测试该技术的应用与落地。

瑞士联合银行集团成立实验室聚焦发展债券发行及清算技术。2015 年瑞士联合银行集团在伦敦设立了区块链技术实验室，针对区块链应用于多种金融交易以提升交易速度及降低交易成本进行研究。在各类应用中，瑞士联合银行集团主要聚焦债券发行以及清算，研究如何降低清算成本，提升运营效率。瑞士联合银行集团还设立了面向全球区块链相关的创业者及初创企业的“瑞士联合银行集团未来金融挑战”竞赛，竞赛中表现优异的创业者或初创团队可进入瑞士联合银行集团加速器，进行快速孵化，加速商用进程。

3.2 区块链与物联网

除却金融行业以外，可以说在未来，物联网将是与区块链擦出最多火花的领域。

3.2.1 物联网

物联网是新一代信息技术的重要组成部分，其英文名称是 the internet of things，指的是将各种信息传感设备，如射频识别(RFID)装置、红外感应器、全球定位系统、激光扫描器等装置与互联网结合起来而形成的一个巨大网络。其目的是让所有的物品都与网络连接在一起，方便识别和管理，具体来说就是通过网络技术将传感器、控制器和机器设备等连接起来，通过物物相连实现机器设备智能化管理和控制的目的(图 3－1)。互联网技术将全世界的计算机连接在一起，实现了人与人之间的远程信息交流，促进了人类文明的巨大进步，而物联网技术将现实世界中的各种设备连接在一起，必然会帮助人类迈向更加智能和便捷的未来社会。

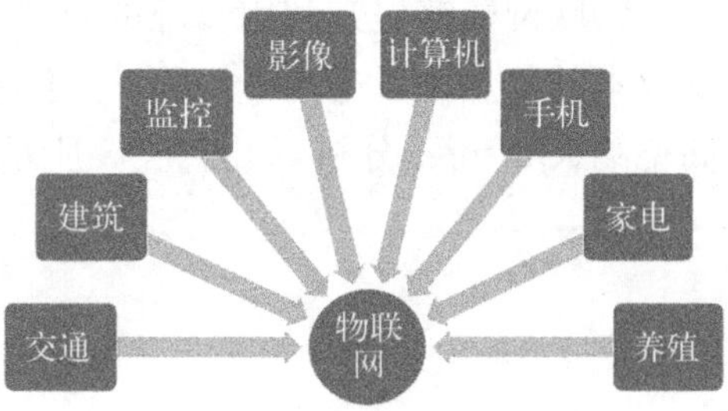

图 3－1 物联网应用的发展

物联网就是物物相连的互联网，这有两层意思。

其一，物联网的核心和基础仍然是互联网，是在互联网基础上的延伸和扩展的网络，通过各种有线和无线网路与互联网融合，将物体的信息实时、准确地传递出去。在物联网上的传感器定时采集的信息需要通过网络传输，由于其数量极其庞大，形成了海量信息，在传输过程中，为了保障数据的准确性和及时性，必须适应各种网络和协议。

其二，其用户端延伸和扩展到任何物品与物品之间，进行信息交换和通信。物联网就是“物物相连的互联网”。

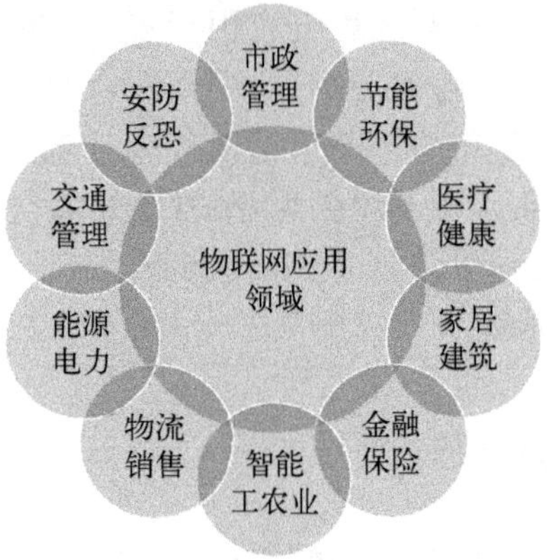

图 3-2　物联网应用领域

我国的物联网应用更多的是在行业内部发展和应用，如智能电网、智能交通等（图 3-1 和图 3-2），但这些应用的发展将带动相关设备、基础设施和系统集成产业的规模发展。以“十二五”物联网发展的几个重点领域为例，可以看到每个领域都涉及庞大的市场规模，充满了发展机遇。

智能交通：电子不停车收费系统、视频监控系统、GPS＋GIS、营运车辆调度系统等。

智能物流：基于 RFID 的智能物流系统，自动识别、自动感知、自动定位、过程追溯、在线追踪和在线调度。

智能医疗：医药产品、医药器械、血液和医疗废物的电子化管理，远程医疗信息平台。

智能农业：农业生态环境监测、农业生产精细化管理和农产品与食品安全溯源。

智慧校园：智能考勤、环境监测、智能餐厅、资产管理、智能教学等。

物联网能够提升利用资源的效率，节约人们的时间。随着信息技术的发展，低成本的信息设备进入千家万户，连接在互联网上的设备呈几何级数增加。据高德纳（Gartner）分析，如图 3-3 所示，预计到 2020 年，全球将有超过 200 亿的

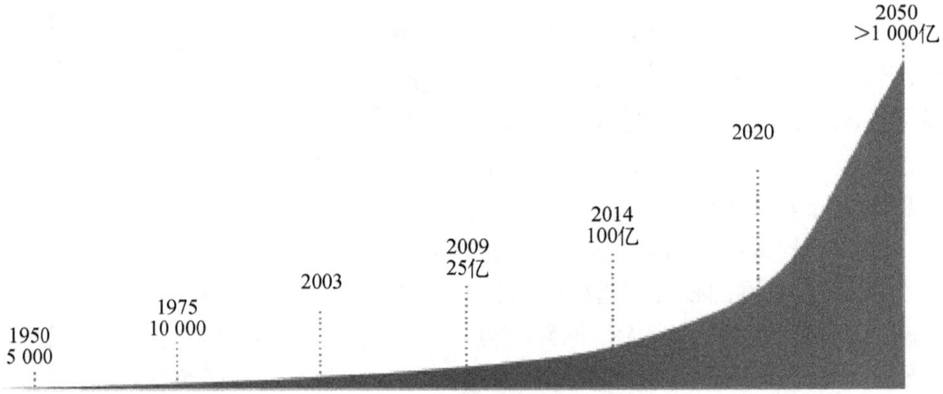

图 3-3　物联网产值发展节点

连接设备，激发 3 万亿美元价值的市场，2009 年是 25 亿台，现在是 100 亿台。

随着技术的不断进步，物联网技术的发展和应用在最近几年取得了显著的成果。但是，物联网技术也面临着许多问题和挑战，因为要对那么多设备进行识别、连接、保护及管理。当前的互联网底层基础设施和架构，以及线上服务，将如何支撑未来巨大物联网的生态体系，也将面临艰巨挑战。

3.2.2　物联网面临的挑战

物联中国报道，预计未来十年，物联网的设备将达到 1 000 亿量级。对于如此庞大的网络，如果以中心化的组网模式，数据中心的基础设施投入、维护成本将无法估量；在云计算尚未打消人们对数据安全的疑虑时，物联网的设备更加深入人们的生活隐私，例如，你家的电饭锅每天几点做饭、做几人份的、家里的热水器是几点开始工作的，这些数据如果都传输到管理中心节点，那么你的物联网方案又该如何应对呢？这些问题有可能成为物联网在未来发展和应用的巨大障碍，而区块链技术给这些问题的解决提供了可能性。

传统的物联网模式由一个中心化的数据中心来负责收集各连接的设备信息，在长期发展演进过程中，遇到了以下 5 个行业痛点：设备安全、个人隐私、架构僵化、通信兼容和多主体协同（图 3－4）。

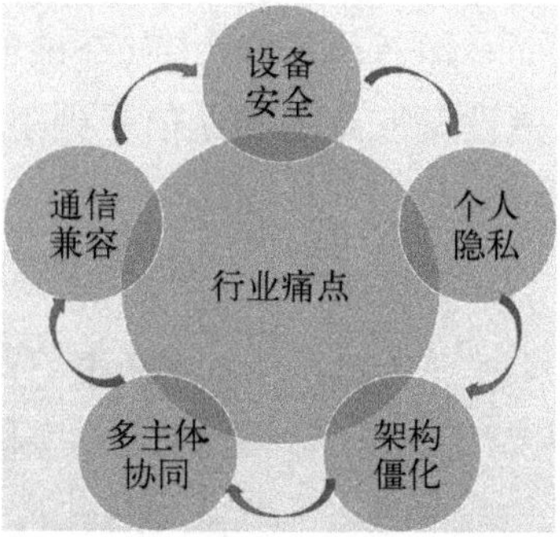

图 3－4　物联网发展痛点

为什么这么说呢？当前物联网生态体系就是典型的中心化通信结构，类似于 Web 服务的客户端/服务器端模式。也就是说，所有的物联网设备都会与一个或者多个中心服务器通信，中心服务器必须凭借其强大的计算和存储能力，维持和这些设备的连接和通信，即使在某些应用场景下仅仅是设备间需要交换数据。这样的中心化模式已经运行了几十年，并且仍然在支持小规模物联网，但是随着日益增长的物联网设备数量和对应的复杂的生态体系，原来的中心化物联网架构显然已经不能满足实际的应用需求。

另外，当前的物联网解决方案是非常昂贵的，因为中心化云服务器、大型服务器和网络设备的基础设施和维护成本是非常高的，在物联网设备的数量增加到数百亿时，会产生大量的通信信息，这会极大地消耗带宽、运算能力和存储成本，极大地提高了成本。即使不考虑成本，中心化的云服务器仍然是一个单点故障的隐患，一旦中心化服务器出现问题，整个网络就会瘫痪，而且技术上没有好的办法避免和预防。如果这个物联网应用在现实应用场景中不允许失败,如与手术、医疗、基础服务相关,那后果就非常严重。

在设备安全方面,Mirai 创造的僵尸物联网被麻省理工科技评论评为 2017 年的十大突破性技术,据统计,Mirai 僵尸网络已累计感染超过 200 万台摄像机等物联网设备,由其发起的 DDoS,让美国域名解析服务提供商 Dyn 瘫痪,Twitter、Paypal 等多个人气网站当时无法访问。后续,又有奴役物联网设备、让其比特币挖矿的僵尸网络,还有规模更大、更为活跃的 http81 僵尸网络等。

在个人隐私方面,主要是中心化的管理架构无法自证清白,个人隐私数据被泄露的相关事件时有发生。人民网报道的成都 266 个摄像头被网络直播就是一个案例。

在架构僵化方面,目前的物联网数据流都汇总到单一的中心控制系统,随着低功耗广域技术(LPWA)的持续演进,可以预见的是,未来物联网设备将呈几何级数增长,中心化服务成本难以负担。据 IBM 预测,2020 年万物互联的设备将超过 250 亿个。

在通信兼容方面,全球物联网平台缺少统一的语言,这很容易造成多个物联网设备彼此之间通信受到阻碍,并产生多个竞争性的标准和平台。

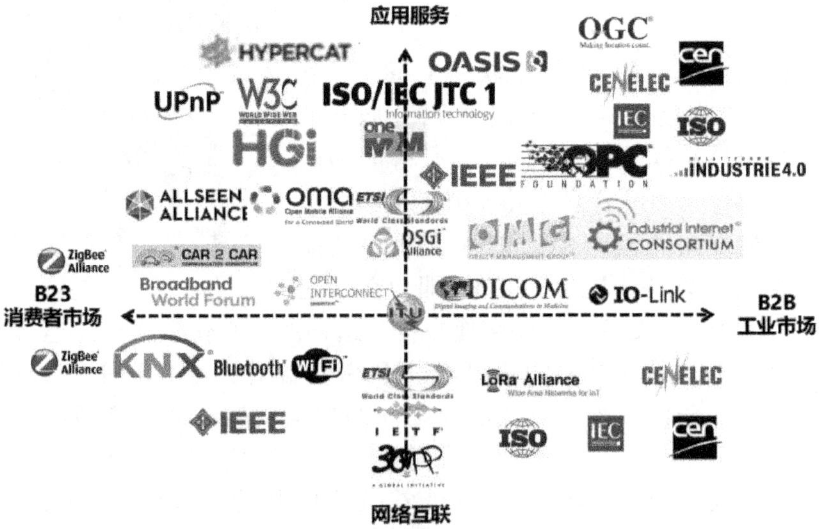

图 3-5　物联网市场竞争图

在多主体协同方面,目前,很多物联网都是运营商、企业内部的自组织网络。涉及跨多个运营商、多个对等主体之间的协作时,建立信用的成本很高。

3.2.3　物联网的好搭档——区块链

区块链到底从哪些方面入手解决了这些困难呢?

区块链,即比特币及以太坊等加密货币背后的分布式记账技术,也许可以解决这些问题。区块链已经在包含物联网在内的其他诸多领域体现了它的价值。

区块链可以使得物联网生态体系挣脱传统基于经纪人的网络工作模式,即使得设备不再依赖于通过中央云服务器来识别和鉴定单个设备。

区块链凭借主体对等、公开透明、安全通信、难以篡改和多方共识等特性,对物联网将产生重要的影响:多中心、弱中心化的特质将降低中心化架构的高额运维成本,信息加密、安全通信的特质将有助于保护隐私,身份权限管理和多方共识有助于识别非法节点,及时阻止恶意节点的接入和作恶,依托链式的结构有助于构建可证可溯的电子证据存证,分布式架构和主体对等的特点有助于打破物联网现存的多个信息孤岛桎梏,促进信息的横向流动和多方协作(图 3-6)。

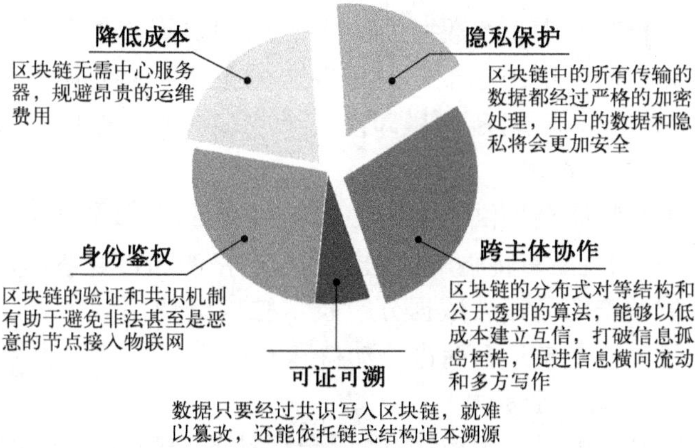

图 3-6　区块链+物联网带来的改进

1. 解决安全隐患,保护用户隐私

随着物联网产业的不断发展,数据安全和隐私保护的问题越来越受到关注。在斯诺登事件之后,由政府和大型企业控制的网络服务的隐私被广泛质疑。特别是在物联网领域目前的中心化服务构架将所有的监测数据和控制信号都由中央服务器存储和转发。这些中央服务器收集所有的摄像头传输过来的视频信号、麦克风录制的通话记录,甚至用户的奔跑节奏、心跳和血压,这些信息都汇总到中央服务器,并且通过中央服务器转发的信号还可以控制家庭中门窗、电灯和空调等设备的开启,直接影响用户的日常生活。

虽然物联网运营商一直宣称他们能够有效保护用户的数据安全和隐私,但是一系列的安全漏洞和隐私泄露事件的发生使用户无法真正信任运营服务提供商。事实上，政府安全部门可以通过未经授权的方式对存储在中央服务器中的数据内容进行审查，而运营商也很有可能出于商业利益的考虑将用户的隐私数据出售给广告公司进行大数据分析，以实现针对用户行为和喜好的个性化推荐，这些行为已经危害到物联网设备使用者的基本权利，从而是很大一部分用户拒绝接受连入网络的智能设备。

不法分子则可以通过攻击联网家用设备这些薄弱环节来侵入家用网络，进而侵入计算机来盗取个人数据。想象一下有黑客入侵了你家冰箱，获得了你的日程安排表、公司等信息，然后进入你的网络中的私有云盗取你家人的照片，甚至获得你家里智能门把手的控制权，你是不是有背脊发寒的感觉。

更重要的是，查出问题节点对于物联网来说也是很大的挑战。以前对于中心化的数据库来说，由于一个网络里的节点较少，中心能够很容易区别一个出问题的节点。而对于一个数以亿计的网络而言，这是很大的工程量，几乎不可能不出错。

物联网安全性的核心缺陷就是缺乏设备与设备之间的相互信任机制，所有的设备都需要和物联网中心的数据进行核对，一旦数据库崩塌，会对整个物联网造成很大的破坏。而区块链分布式的网络结构提供一种机制，使得设备之间保持共识，无须与中心进行验证，这样即使一个或多个节点被攻破，整体网络体系的数据依然是可靠、安全的。

区块链技术为物联网提供了去中心化的可能性，只要数据不是被单一的云服务提供商控制，并且所有传输的数据都经过严格的加密处理，那么用户的数据和隐私将会更加的安全。在大数据分析技术被广泛使用的今天，用户可以自己利用数据的价值而不是被运营商进行劫持和威胁。

2. 降低物联网的运营成本

随着物联网技术的进一步应用，数以千亿计的物联网设备的管理和维护将会给生产商、运营商和最终用户带来巨大的成本压力。目前的物联网应用基本上都是采用中心化的体系结构，也就是所有的数据流都汇总到单一的中心控制系统，虽然随着云计算技术的普及和利用，现在物联网运营商可以通过云端的服务器集群提供物联网智能设备产生的数据的存储和交换服务，但是随着连接设备数量的几何级增长，中心化服务需要付出的计算、存储和带宽成本也会增加到无法负担的程度。

虽然现在已经有不少成功的物联网应用，但是现有技术无法真正提供万物互联的能力。目前的物联网构架基本上都是封闭式的，虽然一个系统中的设备之间可以形成互联，并且也利用了互联网传输数据，但是基本的构架并不是开放式的，也就是说不同应用系统的设备很难实现有价值的互联互通。虽然目前也有公司提供了基于应用程序接口(API)的物联网服务访问方式,但还是通过一个集中服务器的间接访问方式,并没有在设备之间直接通信。

造成这种现象的根本原因并非物联网设备在技术上无法互联,而是在不同信任域下物联网节点的互通性受到安全问题的束缚。因为一旦某个物联网传感节点的数据经过其他服务商或者个人的智能节点进行数据传输,数据本身就有可能被非法篡改或者丢失,造成系统可靠性下降。通过区块链的数据加密技术和 P2P 互联网络,这个信任问题就可以迎刃而解。

另外,需要利用其他物联网运营商或者个人的设备和网络进行数据传输和存储,必须在利益分配上在多方达成一致。也就是说,提供基础设备和网络服务的公司和个人可以便捷地获得可靠的收益,如按照存储和传输的数据量进行收费。在目前的技术条件下,如果属于不同的物联网服务提供商需要实现资源共享,必须达成一个合作的协议,并且在顶层设计好双方结算的系统。在万物互联的大环境下,这种两两互联的方式所需要的管理和实施成本非常巨大,以至于很难实现。

如前面提到的,记录和存储物联网的信息都会汇总到中央服务器,而目前数以亿计的节点将产生大量的数据,且未来这些信息将越来越多,这将导致中心不堪重负,难以进行计算和有效存储,运营成本极高。

另外,智能设备的消费频次太低,一般来说,物联网设备如同门锁、LED 灯泡、智能插板等可能要数年才换一次,这对设备制造商来说是个难题。大量物联网设备的管理和维护将会给运营商和服务商带来巨大的成本压力。

区块链技术可以为物联网提供点对点直接互联的方式来传输数据,而不是通过中央处理器,这样分布式的计算就可以处理数以亿计的交易了。同时,还可以充分利用分布在不同位置的数以亿计闲置设备的运算能力、存储容量和带宽,用于交易处理,大幅度降低计算和存储的成本,整个物联网解决方案不需要引入大型数据中心进行数据同步和管理控制,包括数据采集、指令发送和软件更新等操作都可以通过区块链的网络进行传输。区块链技术解决物联网的构架瓶颈问题主要体现在三个方面:

(1) 点对点的分布式数据传输和存储的构架;

(2) 分布式环境下数据的加密保护和验证机制;

(3) 方便可靠的费用结算和支付。

另外,区块链技术叠加智能合约可将每个智能设备变成可以自我维护调节的独立的网络节点,这些节点可在事先规定或植入的规则基础上执行与其他节点交换信息或核实身份等功能。这样无论设备生命周期有多长,物联网产品都不会过时,节省了大量的设备维护成本。

通过使用区块链技术,不同所有者的物联网设备可以直接通过加密协议传输数据，并且可以把数据传输按照交易进行计费结算。这就需要在物联网区块链中设计一种加密数字货币作为交易结算的基础单位，所有的物联网设备提供商只要在出厂之前给设备加入区块链的支持，就可以实现在全网范围内在各个不同的运营商之间进行直接的货币结算。

3. 利用区块链建立新的商业模式

未来物联网不仅仅是将设备连接在一起完成数据的采集，人们更加希望连入物联网的设备能够具有一定的智能，在给定的规则逻辑下进行自主协作，完成各种具备商业价值的应用。但是，具备商业价值的交互必须确保进行操作的设备具有代表拥有者进行交易的授权，并且这种授权能够被直接验证。同时，由智能设备发出的交易请求需要可靠地记录以确保交易的有效性。

在当前中心化构架下的物联网很难完成上述自主协作和有效交易，因为这种协作和交易的相关方往往是属于不同的利益主体，具有复杂和难以确定的信任关系。因此，目前的物联网设备的协作和交易只能在同一信任域下进行，也就是说，协作和交易的设备必须是同一个物联网运营服务商提供或者进行授权验证，这就大大降低了物联网应用的真正商业价值。

区块链技术能够提供去信任中介的直接交易，IBM 公司和三星公司联合研制的概念验证系统自主去中心的点对点遥测（autonomous decentralized peer-to-peer telemetry, ADEPT），使用了区块链技术构建智能设备的分布式网络，验证了去中心化物联网构架的可行性。ADEPT 能够使得连入其中的设备之间能够安全、高效地直接相互通信，并实现复杂的商业逻辑。例如，通过智能合约，控制家中的洗衣机在洗衣粉不够的时候直接向供应商下单进行采购，区块链技术使连入 ADEPT 的智能设备之间能够直接进行订单确认和完成支付操作。

4. 区块链技术在物联网环境下的演进

区块链技术的部署和实施需要由多个节点共同参与，在物联网的条件下每个智能设备的计算能力都非常有限，与传统的区块链挖矿节点相比，其哈希计算能力甚至不到 GPU 系统的 1‰。另外，物联网设备的电力消耗也是在实际应用中受到严格关注的问题。因此，不可能直接把现有的区块链技术原封不动地应用到物联网的应用中。

首先需要改造的是区块链的共识验证机制。在物联网的应用环境下，每个传感器和微控制器节点不承担账簿记录的工作，也就是说物联网的智能设备不参与工作量证明机制的计算，而只进行数据的加密和传输，并且把数据传输作为交易向整个区块链网络广播。在区块链网络中专门部署验证节点进行工作量证明机制的计算，这些验证节点可以由多个不同的物联网服务提供商使用主流的个人计算机服务器搭建，起到交易结算的目的。与传统的物联网中心服务器构架相比，这种在少量验证节点的计算资源投入将远小于原先的服务集群的成本。另外，这些验证节点本身并不保存用户的数据，因此也不存在用户数据泄露和被利用的可能性。

3.2.4　区块链＋物联网的应用实例

各种成熟的技术公司和初创公司一直在探索物联网＋区块链的应用，他们投资以及大量地研究各种可能利用该技术的解决方案，下面进行详细介绍。

1. IBM

IBM 是最早宣布对区块链开发的公司之一，在多个不同层面已经建立了多个合作伙伴关系，并展现了他们对区块链技术的钟爱。IBM 已经发表了一份报告，指出区块链可以成为物联网的最佳解决方案。2015 年 1 月，IBM 宣布了一个项目——ADEPT，一个使用了 P2P 的区块链技术的研究项目。IBM 还与三星专为下一代的物联网系统建立了一个概念证明型系统，该系统基于 IBM 的 ADEPT，ADEPT 平台由三个要素组成：以太坊、Tele 哈希和 BitTorrent。使用该平台，两家公司都希望带来一个能自动检测问题、自动更新、不需要任何人为操作的设备，这些设备也将能够与其他附近的设备通信，以便于为电池供电和节约能源。

2. Filament

Filament 公司提出的传感器设备，允许以秒为单位快速地部署一个安全的、全范围的无线网络，设备能直接的与其他 10 mi(1 mi≈1.61 km)内的 TAP 设备通信，而且可以直接通过手机、平板电脑或者台式计算机连接，该公司利用以区块链为基础的堆栈操作，可以使 Filament 设备独立处理付款业务，以及允许智能合约，确保交易的可信。Filament 公司成立于 2012 年，得到 500 万美元的来自 Bullpen Capital、Verizon Ventures 和 Samsung Ventures 的联合投资。

3. Ken Code - ePlug

ePlug 是 Ken Code 的一款产品，根据 Ken Code 的白皮书，ePlug 是一个小型电路板，里面有基于“ePlug 认证”的电源插座和开关。出于安全性与可靠性考虑，该产品提供了可选的 Meshnet、分布式计算、端到端的数据加密、无线连接、定时器、USB 接口、温度传感器、触觉传感器、光线和运动传感器，以及为了提供提醒的 LED 灯，该产品以基于区块链的登录方式，来确保安全。

4. Tilepay

Tilepay(物付宝)：为现有的物联网行业提供一种人到机器或者机器到机器的支付解决方案。该公司开发了一个微支付平台，Tilepay 是一个去中心化的支付系统，它基于区块链技术，且能被下载并安装到个人计算机上、笔记本电脑、平板电脑或者手机上，所有物联网设计都会有一个独一无二的令牌，并用来通过区块链技术连接支付。Tilepay 还将建立一个物联网数据交易市场，使大家可以购买物联网中各种设备和传感器上的数据，并以 P2P 的方式保证数据的安全传输和支付的安全完成。

3.2.5 区块链+物联网的产业现状和相关的应用场景

产业现状一：物联网龙头企业纷纷开始布局区块链(图 3-7)。根据物联网软件平台 Forrester Wave 2016 年第 4 季度的报告显示，IBM、PTC、GE 和微软已成为占据物联网平台市场的主导企业。对于排名靠前的物联网平台龙头企业，除了美国参数技术公司(PTC)没有实质披露区块链相关项目以外(该公司发表了很多区块链相关的文章)，IBM、微软、亚马逊和 SAP 都在各自的云平台上提供区块链服务(blockchain-as-a-service)，为未来海量的设备接入物联网提供弹性资源池，做了超前布局。通用电气(GE)和思科(Cisco)更多的是关注设备的标识和存证问题。

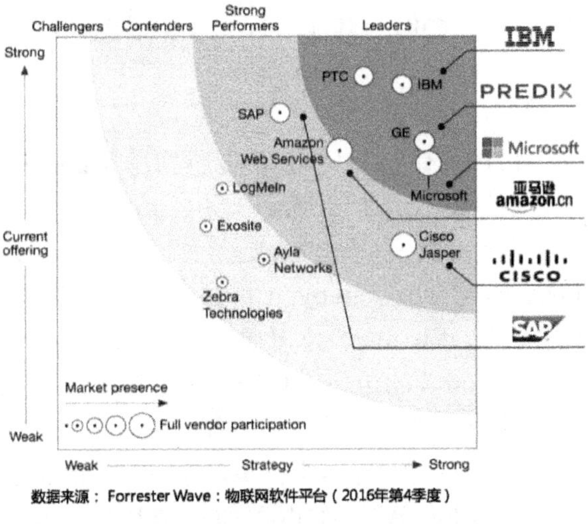

图 3-7 大企业在区块链物联网上的布局

产业现状二：探讨区块链+物联网的进展，要与垂直的行业结合才有针对性，以能源物联网为例，传统公司和区块链初创公司正双向发力，不断促进区块链在能源物联网行业里的广泛普及和加速融合(图 3-8)。

从传统电力公司的角度看，其主要是通过与初创公司合作、成立子公司，甚至买下初创公司等方式，投资不同的试点项目，打造分布式能源系统和点对点的能源交易平台。这里包括瑞典国营电力公司瀑布电力(VattenFall)投资了荷兰

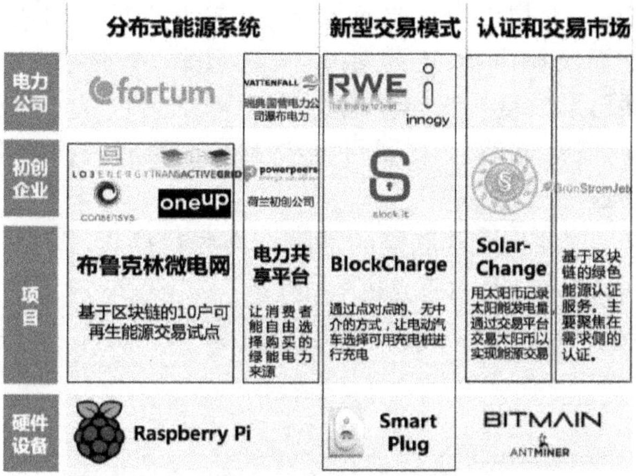

图 3-8　传统行业和创业公司

阿姆斯特丹的初创公司(PowerPeers)，构建让消费者自由选择电力渠道的能源共享平台，也有德国的莱茵公司(RWE)和初创公司 Slock. it 合作，推出了 BlockCharge 电动车充电项目。莱茵公司成立子公司 Innogy SE，推出了连接电动汽车车主、公共和私有充电站的一个区块链交易平台 Share&Charge。

从初创公司看，初创公司主要从分布式能源系统、新型交易模式、认证和交易市场等不同角度切入区块链领域，开始初步涉及相关的物联网硬件制造，例如，Slock. it 公司推出的 Smart Plug 充电器适配装置，不断丰富区块链+的产业生态。

产业现状三：垂直行业的生态格局已初步具有雏形(图 3-9)。根据咨询公

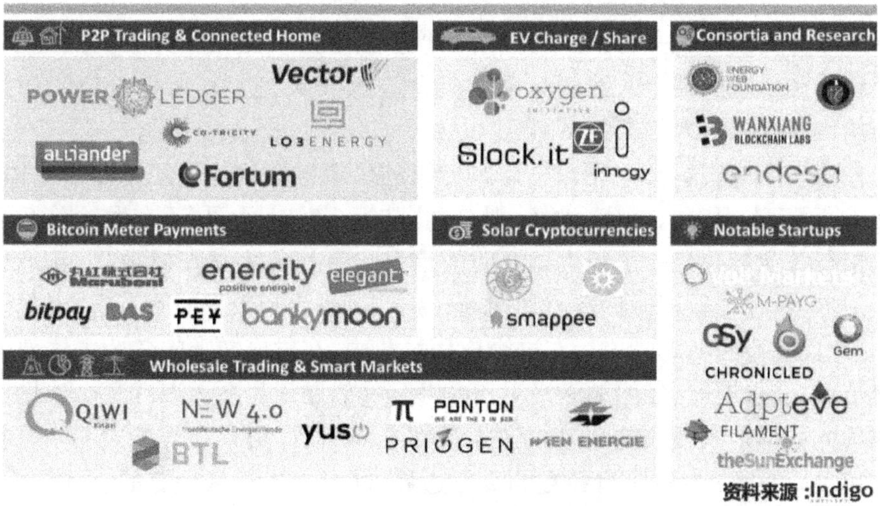

图 3-9　电力行业的区块链+物联网

司 Indigo 的报告，还是以电力行业的区块链＋物联网应用为例，从终端支付（加密数字货币）、能源交易市场、技术支撑＋行业组织、智能家居点对点交易、打造智慧城市等方面已形成良好生态格局。对于我国，万向集团要在浙江省打造基于区块链的聚合能源、电动车、物联网、金融科技的聚能城，量子链社区也即将推出物联网的区块链项目等。

产业现状四：区块链＋物联网的国际标准先行探索（图 3－10）。2017 年 3 月，中国联通联合众多公司和研究机构在 ITU－T SG20 成立了全球首个物联网区块链（blockchain of things，BoT）标准项目，定义了去中心化的可信物联网服务平台框架。

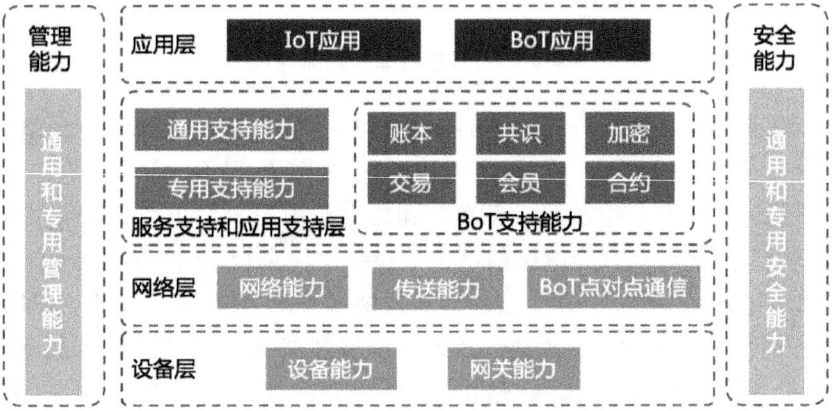

图 3－10　区块链＋物联网标准架构

下面介绍区块链＋物联网的应用场景。由于区块链技术并未成熟定型，很多区块链和物联网结合的案例都是在概念验证（PoC）阶段，所以希望此部分介绍能给大家提供更多创新的灵感。

在第一个应用场景中（图 3－11），传统的供应链运输需要经过多个主体，如发货人、承运人、货代、船代、堆场、船公司、陆运（集卡）公司，还有做舱单抵押融资的银行等业务角色。这些主体之间的信息化系统很多是彼此独立、互不相通的。一方面，存在数据做伪造假的问题；另一方面，因为数据的不互通，出现状况时，应急处置没法及时响应。在这个应用场景中，在供应链上的各个主体部署区块链节点，通过实时（如船舶靠岸时）和离线（如船舶运行在远海）等方式，将传感器收集的数据写入区块链，成为无法篡改的电子证据，可以提升各方主体造假抵赖的成本，更进一步地厘清各方的责任边界，同时能通过区块链的链式结构，追本溯源，及时了解物流的最新进展，根据实时搜集的数据，采取必要的反应措施

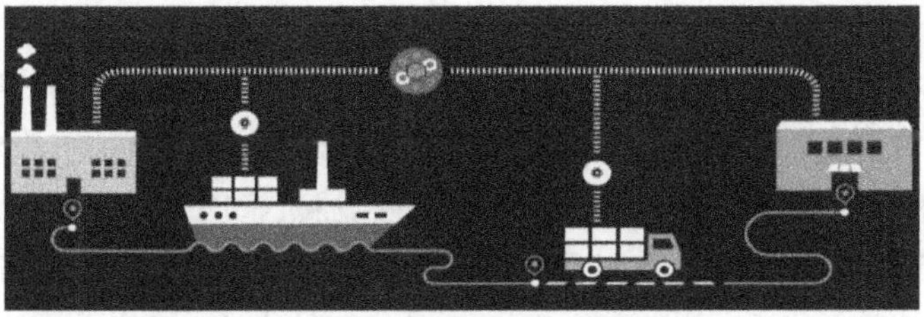

图 3-11　传感器数据的存证和溯源

(例如,冷链运输中,超过 0℃的货舱会被立即检查冷却故障的来源),增强多方协作的可能。

共享经济可以认为是平台经济的一种衍生。一方面,平台具有依赖性和兴趣导向性,摩拜和 OFO 做单车共享,但并没有做摩托车的共享。另一方面,平台也会收取相应的手续费,例如,滴滴打车司机要将打车费用的 20%上交,作为平台提成。初创公司 Slock.it 和 OpenBazaar 等主要是希望构建一个普适的共享平台,依托去中介化的区块链技术,让供需双方点对点地进行交易,加速各类闲置商品的直接共享,并节省第三方的平台费用。

在这个案例中(图 3-12),首先依托区块链网关,构建整个区块链网络。资产拥有者基于智能合约,通过设置租金、押金和相关规则,完成各类锁与资产的绑定。最终用户通过 APP,支付给资产所有者相应的租金和押金,获得打开锁的控制权限(密钥),进而获取资产的使用权。在使用结束后,归还物品并拿回押金。这里有一个优势是,精准计费,可以按照智能合约上的计费标准,实时精准地付费,而不是像目前共享单车的粗犷式收费(按半小时、一小时收费)。虽然节省了平台手续费(20%),但是,也引发了很多思考,例如,没上保险,出了事故如何解决;客户租车开了 200 km,直接锁车结账走人,谁将车开回来等,在实际应用中,会遇到很多问题。

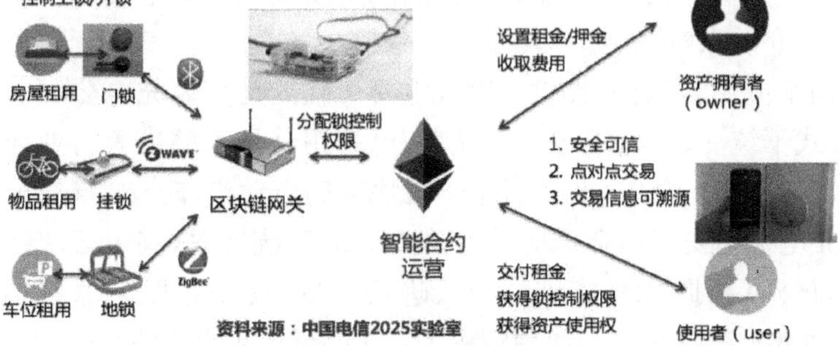

图 3-12　区块链在共享经济中的应用

在应用场景三中(图 3-13),主要是传统输电的线路损耗率达到 5%,住户建立的微电网中盈余能源无法存储,也不能共享给有能源需求的其他住户。纽约初创 LO3 Energy 和 ConsenSys 合作,由 LO3 Energy 负责能源相关的控制,ConsenSys 提供区块链底层技术,在纽约布鲁克林区实现了一个点对点交易、自动化执行、无第三方中介的能源交易平台,实现了 10 个住户之间的能源交易和共享。主要实现方式是,在每家住户门口安装智能电表,智能电表安装区块链软件,构成一个区块链网络。用户通过手机 APP 在自家智能电表区块链节点上发布相应智能合约,基于合约规则,通过西门子提供的电网设备控制相应的链路连接,实现能源交易和能源供给。

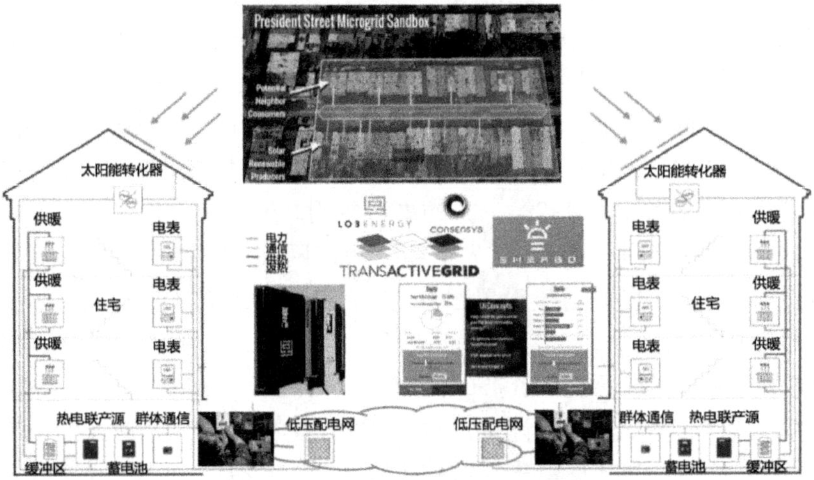

图 3-13　区块链在能源交易中应用

对于我国,也有一家点对点能源交易的初创企业——Energo。主要是通过将各家住户的可再生能源存储到分布式储能设备中,通过代币的形式评估能源的占有量和消耗量,基于智能合约设置能源交易规则和微电网切换主电网的策略,实现无中介的点对点能源交易。

在第四个应用场景中(图 3-14),主要面临的是多家充电公司支付协议复杂、支付方式不统一、充电桩相对稀缺、充电费用计量不精准等行业痛点。德国莱茵公司和 Slock.it 合作,推出了基于区块链的电动汽车点对点充电项目。通过在各个充电桩里安装树莓派等简易型 Linux 系统装置,基于区块链将多家充电桩的所属公司和拥有充电桩的个人进行串联,使用适配各家接口的 Smart Plug 对电动汽车进行充电。使用流程为:(以 Innogy 的软件举例)首先,在智能手机上安装 Share&Charge APP。在 APP 上注册你的电动汽车,并对数字钱包

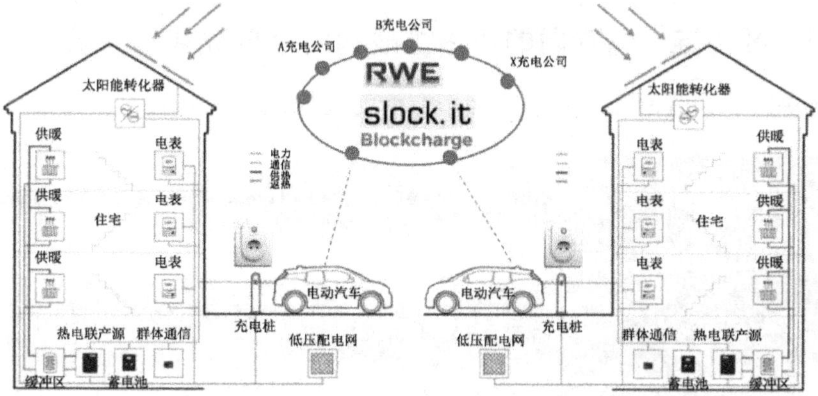

图 3－14　区块链用于充电网络

进行充值。需要充电时，从 APP 中找到附近可用的充电桩，按照智能合约中的价格付款给充电站主人。APP 将与充电桩中的区块链节点进行通信，后者执行电动车充电的指令。

第五个应用场景主要是针对未来无人机和机器人的快速发展(图 3－15)，机器与机器之间的通信必须要从两个方面去考量：一方面，每个无人机都内置了硬件密钥。私钥衍生的身份 ID 增强了身份鉴权，基于数字签名的通信确保安全交互，阻止伪造信息的扩散和非法设备的接入。另一方面，基于区块链的共识机制，未来区块链与人工智能的结合点——群体智能，充满了想象空间，MIT 实验室已经在这个交叉领域展开了深入研究。

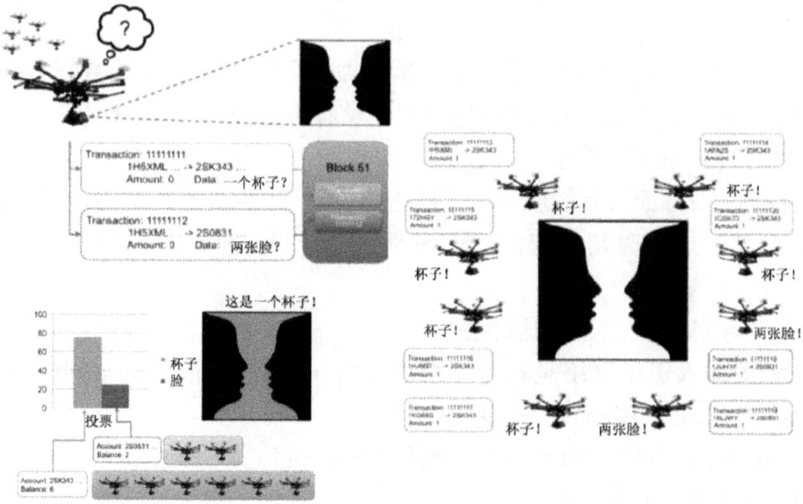

图 3－15　区块链用于设备间通信

3.2.6 区块链＋物联网的应用挑战和对可信标准的需求

区块链＋物联网会遇到以下四个方面的挑战(图 3－16)。

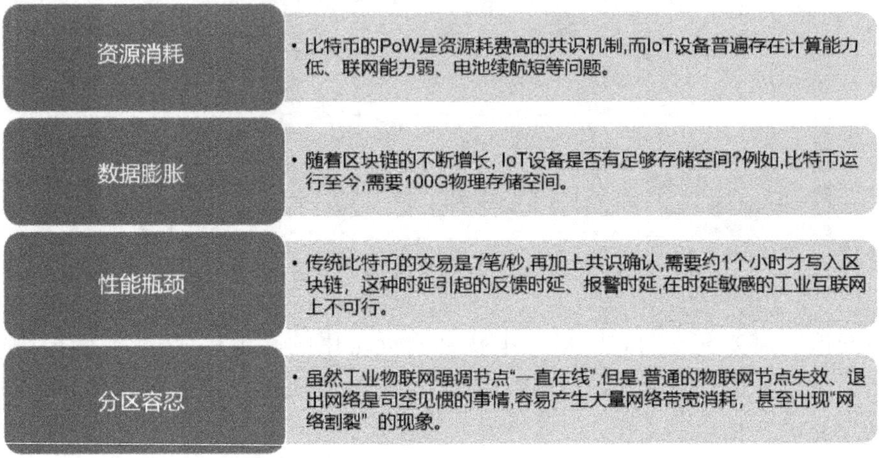

图 3－16 区块链＋物联网的应用阻碍

在资源消耗方面，IoT 设备普遍存在计算能力低、联网能力弱、电池续航短等问题。比特币的工作量证明机制(POW)对资源消耗太大，显然不适用于部署在物联网节点中，但可以部署在物联网网关等服务器里。其次，以太坊等区块链 2.0 技术也是 POW＋POS，正逐步切换到 POS。分布式架构需要共识机制来确保数据的最终一致性，然而，相对中心化架构来说，分布式架构对资源的消耗是不容忽视的。

在数据膨胀方面，区块链是一个只能附加、不能删除的一种数据存储技术。随着区块链的不断增长，IoT 设备是否有足够存储空间，例如，比特币运行至今，需要 100 GB 物理存储空间。

在性能瓶颈方面，传统比特币的交易是 7 笔/s，再加上共识确认，需要约 1 h 才写入区块链，这种时延引起的反馈时延、报警时延，在时延敏感的工业互联网上不可行。

在分区容忍方面，工业物联网强调节点“一直在线”，但是，普通的物联网节点失效、频繁加入退出网络是司空见惯的事情，容易产生消耗大量网络带宽的网络震荡，甚至出现“网络割裂”的现象。

从改进方面，可以从两个方面去衡量(图 3－17)。

从区块链的角度来看：

(1) 对于资源消耗，可以不使用基于挖矿的、对资源消耗大的共识机制，而

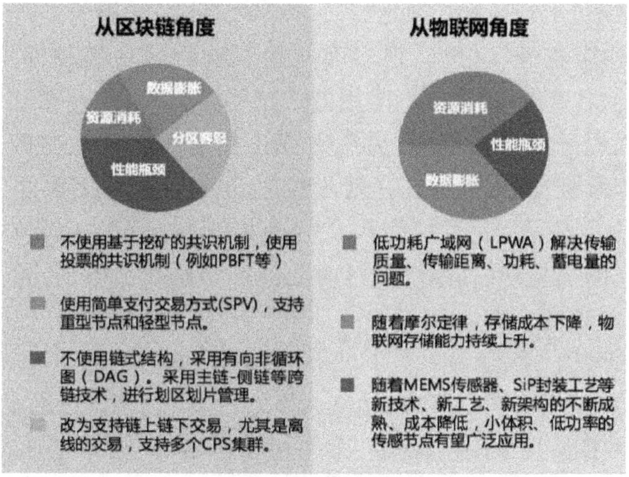

图 3－17　区块链＋物联网的改进思路

是使用投票的共识机制，如 POS(权益证明机制)等，减少资源消耗的同时，还能有效提升交易速度，降低交易时延。当然，在节点的扩展性方面，会有一定损耗，这需要业务应用和资源消耗之间的权衡(图 3－18)。

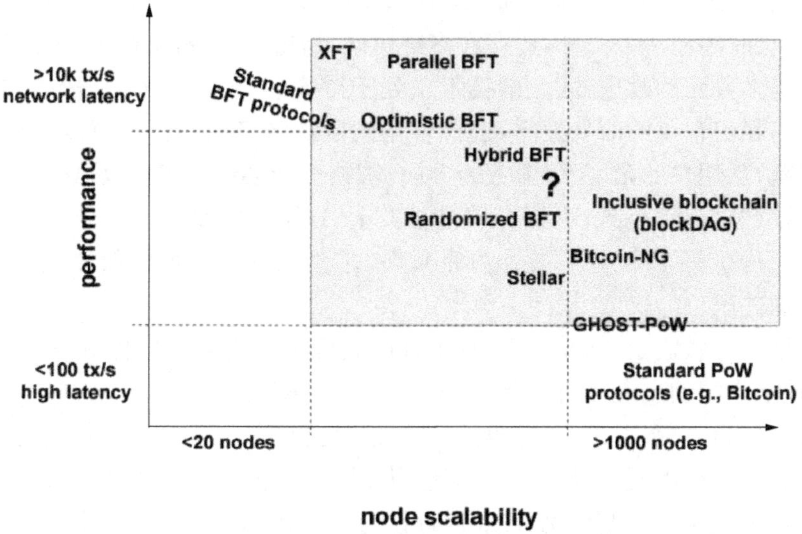

图 3－18　各种证明机制的比较

(2) 对于数据膨胀，可以使用简单支付交易(SPV)方式，通过 Merkle 树对交易记录进行压缩。在系统架构上，支持重型节点和轻型节点。重型节点存储区块链的全量数据，轻型节点只存储默克尔树根节点的 256 哈希值，只做校验工作。

(3) 对于性能瓶颈,已经有很多面向物联网的区块链软件平台做了改进。例如,埃欧塔链(IOTA)就提出不使用链式结构,采用有向非循环图(DAG)的数据结构,一方面提升了交易性能,另一方面也具有抗量子攻击的特性。Lisk 采用主链-侧链等跨链技术,进行划区划片管理,也在性能方面取得了很大突破。

(4) 对于分区容忍,针对可能存在的网络割裂,可以选择支持链上链下交易,尤其是离线的交易,并在系统设计时支持多个网络实体系统(CPS)集群。

从物联网的角度来看:

(1) 对于资源消耗,随着 eMTC、NB-IoT、LoRA 等低功耗广域网(LPWA)技术的发展,传输质量、传输距离、功耗、蓄电量的问题将得以逐步解决。

(2) 对于数据膨胀,根据摩尔定律和超摩尔定律,数据存储成本下降,物联网存储能力持续上升。

(3) 对于性能瓶颈,随着微机电系统(MEMS)传感器、系统级封装(SiP)封装工艺等新技术、新工艺、新架构的不断成熟、成本降低,小体积、低功率的传感节点有望广泛应用。

区块链以算法和软件来承担信任基础。但是,前面提到,有的区块链软件已经不使用“链式结构”了。区块链,顾名思义,是区块+链,不用链的结构,对于最终用户,会有些混淆。此外,还存在多链协同、跨链整合、链上链下、分区划片、共识切换等多方面的改进,区块链技术正处于待成熟、未定型的阶段。那么,最终用户如何相信企业的信息披露,选择合适的区块链产品呢?这就需要可信的规则来规范,从用户的角度、以业务为导向,围绕智能合约是否有效执行、共识机制是否保证数据最终一致、私钥存储是否安全、权限管理是否分级分类、企业信息披露是否准确等多个方面,提出标准规范,增强区块链的可信程度,给区块链的信任增加砝码。

数据中心联盟于 2016 年 12 月 1 日成立可信区块链工作组,由 30 多家单位组成,包括中国信息通信研究院、中国科学院计算技术研究所、中国联通、中国电信、腾讯、华为、中兴通讯、金证股份、浪潮、世纪互联、飞天诚信、曙光信息、IBM、思科、太一云、火币网、比特大陆、布比、优刻得、中联润通、万国数据、深信服等。可信区块链工作组主要致力于标准的制定和输出,目前,已经在国际标准中的 ITU-T SG16 完成立项,行业标准中的 CCSA TC1 完成立项,促进标准的相关落地,包括可信区块链的标准预测试、建立区块链开放实验室和测试平台,推进区块链和物联网、云计算和大数据等前沿技术的交叉创新,加速区块链在金融、能源、供应链等各行各业的广泛普及和融合创新(图 3-19)。

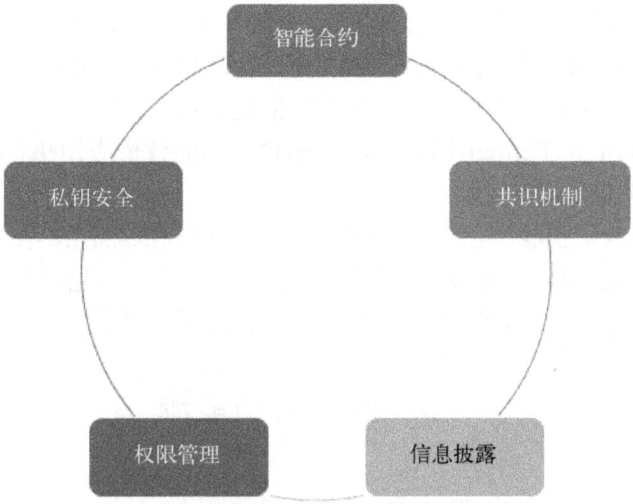

图 3-19　区块链在物联网中强化信任

3.2.7　展望物联网十区块链的未来

然而，物联网还在其早期发展阶段，主要由数据连接、远程监控和设备控制的技术组成。进一步，物联网将演化为一个自动化设备网络，设备可以在不需要人为干预的情况与其他设备及其环境相互作用，并能做出智能决策。

区块链的价值在于其能为基于机器对机器(M2M)交流的共享经济提供基础支持。

我们已经看到了区块链在物联网领域的初步兴起，如 ADEPT，它是由 IBM 和三星所创立的一个去中心化的物联网系统，可以使数十亿设备在节点中广播交易和执行自我维护。

这个平台已在多个场景中进行测试，如一个智能清洗机器，可以自动下单、用比特币或者以太币支付洗涤费用，当用完后，可以基于所有者的偏好通过智能合约协商最佳价钱。

作为所有这些交互活动的支柱，区块链创立了一个安全而民主的平台、保持独立，使得所有参与方都平等，保证对每一个人公平以及不被任何一个实体所控制。

区块链也将使得数据货币化，即物联网设备和传感器的拥有者可以在交易平台上分享所生成的物联网数据而进行实时小额支付。例如，Tilepay 提供了一个安全、去中心化的在线市场。在此，用户可以将他们的设备登记在区块链中，在数字货币交易平台中实时卖出数据。

区块链和物联网也有非常有趣的应用案例，它们将有助于可再生能源成为主流，能量由物联网太阳能板集中，由登记在区块链中的加密货币的价值来体现。任何一个加入网络的人可以对可再生能源技术进行投资。一些机构如Nasdaq和Chain of Things，即对区块链和物联网的替代应用执行研究的一个智囊团，正在开拓这个领域。

区块链为未来物联网呈现了很多展望，但是挑战依然存在，如共识模式和核验交易的计算成本等。但区块链依然处于早期发展阶段，这些障碍最终将被跨越，未来之路将会开启，带给人们更多令人振奋的可能性。

3.3 区块链与能源

3.3.1 能源行业的发展趋势

现在都在提倡能源互联网，而能源互联网的背景是未来能源行业的发、输、用、储以及金融交易等环节都会发生巨大变化。

(1) 发电。未来会从现在单一的集中式的大型电源过渡到集中式电源和分布式电源相互和谐存在，在部分可再生能源资源禀赋比较好的地区，分布式可再生能源甚至可能成为主电源。而问题也随之而来，因为分布式的可再生能源的管理比较困难，如风电、光电等大规模随机性自然能源，比现在的大型火电、大型核电管理的难度更高。

(2) 输电。因为电源在发生变化，电网自然也会发生变化。电网的变化是因为大量分布式可再生能源，使电网的拓扑结构会从现在远距离、高电压、大型甚至是跨国的超大型电力网络，变成既有超大型的特高压网络又有区域级别的小型微型网络共存的一种新的电网拓扑结构。

(3) 消费。能源消费将是在能源互联网当中最重要的板块，消费者在能源互联网时代的角色将不仅仅是单纯的消费者，而是以另外一种新的形态出现，称为产销者(prosumer)，就是既是生产者(producer)又是消费者(consumer)，拼在一起就是产销者。未来，消费者既可以通过自有的分布式可再生能源来发电，更重要的是还可以通过智慧能源解决方案，提供用户侧的负荷资源参与需求侧响应。消费者可以通过需求侧响应计划，积极参与社区需求侧响应项目，还可以作为虚拟电厂成员加入虚拟电厂项目，同时可以通过电动汽车、储能设施，返售电给电网。

(4) 储能。以前储能主要是指抽水蓄能电站等大型储能设备，但是随着现在电化学技术的快速发展，以及电动汽车的快速发展，电化学电池的产量快速上升，使得储能用电池成本也快速下降。储能在很多区域已经有了经济使用价值，例如，在一些可再生能源资源特别丰富，同时电力价格比较高的地区，布置电化学储能电池就可以电价套利，为投资者以及储能所有者带来经济收益。

未来整个能源价值链会和以前不同。总结一下：发电端随机性增加，同时也会分布化；电网的拓扑结构也会随着电源的分布化和随机化而发生变化；消费者角色将前所未有地在整个能源行业的价值链当中被突出，成为真正的价值链推动者和价值链龙头，通过各种各样的智慧能源方案成为产销者，与电源和电网进行良性的有效互动；储能作为电力价值链上的新环节，会成为很重要的缓存和硬盘的角色。

3.3.2　能源＋区块链

前面介绍的情形看起来很美好，但是具体操作起来，电力从业者如电网公司、专门的调度机构，以及包括能源局、发展和改革委员会、地方的监管部门，就会觉得操作落地过程中困难重重。因为新的电力价值链需要新的技术，更需要新的体制以及商业模式来支撑，但目前来看，这些其实还是跟不上技术的变化。这就导致在我国，虽然有大量优质的可再生能源，但是现在西部和北部的风电站和光伏电站经常弃风、弃光、限电，把优质资源浪费。同时，消费侧方面，在东部地区，如北京、上海、深圳等核心经济地区，电价又一直居高不下。像上海，平均的工业电价基本上是 1 元，1 元一度电看起来好像不是特别高，但是如果说同美国甚至其他一些发展中国家比起来，工业电价是倒挂的，这其实是违反常态的。所以说在未来新的能源行业形态中，技术很重要，但是相应的市场机制也非常重要，这就是目前能源互联网所缺乏的。

能源互联网作为一种解决方案，其实是难以落地的，因为现在所推行的能源互联网的理念和概念其实有非常多的缺陷。以能源互联网提倡的五大特点为例进行说明。

(1) 精确计量。计量是对于现在各种能源系统运行状态的广泛数字化感知是控制的基础，是能源信息化的源头。但是，精确计量可以做到，如何保证不同参与主体对于计量数据的共识信任？

(2) 泛在交互。在能源互联网系统中，能源信息要做到无阻地流动，传感器设备和主体之间要形成充分的交互，实现主体和主体之间的交互，人和系统、人和设备之间的交互。但泛在交互的前提是信任，在信任薄弱的前提下，如何实现不同法人主体的设备和系统之间的数据调用以及互操作？

(3) 自律控制。设备和系统要做到基于本地指令的动态响应，其目的就是要提高系统的运行效率和可靠性，这是为了应对在能源互联网当中出现大量的分布式本地能源。利用本地信息实现快速的系统控制以及调度指令的下达称为自律控制。但是问题就来了，在自动化系统中，谁对外部数据和指令签发信任？如果采信外部数据，执行指令之后发生事故或造成损失，谁来承担责任？

(4) 优化决策。未来的能源互联网的时代中，谁是决策主体？如果还是以目前中心化的信息采集—分析判断—指令传达的流程进行决策，那如何杜绝中心主体从自身利益出发，滥用决策权限，损害其他主体利益？毕竟这样的事情一直在发生。如果采用分布式决策，大量能源互联网设备之间直接点对点交互，需要多次复杂迭代，取得共识的效率极低，甚至还可能会导致死循环无共识。

(5) 广域协调。广域协调是指能源系统的参与者之间通过广域协调形成有效的机制，提供合理的信号，激励在系统内和系统外的参与者，然后基于自身利益以及整个系统的利益最大化，协调互动和博弈的行为。问题又来了，协调的前提是取得相关主体之间的共识，在信任脆弱、主体间关系错综复杂的条件下，如何低成本、高效率地取得共识？更何况是在不同价值域之间取得共识，协调利益。

那么，区块链如何解决能源互联网的这些不能落地的问题呢？

(1) 从精确计量升华到保护隐私、可信计量。数据布置在区块链上，确保不可篡改，用公、私钥结合的非对称加密保护隐私。

(2) 从泛在交互升华到强制信任、泛在交互。以可信计量为基础，通过区块链构建能源互联网交互主体之间的低成本的信任传递链条，实现基于信任的能源互联网主体间互操作性。

(3) 从自律控制升华到虚实一体、智能自律控制。通过链上代码，实现以智能合约为表现形式的逻辑功能，并结合区块链技术＋大数据技术＋人工智能技术，设计可信任的预言机制对外部数据签发信任，然后输入智能合约，执行逻辑过程，产生可信任的本地指令，在本地完成应对随机外部环境变化的控制过程。

(4) 从优化决策升华到间接民主、分布决策。基于区块链部署的能源互联网设备间点对点交互，形成分区局部共识，再实现分区间共识，避免大量分布式设备之间为了产生直接共识而导致的复杂迭代和死循环无共识，从而可以在实现分布式决策的同时又可以兼顾效率。

(5) 从广域协调升华到集群智能、广域融合。以区块链为工具，以低成本信任传递为手段，实现在能源互联网中不同能源主体，以及不同能源系统之间的能量流、信息流、资金流的强耦合，进而将不同主体和不同系统化零为整，融合为一个能源互联网超级主体，在广域内形成集群智能。

通过区块链完全可以把目前能源互联网概念升华到能源互联网 2.0 时代新形态。而且，区块链技术其实和能源互联网有非常强的内在一致性：① 都强调去中心化，如能源互联网中电源的分布式，以及消费者及生产者之间的新关系，其实都是去中心化在能源行业的着重体现；② 都有自治性或者说自律性，在能源互联网里面也特别强调系统和设备以及主体的生态化自治运行，和区块链的自治性是完美的结合；③ 都重视市场化，区块链本身是一种金融科技，它和未来能源互联网的市场化和金融化是天作之合；④ 智能化、合约化，未来基于自律控制的智慧能源系统里面大量的调度行为、交易行为以及交互行为和其他决策行为都是基于环境数据自动出发的，而其逻辑代码早在设计的时候就已经嵌入进去，这和区块链的智能合约完全是一脉相承的。

3.3.3 海外的能源区块链应用

相信很多研究区块链或能源的人，都研究过美国的布鲁克林区块链微网售电项目，这是在比微网还小的纳网里面做的，才10户人家的区块链的点对点售电的光伏项目。10户人家的屋顶上都装了几块光伏组件，形成了10个节点的小型区块链。这个项目是基于以太坊开发的，再通过用户节点和节点之间的交互，形成了基于区块链的售电应用。该项目目前还没有看到运行测试的结果和报告，但这代表了一种方向。

这种应用会有以下约束性。

(1) 政策约束。举个最简单的例子，在这个售电项目中，如何处理发票凭证和税务问题？这是很典型的中国问题，美国人根本不考虑发票这种问题，最多出个invoice给你，但是在中国，售电公司不开发票是不符合规定的；其次是电力销售的牌照，你就算是卖一度电也是售电，而现在的电力法规非常明确地规定，只有电网公司才可以售电。所以，如果把屋顶上的电通过区块链卖给邻居，在中国是非法售电。

(2) 技术约束。在十户人家组成的超小型的纳网里面，可以实现这样分布式光伏的点对点售电，但微网会大很多，如何来实现可扩展性？同时，要实现的不仅仅是光伏售电，还有储能售电、电动汽车售电，甚至还有售气、售水、售热等不同能源品种之间互相的销售。此外，这样的成百上千户的微网用户如何布置节点？其实是很难的，因为在区块链里节点数量的增加带来的布置难度是指数级上升的。

(3) 安全问题。电力、能源不像其他行业，最主要的属性不一定是TPS(每秒交易数)，反而是安全性、可靠性、鲁棒性。目前的信息安全解决方案，不适用于未来基于区块链的电力信息网络。

所以，包括布鲁克林区块链微网售电项目、德国莱茵能源集团的基于区块链做电动汽车小额支付的应用，都属于实验阶段。目前全世界对于能源和区块链的结合实践，屈指可数，少之又少，而且大部分其实都是停留在小规模实验，甚至就连验证性测试都没有，而且最后的实验报告也没出来。

3.3.4 区块链在能源行业的应用前景

区块链在能源行业是一种应用级别技术。区块链的应用场景分为不同的环节，如发、输、储、用四个环节。

在发电领域，就是区块链售电。这是很重要的应用场景，尤其是分布式能源基于微网的区块链售电，为什么呢？因为电力不像金融产品，上海的上市公司可以把股票卖给北京，但是在上海的微网发的光伏电是不可能把它卖到南京，或者说也不可能卖到杭州的，因为电是有损耗的，一般来说分布式光伏在比较低的电压等级，所以你一升压一降压，再加上远距离传输，损耗就非常大了，所以分布式能源的电必须本地消纳。

还有一点，现在全国已经有好几个电力交易所，最大的是广东电力交易所，今天广东省的最高负荷已经超过一亿千瓦，这是中国首个电力负荷超过一亿千瓦的省。像广东这样的电力交易所，主要基于交易所内竞价交易和挂牌交易实现电力交易，但是接下来随着电力市场继续开放，以及电力行业、电力金融的继续发展，未来会出现很多场外交易市场交易，即在场外的售电公司进行购售电交易，到时候就需要通过区块链来实现售电者和购电者之间电力交易合同的场外注册，这也是发电的应用场景。

电力的传输其实也可以设计成金融产品，称为金融输电权，输电权的交易就会像发电权的或者说发电上网权的交易一样，是可以进行场内交易和场外交易的，是可以形成资源在交易所内的撮合交易和挂牌交易的，所以基于输电行业环节的区块链应用场景随之出现。

在输电行业还有另外一种应用，就是线损。目前是电网公司对线损有决定权，包括不同能源之间转换的损耗，如 Power to Gas，就是多余的电变成氢气进行传送，以及热电联供、热电互换其实都是不同品种的能源之间的转换，然后进行传输。此外，能源远距离传输和其他运行带来的线损，如何公证、如何确认，其实也可以通过区块链来实现。

此外，未来的电力调度被调度的客体是大量的分布式能源，以及大量的智慧用电负荷，如智能电动汽车、智能家居，未来的整个电网的调度决策以及指令和信号的本地生成和执行的过程，也可以通过区块链来完成。

区块链在能源互联网的应用最重要的就是消费，消费端的应用场景是最多的。现在大家都在推广需求侧响应，都在推广虚拟电厂，那么用户侧参与的过程中，其贡献如何计量？如何让用户得到公正评价，让资源的贡献者心服口服？基于贡献如何分配利益？其实目前这些都没有好的解决方案。

还有目前的需求侧响应方案是封闭式的方案，就是需求侧响应的负荷集成商跟别人签好了协议，有了需求侧响应的符合相应的指令之后，他再分配到下面的负荷让大家参与响应，但是未来在能源互联网时代，应该是即插即用、即插即发、即插即响应的可扩展的情景。在这样情景里面，非响应计划内的负荷如何及时地参与，动态地参与符合需求侧的响应将是非常大的挑战。如何确定计划、如何分配收益、如何考核，都是很困难的，而这恰恰是区块链可以做到的。目前正在开发的应用是基于需求侧响应的 KPI 的考核，以及自动化的基于智能合约的需求侧响应来决定收益的分配。

未来的储能，更可能是称为基于分享经济的储能。单个企业购买储能的利用率其实是非常低的，不可能一天 24 小时都把储能电池用起来，所以说在区块链技术之下，就可以把储能当成滴滴和 Uber 的出租车一样，周边的用户都可以通过使用权的分享，去调用在某用户名下的储能设施，付使用费给储能的所有者。

所以，在能源互联网里面，发、输、变、配、售、用等各个领域都可以和区块链结合起来。所以说作者一直呼吁能源行业的人，看到任何场景都要有敏感性，要知道如何把能源行业这些业务搬到区块链上，同时不能人云亦云地去考虑这些区块链应用。

区块链技术在能源领域的应用目前还不够成熟。从它的性能，包括它的信息安全方案，都不足以支撑在能源行业目前的落地。以区块链目前的发展阶段，还需要很长的路才能在能源行业落地，才能真正在能源行业应用。

不成熟的地方在于什么呢？首先是政策敏感性，能源是强监管、强政策的基础行业，所有的技术创新都必须在一定的监管下实行，如果监管不放开，是很难获得大规模应用的。例如，前面提到售电主体的问题，区块链可以做售电，而且可以做得很好，但是监管层不给售电牌照是不能售电的，也就不能把屋顶上的分布式光伏电卖给邻居。所以，政策是否能跟上技术创新，也决定了区块链和能源的结合在中国是否可以落地。

第二个就是人才问题，目前来说，能源行业特别缺乏能够把区块链技术以及其他技术如机器学习、大数据、人工智能、物联网等先进信息技术，同能源行业本身以及同金融三者结合的人才。同时还具备创新导向思维的人才就更少了。

这两点是中国未来区块链技术和能源应用结合在中国落地的主要障碍。

3.4 区块链与医疗

目前，医疗卫生行业正遭受着严重的数据质量问题，也就是说，现有的医疗数据是不可靠的。例如,同一个患者有多种不同版本的病历,里面的数据大量不吻合,而接手的医生又恰巧没有仔细核对。如此一来,患者很可能遭受误诊,还有各种随之而来的心理、生理、经济损失等问题。

同时,患者隐私的保护也是一个巨大的问题,面对不时打来的骚扰电话,我们大概已经习惯了,在这个人人都要依赖互联网生活的时代里,做到隐私不泄露太难了。医院是信息存储最多的地方,也是敏感信息最集中的地方,因此更要做好对信息的保护。然而,绝大多数医院都无法真正做到这点,还必须依靠法律的强制保护。区块链的出现终于让患者隐私信息保护问题有了可靠的解决方案,在安全隐私的前提下,还能做到公开透明,未来患者不仅不用担心自己的隐私被泄露,还能自己掌握自己的病历记录,医生在得到患者授权后,才能查看患者的医疗信息。

因为在区块链技术中,没有人有权管理全部数据,而同时,所有参与者都有责任维护信息安全。这能大大降低医疗卫生行业误诊或者恶意修改数据的行为。区块链技术与现有的医疗健康信息交换系统(HIES)有些类似,但关键的不同是准确度。目前医生和患者对自己手中的病历总是深信不疑(但他们手中的病历不一定是准确的)。在医疗卫生行业推行区块链技术的应用十分不易。因为没有人确定具体的实施方案,也没有人敢保证这是否会违反医疗领域的某些法律。

3.4.1 区块链在医疗领域的五大应用

1. 电子健康病例

医疗方面,区块链最主要的应用是对个人医疗记录的保存,可以理解为区块链上的电子健康病历。如果把病历想象成一个账本,原本它是掌握在各个医院手上的,患者自己并不掌握,所以患者就没有办法获得自己的医疗记录和历史情况,这对患者就医会造成很大的困扰,因为医生无法详尽了解患者的病史记录。

但现在如果可以用区块链技术来保存这些信息,就有了个人医疗的历史数据,看病也好,对自己的健康做规划也好,就有历史数据可供使用,而这个数据真正的掌握者是患者自己,而不是某个医院或第三方机构。

2. DNA 钱包

基因和医疗数据能够运用区块链技术进行安全存储并且通过使用私人密钥来获得,这将形成一个 DNA 钱包。这使得医疗健康服务商能够安全地分享和统计患者数据,帮助药企更有效率地研发药物。而这种模式也正在逐步建立起来。

3. 数字货币支付

区块链技术的发展促进了比特币和其他数字货币的支付,给予患者进行保险支付更多的选择。虽然这也依赖于数字货币市场上的信用发展状况，但提供这一方式的保险公司相对于竞争对手来说也有更大的优势。对于健康医疗保险公司而言，区块链作为金融服务的一个部分正在被建立。

4. 药品防伪

与编码防伪技术类似的是，对于运用区块链技术防伪的药品而言，在药品包装盒表面有一个可以被刮去的面，底下是一个特别的验证标签，这与区块链相互对照来确保药品的合法性。

5. 蛋白质折叠

由于蛋白质折叠过程十分迅速，斯坦福大学依赖非常昂贵的超级计算机模拟过蛋白质折叠过程。很明显，这种方式花费巨大，并且存在单点故障。通过运用区块链技术，能够选择使用一个巨大的分布式网络来进行高速运算。这个例子将会极大吸引其他使用昂贵超级计算机的企业。

随着医疗技术的发展，在患者身份背景、往期病史，以及医疗支付情况的记录等方面，医疗数据正在起着越来越重要的作用。医疗数据可能是一个人最隐私的数据，但由于网络操作错误或者黑客攻击等问题，在过去这些个人隐私数据却存在大规模泄露的情况，如 Anthem 曾经泄露 8 000 万患者和雇员记录，UCLA Health 曾经泄露 450 万患者数据。

3.4.2　国外布局医疗的区块链公司

1. Gem

Gem 是一家区块链企业，旗下有 Gem Health。Gem Health 是一个向医疗保健服务商提供网络基础设施的公司。Gem 致力于构建一个全球化医疗保健综合体，为人们提供更加私人化以及更低费用的服务。Gem Health 正在探索区块链技术在以下几个方面的应用：医疗数据、理赔过程、药品供应链、健康网络、通用健康身份以及基因数据管理等。Gem 目前已经获得了 700 万美元的投资来扩展它的企业平台，已经和健康行业内多个不同利益相关方进行合作来评估是否需要区块链技术。

关于 Gem Health，Gem 的创始人兼 CEO Micah Winkelspecht 说道："区块链技术将会创造一个连接医药健康产业的新框架，将所有医疗平台的重要数据连接到一起。区块链技术保证了数据的有效性和安全性。对于医疗行业，这使得医院、保险公司和实验室能够实时连接并且即时无缝分享信息，而无须担心信息被泄露或者被篡改。"

Gem 举了一个例子，"比如说，区块链能够建立一个数据记录和身份管理的公开标准。一个全球化的医疗健康区块链能够将每个患者通过一个唯一的 ID

映射到包含本地医院和医生的记录信息。基于区块链技术的通用医疗健康 ID 能够减少患者诊疗过程中的医疗错误并保护患者隐私。”

Gem Health 的成立以及与 Philips 的合作使得 Gem 跨入了医疗健康领域。当然了，区块链适用于一系列领域。然而，Gem 做出这样的合作选择，是因为这不仅仅是一个简单的“即插即用”的解决方案。Gem 正在建造一个网络基础设施，使得其将来能够在医疗健康领域采用更多的物联网方案。

2. HealthNautica & Factom

Factom 是一家区块链技术服务公司，利用区块链技术助力各种应用程序的开发，包括审计系统、医疗信息记录、供应链管理、投票系统、财产契据、法律应用以及金融系统等。

商业社会和政府部门可以利用 Factom 简化数据记录的管理、记录商业活动并解决数据记录安全性和监管性的问题。Factom 维护了一个永不可更改的、基于时间戳记录的区块链数据网络，大大减少了进行独立审计、管理真实记录以及遵守政府监管条例的成本和难度。Healthnautica 成立于 2000 年，总部在芝加哥，致力于使得医院、医生和患者之间的沟通更为流畅。Healthnautica 具有一个可定制化的客户驱动的云软件系统供医生操作和患者办理手续。Healthnautica 的 eORders 产品极大地提升了手术治疗过程和程序调度过程，减少了网络延迟，克服了数据丢失问题。2015 年 4 月，Factom 宣称与医疗记录和服务方案供应商 Healthnautica 展开合作，研究运用区块链技术保护医疗记录以及追踪账目，为医疗记录公司提供防篡改数据管理。通过运用 Factom 的不可变更账本来对医疗记录和合约进行验证和时间标记，Healthnautica 的客户(包括医院、医生)双方都希望在声明过程中提高效率以及确保医疗数据记录不被更改。Factom 的技术首先将私人医疗数据进行加密编码，然后生成一个数据指纹以供时间标记和验证过程。这种方式可以确保实际医疗数据不会泄露给第三方，这种做法保护了患者的隐私。

这两个企业的合作是区块链技术在医疗健康领域的第一次商业化运作。由于在缺乏信息交互的分散系统中存在文件错位和被篡改的情况，商业正在尝试运用区块链技术永久存储文件和保护客户记录。“Factom 的技术特别适合于审计跟踪以及 Healthnautica 保存的客户医疗记录。”Healthnautica 的董事长 Shailesh Bhobe 说。

区块链技术用来处理账单、解决过程纠纷、确保医疗记录有效性是其解决医疗健康产业安全性和有效性问题的第一步。Healthnautica 的董事会成员 Andrew Yashchuk 说，“下一步是推动保险公司运用区块链技术保存数据，因而各方能够验证合约有效性并提升医疗账单支付效率。”

3. Tierion & Philips

医疗健康巨头 Philips 于 2016 年 3 月宣布建立 Philips 区块链实验室，这是一个在 Amsterdam 的区块链新兴技术研究和发展中心。

Philips 表明它正在寻找合作者和开发者来开展项目，并且在网站上提供了一个表单供用户订阅新闻以及表明他们对此的兴趣。显然，Philips 暗示出了它相信区块链技术能够运用到医疗健康案例中。

Philips 实验室的创始人 Arno Laeven 说："作为一家创新型公司，你需要持续探索新科技以及它们可能有影响并且带来价值的应用领域。我们的目标是研究区块链技术是否能够开发医疗健康产业中数据交互过程的潜在价值。"Philips 已经宣布和区块链数据记录初创公司 Tierion 开展合作项目（具体细节未公开）来研究区块链技术在医疗健康领域中的应用。

4. BitHealth

BitHealth 是一家区块链技术公司，将区块链技术运用于医疗健康数据存储和保护。数据隐私、数据外泄和数据可信度是医疗健康产业中比较重要的几个问题。

BitHealth 致力于存储和安全地在全球范围内传送医疗健康数据。BitHealth 运用区块链技术来存储医疗健康数据并能够将其从世界各地任一节点恢复。运用区块链技术，数据在国际上以类似于 BitTorrent 的点对点文件分享技术形式进行传播。万一出现网络故障，可以从本地节点恢复数据。

另外，这项技术还可以解决数据复制、减少保险费用和其他支出、医疗记录分散化等问题。患者能够用来保护个人隐私数据，医生用来调取和记录医疗信息，比特币用于支付，保险公司用来调取医疗历史记录。

5. Block Verify

Block Verify 是一家基于区块链技术的防伪方案服务商，提供的服务包括：真伪验证，帮助专家验证产品真伪；正品保证，区块链能够为产品提供一个透明的环境，无须信任支撑；产品追踪，公司能够登记他们的产品并监视整个供应链；全球解决方案，Block Verify 能够创造一个受信任的全球解决方案来连接世界。Block Verify 能够鉴别的商品包括伪造品、调换品、被偷商品、虚假交易。在医药行业中，能够通过药企供应链追踪来确保消费者收到的是正品。

6. DNA. Bits

DNA. Bits 公司运用区块链密码学来用安全、可信、匿名的方式解决标签化、数据追踪、健康数据交互引用、大数据、基因数据分享以及相关的医疗数据问题。未来的药学、预防医学和药理学突破与我们对基因、健康、疾病相互作用的理解密切相关，基因组以及生活方式的不同导致治疗方案在个人身上的影响也不同。区块链是未来数字社会的基础设施，具有广阔的应用前景，但其对于现有医疗秩序规则及信息化系统的替代作用也不是一朝一夕之事。需要有区块链专家、医疗专家以及IT专家等各方通力协作来推动区块链技术在医疗行业的发展及运用。

3.5 区块链与物流

3.5.1 物流与区块链完美搭配

区块链是一个分布式账本，是一种通过去中心化、去信息的方式集体维护一个可靠数据库的技术方案。

从数据角度看，区块链几乎是不可能被更改的分布式数据库，这里的"分布式"不仅体现为数据的分布式存储，也体现为数据的分布式记录(即由系统参与者共同维护)。

从技术角度看，区块链并不是一种单一技术，而是多种技术整合的结果。这些技术以新的结构结合在一起，形成了一种新的数据记录、存储和发表的方式。

这种技术的共享潜力，防篡改架构和完整的透明度使其成为彻底改变处理供应链方式的完美工具。

物流被定义为物质、服务和信息流管理的规划框架。实物商品物流通常涉及信息流、交通运输、仓储和安全性的整合。

物流链通常跨越许多步骤和数百个地理位置。可以理解的是，这将导致越来越难追踪整个链条中的事件，验证和验证正在运输的货物并迅速对不可预见的情况做出反应是整个区块链在物流行业应用的主要目的之一。

区块链具有解决上述所有问题的潜力。作为一个透明的公共分类账本，它将为客户和审计人员提供简单而有效的工具，用于跟踪产品在到达最终目的地之前的整个过程。区块链的一个重要方面是，如果物流链的所有成员都可以访问网络，它就能提供可追踪的全流程。

除了解决行业特定的问题，区块链带来了平常一揽子的即时利益。它不仅消除了不必要的中间商，并且极大地降低了工作流量，而且还提供了传统的区块链安全性，减少错误，防止不当非法商品和其他欺诈企图。

3.5.2 区块链在物流业的应用

寻找区块链技术在各行业的使用案例以及这种技术能够为一些意想不到的

应用领域所带来的好处的努力，从未停止过。区块链被认为最有助于改善的商业领域之一就是供应链和物流。

1）国内外均出现了专门研究区块链与物流业融合发展的组织

据国外相关媒体报道，2016 年 11 月初，欧洲最大港口鹿特丹港与荷兰银行、代尔夫特理工大学、荷兰国家应用科学研究院、温德斯海姆应用科学大学鲜花交易中心等组成区块链物流研究联盟，探索区块链在物流领域的作用。

2016 年 12 月，中国区块链应用分会宣布挂牌成立。这是目前唯一一个政府背景的区块链机构，也是区块链技术物流金融行业的首次尝试。中国区块链应用分会的主要职责是推广区块链技术在物流领域中的应用，开展区块链技术与业务培训，研究与设计区块链技术物流应用标准，构建物流供应链企业信用机制。

2）物流业已经出现了应用区块链技术的案例

Yojee 是一家成立于 2015 年的新加坡创新公司，致力于设计自动化物流网络，为物流公司提供实时跟踪、提货和交货确认、开票、工作管理和司机评级等全流程信息解决方案服务。

在区块链和物流的结合点上，Yojee 已经构建了使用人工智能和区块链的软件，充分利用现有的最后一公里交付基础设施来帮助物流企业调整它们的车队。该软件能够优化和管理车队，利用机器学习将物流交付工作自动分配给司机，减少对人工调度员的需求，这不仅降低了物流供应商的成本，还为客户提供了更便捷的交付。此外，Yojee 的软件还利用区块链技术来跟踪和存档交易和交货细节，以便在必要时始终可以对其进行验证，保证了货物安全性。

2016 年 10 月，澳大利亚联邦银行和富国银行（这两个银行都是 R3 区块链联盟的成员）使用区块链和智能合约的技术进行了第一次全球贸易交易。这笔交易涉及一笔从美国得克萨斯州到中国青岛的价值 35 000 美元的棉花交易，但该项目目前并没有进一步发展。这些银行显然对这种新技术持乐观态度，但也承认他们尚未准备好进入“全面的区块链”。富国银行业务经理 Chris Lewis 指出：“监管、法律和其他方面的重大问题仍有待解决”。不久之后，鹿特丹港也进行了一项类似的项目，这项努力得到了荷兰一些组织和大学的支持，并计划在未来两年内进行广泛的测试。

其他公司也在尝试区块链技术。丹麦航运巨头 Maersk 正在调查如何更有效和透明地对工作流程和公司货物管理方式进行数字化变革。

Maersk 与 IBM 共同合作，正在研究其独特的区块链技术，并且依靠超级账本 Fabric 框架，可以每年跟踪数百万个集装箱运输，并更好地与海关部门结合在一起。

美国最大的零售公司沃尔玛也在采用IBM的Fabric进行分布式账本试点项目，跟踪中国猪肉的来源及其在美国的运输和仓储。此外，沃尔玛最近已经获得了一项基于区块链的应用程序，以促进无人机的送货。

许多其他公司(亚马逊、阿里巴巴、Kestrel等)已经表示有兴趣使用区块链技术来满足物流需求。而比较知名的物流区块链创业企业是Blockfreight和A2B。

Blockfreight是一家澳大利亚公司，由业内资深人士创立，负责集装箱运输和相关活动。Blockfreight所开发的平台的基本特征是基于以太坊区块链和可交易代币BFT XCP的智能合约，用于追踪Blockfreight网络中的所有交易。这将允许平台跟踪所有运输数据并防止欺诈。

Blockfreight众筹目标设定在190万美元，代币将分几轮连续出售。在一年多的时间里，这个项目还处于实验研究和开发阶段。到目前为止，这项工作还没有通过系统设计和基础技术的研究。

东欧另一家公司A2B主要覆盖乌克兰和白俄罗斯的物流市场。A2B是提供货主和货运代理商之间的直接沟通的服务，处理大部分工作流量，同时避免转发费用。它正是用区块链技术来实现这种类似于中介的服务。创始人希望这一举措能够实现便宜和便利的国际运输，并允许企业和客户使用平价和加密货币。

阿里巴巴试图用区块链技术解决“双十一”的“物流痛”。

阿里巴巴董事会主席马云在接受央视财经记者采访时表示，“双十一”的短板还是物流，将来还会有巨大的提升空间。确实，物流行业在享受电商狂欢节带来喜悦的同时，也无时无刻不承受着6.8亿包裹派送的压力，许多物流快递的配送站承受着比往常多数倍以上的配送量，爆仓丢包事件也频频发生。大多数的包裹是由电商企业用物流快递直接发到消费者的手上，而多数消费者担心私人信息被泄露，从而会被不良的企业倒卖，所以物流行业的实名制新政在落实上遇到了困难。

不仅是丢包、爆仓、错领误领、信息泄露等问题，大多数的物流企业也要承受着可能会发生但不能预测的意外事故。2015年11月12日，江西一物流车在运输过程中起火，4 000余件包裹被烧；2015年11月17日，河南许昌一物流货车发生侧翻，导致部分包裹损坏。虽然大多数的物流公司承诺对事故中损坏的包裹予以赔偿，但是牵扯信息的可追溯性，落实还有一定的难处。

区块链技术是一种几乎不可能被更改的分布式数据库。杭州复杂美区块链研究中心自2013年开始研究区块链，两年多来整合了在金融、餐饮、企业管理、快递追踪等多个细分领域运用区块链技术的理念，并把这些应用场景写进了 2015 年 11 月发表的《区块链项目白皮书》中。《区块链项目白皮书》内容表明，区块链技术可以记录货物从发出到接收过程中的所有步骤，创建共识网络，能直接定位到快递中间环节的问题所在，也能确保信息的可追踪性，从而避免快递爆仓、丢包、误领错领等问题的发生，也可有效促进物流实名制的落实。

快递交接需要双方私钥签名，每个快递员或快递点都有自己的私钥，是否签收或交付只需要查下区块链即可，最终用户没有收到快递就没有签收，快递员无法伪造签名，杜绝快递员通过伪造签名来逃避考核，减少用户的投诉。

同时，企业也可以通过区块链掌握产品的物流方向，防止窜货或打假，保证线下各级经销商的利益。

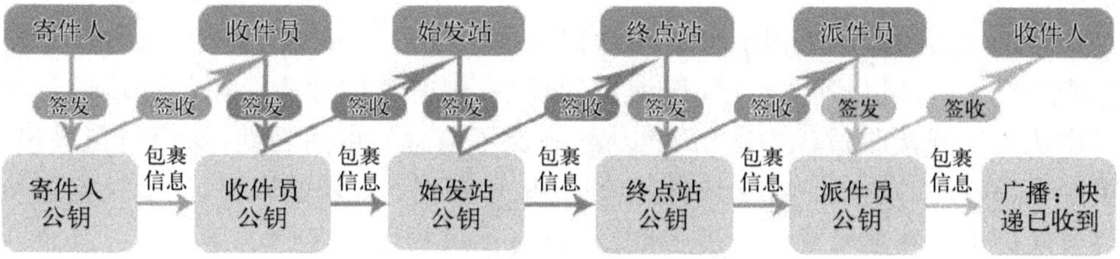

图 3－20　区块链上的物流追踪

图文片段摘取自复杂美区块链研究中心的《区块链项目白皮书》

运输和物流业是全球贸易的血管系统。像任何其他老行业一样，它们也遇到了问题，区块链在物流行业的应用可能只是解决其中许多问题的一种方式。例如，将区块链和智能合约引入物流行业可以提供实时货物追踪、减少工作流程和提高透明度。区块链就被证明是一个更便宜和更安全的基础架构，具有更高的可扩展性和易于与其他行业的整合。

但是不可否认的是，由于技术还未经实践验证，以及政策监管框架并未形成，在物流中采用区块链技术可能还处于摸索期，但随着每个成功项目的未来越来越近，可以大胆地预见，在几年内区块链将如野火般蔓延到整个物流行业。

3.5.3　区块链对物流行业的变革

1. 保证货物安全，避免快递爆仓、丢包

对于物流业而言，尽管我国传统物流行业在近几年来成长迅速，但依然存在一些问题没有的得到解决，如效率低、经常出现丢包、爆仓、错领误领、信息泄露、物流业务链条长导致资源没有充分利用。

而依靠区块链技术，能够真实可靠地记录和传递资金流、物流、信息流。物流行业利用区块链基础平台，可以优化资源利用率、压缩中间环节、提升行业整体效率。

区块链是一种分布式多节点大家共同操作的数据库，在多个位置或是节点保存数据的数据副本，每个区块包含详细信息，如卖方、买方、价格、合约条款以及相关的任何详细信息，通过双方以及多方独有的签名进行全网的验证，如果全网加密记录一致，则这条数据有效，并且上传到整个网络达到信息共享且信息的绝对安全。从而达到了信息的交互，决定了物流的规模与效益，这样系统中的每个人都可进行记账，这样不但使整个系统获得了极大的安全性，而且保障了账本记录的公开透明，去除人工信息、纸质信息的流程，大大降低成本，提高效率。

对于货物的运输流程也可清晰地记录到区块链上，装载、运输、取件整个流程清晰可见，可优化资源利用、压缩中间环节、提升整体效率。通过区块链记录货物从发出到接收过程中的所有步骤，确保了信息的可追溯性，从而避免丢包、错误认领事件的发生。对于快件签收情况，只需查下区块链即可，这就杜绝了快递员通过伪造签名来冒领包裹等问题，也可促进物流实名制的落实。并且企业也可以通过区块链掌握产品的物流方向，防止窜货，利于打假，保证线下各级经销商的利益。

2. 优化货物运输路线和日程安排

区块链在国外已有了一定规模的应用，例如，将区块链用于集装箱的智能化运输，据说这是全世界首个将区块链技术用于大型物流运输领域的应用实例。

把集装箱信息存储在数据库里，区块链的存储解决方案会自主决定集装箱的运输路线和日程安排。这些智能集装箱还可对过往的运输经验进行分析，不断更新自己的路线和日程设计技能，使效率不断提高。对于收货人来说，不但能从货物离港到货物到达目的港全程跟踪其物流消息，并且还能随时修改优化货物运输的日程安排。

3. 解决物流中小微企业融资难问题

区块链技术可以帮助解决物流供应链上的中小微企业的融资难问题。近年来，我国物流供应链行业处于持续、快速的发展阶段，一批具备较强供应链管理能力的物流企业迅速崛起。然而，物流供应链上的企业大多是中小微企业，企业的信用等级评级普遍较低，很多企业没有得到信用评级，难以获得银行或金融机构的融资贷款服务，物流领域中小企业普遍缺少经营周转资金，融资难已是行业痛点。由于部分企业产生失信行为，缺少有效执法手段，导致整个行业诚信度低。加之征信信息不完善,信息来源不可靠,致使金融机构放款难。此外,贷款资金去向难管控,导致资金被滥用,金融风险高。

而区块链技术在物流行业的应用,使得物流商品具备了资产化的特征,有助于解决上述问题。区块链技术可以将信息化的商品价值化、资产化,主要是因为区块链技术所记载的资产不可更改、不可伪造。而固定了商品的唯一所有权,可以使得所有物流链条中的商品可追溯、可证伪、不可篡改,实现物流商品的资产化。利用区块链基础平台,可使资金有效、快速地接入物流行业,从而改善中小企业的经营环境。

3.6 区块链与教育

区块链技术作为比特币的底层技术,不仅在金融等领域日益得到广泛应用,在教育领域同样具有较大的应用潜力,有望在互联网+教育生态的构建上发挥重要作用,推动教育体系变革。借鉴金融领域区块链应用的经验,教育领域的区块链主要体现为六大应用模式:建立个体学信大数据、打造智能化教育淘宝平台、开发学位证书系统、构建开放教育资源新生态、实现网络学习社区"自组织"运行以及开发去中心化教育系统。当然,由于教育领域自身的独特性和复杂性,区块链技术的应用也面临教育应用推广运行难、教育数据产权模糊、数据存储空间有限以及区块链技术自身安全隐患所引起的师生隐私保护风险等诸多挑战。

区块链技术的应用正在为金融领域带来颠覆性变革,创造新的商业契机。通过研究区块链技术在金融领域的应用模式,发现其对金融领域创新与发展的价值主要体现在:剔除中间交易平台,降低交易成本;实现实时交易结算,提高交易效率和资产利用率;分布式存储交易数据,不可篡改和高安全性;基于智能合约实现交易流程的自动化运行。区块链技术在金融领域的应用场景与模式,为其在教育领域的应用提供了启示。

3.6.1 区块链在教育领域的应用启示

(1) 加强知识产权保护,搭建教育信任体系。数字货币的可追溯性可以降低银行在反洗钱、反欺诈等合规验证和审计方面的费用支出,有效控制偷税漏税、洗钱等违法行为的发生。在教育领域,可以利用区块链技术的可追溯性,实现对教育资产与智力成果的版权保护,从源头上解决知识产权纠纷问题。此外,数字货币存储在区块链上具有较高的安全性与可靠性,在教育领域可以将学生成绩、个人档案以及学历证书等重要信息存放在区块链上,防止信息丢失或被恶意篡改,构建安全、可信、不可篡改的学生信用体系,助力解决当前学生信用缺失以及全球学历造假等问题。

(2) 优化教育业务流程，实现高效、低廉的教育资源交易。在跨境支付方面，区块链利用去中心化特性摒弃中转银行角色，实现点到点快速且低成本的跨境支付。在教育资源共享方面，利用分布式账本技术实现用户与资源间的直接联系，能够简化操作流程，提高资源共享效率，以此来促进教育资源的开放共享，解决资源孤岛问题。在教育资源交易方面，利用去中心化特性剔除交易中介平台，实现消费者与资源的点对点对接，从而减少费用支出，简化操作流程，打造高效、低廉的教育资源交易平台。

(3) 利用去中心化特性构建去中心化教育系统。区块链技术应用于供应链金融业务，通过剔除中间交易机构，减少人为介入，从而降低成本及操作风险。Wave已与巴克莱银行达成合作协议，将信用证与提货单号及国际贸易流程的文件放在公链上，通过公链进行认证与不可篡改验证，建立完全透明的“游戏规则”，实现验证规则的去中心化。在教育领域，区块链可以用来开发去中心化教育系统，打破传统教育服务被学校或政府机构垄断的局面，使得任何具有教育资质的机构均可以开展教育服务并颁发有效的学历证书，实现正规教育与非正规教育的有效融合，推动全民参与教育体系的变革。

(4) 分布式存储与记录可信学习数据，实现校企之间高效对接。区块链技术让证券交易市场变得更加公开、透明、绿色、公平和高效，使原本高度依赖中介机构的传统模式变为分散的平面网络交易模式，实现数据的分布式存储与记录。在教育领域，学生的个人信息、学习成绩、成长记录等内容都可采用类似的存储记录方式，分布式存储在教育系统中，在保证信息真实安全的基础上，可以向其他学校或招聘单位共享数据内容，作为学生求职面试的重要依据。利用分布式账本技术向用人单位展示自己的学业成绩与专业技能，搭建学生与企业交流的桥梁，建立校企合作新模式，以此实现学生与用人单位的高效对接。

(5) 开发教育智能合约，构建网络资源及平台运行新模式。区块链中的智能合约技术能将当前金融交易过程中大量的人工及半人工验证和管理工作实现自动化运行，提升交易系统的智能性。在开放教育资源建设方面，利用智能合约的透明、自动执行等特性，可以实现资源上传、认证、流转、共享等工作的自动化执行，降低资源共享成本，提高资源共享效率，构建网络资源流转新形态。此外，利用智能合约可以建设高效、智能的网络学习社区，实现学习社区的“自组织”运行，并实时监控社区生态环境，自动屏蔽删除不当言论，营造积极向上的社区氛围。

3.6.2 区块链技术在教育中的应用模式

2016年10月，工业和信息化部颁布《中国区块链技术和应用发展白皮书》，指出“区块链系统的透明化、数据不可篡改等特征，完全适用于学生征信管理、升学就业、学术、资质证明、产学合作等方面，对教育就业的健康发展具有重要的价值”。调研发现，当前国内外区块链技术的教育应用正处于萌芽状态，少数教育机构开展了积极的探索。互联网＋教育是全球教育发展与变革的大趋势，其宗旨是应用互联网思维、技术和模式改造传统教育生态，实现教育系统的结构性变革。区块链技术有望在互联网＋教育生态的构建上发挥重要作用，其教育应用价值与思路主要体现在六大方面：建立个体学信大数据、打造智能化教育淘宝平台、开发学位证书系统、构建开放教育资源新生态、实现网络学习社区的“自组织”运行以及开发去中心化的教育系统。图 3-21 显示了基于区块链技术构建的互联网＋教育新生态体系。区块链技术有助于推动教育体系变革，加速教育系统进化发展。

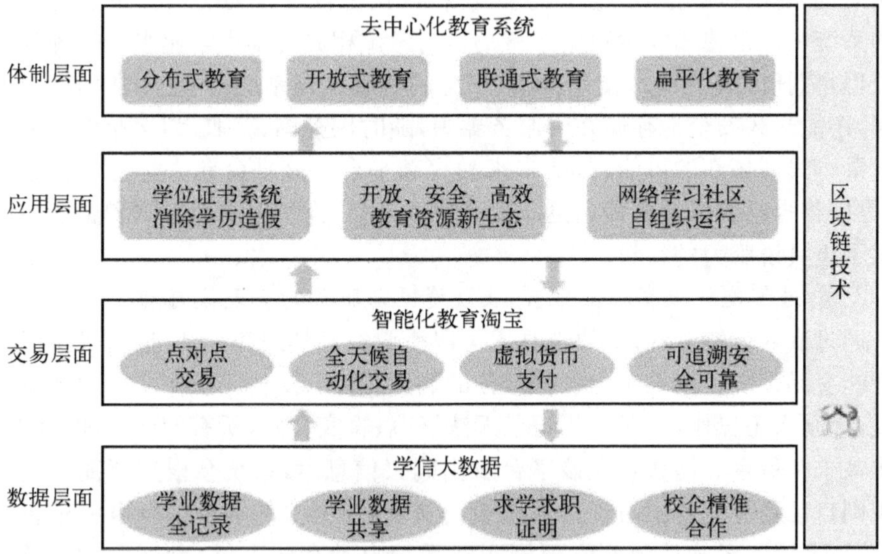

图 3-21　区块链＋互联网＋教育

1. 建立个体学信大数据，架起产学合作新桥梁

区块链技术在教育领域可以用作分布式学习记录与存储系统，允许任何教育机构和学习组织跨系统和跨平台地记录学习行为和学习结果，并将这些结果永久保存在云服务器，形成个体学信大数据，有助于解决当前教育领域存在的信用体系缺失和教育就业中学校与企业相脱离等实际问题。用人单位招聘时，可以通过合法渠道合理获取学生的任何学习证据数据，用于精确评估应聘者与待招岗位间的匹配度。此外，学信大数据还是高校开展人才培养质量评估以及专业评估的重要依据，有助于实现学生技能与社会用人需求无缝衔接，有效促进学

校和企业在人才培养上的高效精准合作。

未来教育研究所(IFTF)和美国大学入学考试(ACT)基金会提出的"学习即赚钱"(learning as earning)计划,其中心思想源于 Edublocks 概念,类似于当前用来记录和评估学生学习的"学分"。除了跟踪学术学习活动外,Edublocks 还可以测量和记录非正式学习,如培训活动、学校比赛、研究演示、实习经历、社区服务等,一连串的 Edublocks 形成一个分布式账本或电子公文包,让学生在任何时间、任何地点都能获得所发生的学习信用。学术顾问将专注于帮助学生在其电子信息数据库中获得最多的"收入"。毕业时形成的个人电子信息数据库,包含"赚取"的各种技能,即学生在学习期间获得的所有 Edublocks,将作为学生求职面试时的简历,也将成为招聘单位选拔人才的重要参考依据。

索尼全球教育(Sony Global Education)在一份报告中指出,发达的区块链底层架构系统将促进学术进展记录,可将区块链技术作为一个去中心化且很安全的系统来加密传输学生数据。特别是与考试相关的学生学业水平的统计与测量数据,依托区块链技术设计全新、安全的基础设施系统,不仅能在网络上安全共享,还能永久安全地存储在云服务器中,随时供查询、获取,为学业水平的测评和记录方式开拓新的可能,打造未来教育新平台。该平台允许学生转移数据信息,可以将自己的成绩单传送给心仪企业的老板,为学生求职面试和企业招聘均提供了极具说服力的材料。

2. 打造智能化教育淘宝平台,实现资源与服务的全天候自动交易

通过嵌入智能合约,区块链技术可以完成教育契约和存证,构建虚拟经济教育智能交易系统。该系统中各种服务的购买、使用、支付等工作全部由系统自动完成,无须人工操作,同时购买记录无法篡改、真实有效,所有的交易和合约数据都将被永久保存。消费者在该平台发出购买信息后,系统会根据智能合约的运行规则自动将对应的学习资料发送给消费者,该资料的物流信息也将被智能合约追踪,当消费者确认收到学习资料时系统自动完成支付,无须手动付款。此外,该交易平台还提供在线学业辅导和工具下载等服务,学习者可根据学习需求选择恰当的学习服务,包括一对一在线辅导、知识点精讲微课、难点习题讲授等,所有资源和服务均可依据学习者的个性需求实现自主消费。

基于区块链技术的智能化教育淘宝平台与其他交易平台相比,具有独特的优势。

(1) 智能合约程序记录在区块链上,具备公开、透明、不可篡改等特性,可以保证交易信息的真实有效,杜绝欺诈行为的发生。

(2) 智能合约程序可以控制区块链资产,能够存储并转移数字货币和学习资料,学习者购买资料和服务等交易信息可随时被追踪查询并被永久保存,从而

为保障商家和消费者权益提供强大的技术支撑和过程性证据。

(3) 智能合约程序由区块链自动执行，人工无法干预、篡改，一方面能够提高平台交易效率，满足消费者对知识获取实时性的需求，另一方面能够保证交易平台的可靠性与稳定性，防止交易平台出现系统性崩溃现象。

(4) 智能交易无须类似支付宝的第三方支付平台，可以实现学习者与培训机构、学习者与教师、机构与机构之间的点对点交易，既能节省中介平台的运营与维护费用，又能提供有质量保证的在线学习服务。

3. 开发学位证书系统，解决全球性学历造假难题

随着就业市场竞争的加剧以及科技的发展，学历造假成为阻碍教育全球化发展的重要因素。伊利诺伊大学物理学教授 George Gollin 曾对文凭造假现象做过调查，他估计每年约有 20 万份虚假学历证书从非法文凭提供商处售出。国际知名调查公司 HireRight 的一项调查结果显示，约 86%的受访雇主表示他们曾发现应聘者提供虚假学历信息。为了解决学术欺诈尤其是学历造假这一国际性教育难题，麻省理工学院、霍伯顿学校、肯尼亚信息和通信技术部等机构开始尝试引入区块链技术，构建全新的学位证书系统，以实现学历信息的完整、可信记录。

麻省理工学院的媒体实验室(The MIT Media Lab)应用区块链技术研发了学习证书平台。证书颁发的工作原理如下：首先，使用区块链和强加密的方式，创建一个可以控制完整成就和成绩记录的认证基础设施，包含证书基本信息的数字文件，如收件人姓名、发行方名字、发行日期等内容；其次，使用私钥加密并对证书进行签名；接下来创建一个哈希值，用来验证证书内容是否被篡改；最后，使用私钥在区块链上创建一个记录，证明该证书在某个时间颁发给了谁。在实际应用中，上述工作虽然能一键操作完成，但是由于区块链自身透明化特性所带来的一系列隐私问题，目前该软件系统仍在不断完善中。

霍伯顿学校(Holberton School)是一所软件工程师培训学校，也是世界上首个使用区块链技术记录学历信息的学校，它从 2017 年开始将学历证书信息在区块链上共享，这一做法受到众多招聘公司的赞赏。霍伯顿学校的联合创始人 Sylvain Kalache 认为，利用区块链去中心化的、可验证的、防篡改的存储系统，将学历证书存放在区块链数据库中，能够保证学历证书和文凭的真实性，使得学历验证更加有效、安全和简单，同时能节省人工颁发证书和检阅学历资料的时间和人力成本，以及学校搭建运营数据库的费用，这将成为解决学历文凭和证书造假的完美方案。另外，一些国家也开始行动起来，例如，肯尼亚政府强烈意识到学历造假给国家教育乃至社会经济带来的严重影响，为了严厉打击造假文凭的非法行为，目前正在和 IBM 密切合作尝试建立一个基于区块链的学历证书网络发

布与管理平台，让所有学校、培训机构等都可以在区块链网络上发布学历证书，实现学历证书的透明生产、传递和查验。

4. 构建安全、高效、可信的开放教育资源新生态

近年来，开放教育资源(open educational resources, OER)蓬勃发展，为全世界的教育者和受教育者提供了大量免费、开放的数字资源，但同时也面临版权保护弱、运营成本高、资源共享难、资源质量低等诸多现实难题。如何构建安全、高效、可信的开放教育资源新生态，成为当前国际 OER 领域发展的新方向。区块链技术有望成为解决上述难题的"利器"，推动 OER 向更高层次发展。

(1) 应用区块链技术加强资源版权保护。基于非对称加密算法保护的版权信息的安全性与可靠性更高，同时鉴于区块链公开透明的特点，任何资源创建信息都可以被使用者查询、追踪、获取，进而有助于从源头上解决版权归属问题。资源上传者可将 OER 的版权信息和交易信息记录在区块链上，包括资源创建者、创建时间、资源类型等。因此，任何教育资源的创建和更新可随时被追踪和查询，并被有效证明。

(2) 应用区块链技术降低 OER 运营成本。将区块链技术的去中心化应用到 OER 建设中可节省大量中介成本。用户与用户间可直接通过点对点的传播方式进行资源共享，从而减少在大量中介平台上研发与管理维护的投入，改变 OER 运行机制，有效降低 OER 运营成本。

(3) 应用区块链技术促进资源共享。利用区块链的分布式账本技术，将教育资源分布式存放在不同的区块中，通过点对点的传播方式，所有节点将通过特定的、达成共识的软件协议直接共享学习课件和工具软件等资源，既有助于提高共享效率，又可以解决资源孤岛问题。未来，借鉴金融领域的跨境支付业务，全球用户都将实现无障碍的点对点资源共享与实时交易，形成全球无缝流动的超大规模信息资源开放共享网络。

(4) 应用区块链技术提高资源质量。图 3-22 显示了基于区块链的智能合约与共识机制构建的 OER 网络认证机制。具体步骤如下：资源创建者将资源上传云端平台；利用非对称加密算法使用公钥和私钥对教育资源进行分别加密，并将加密后的内容存放在区块中；将承载教育资源的区块广播到全网并等待认证；超过 51%的节点达成共识后通过认证，承载资源的区块加盖时间戳并在网络中以 P2P 的模式流通。资源认证机制中的认证、流转、共享等环节均由区块链底层内置的智能合约自动完成，全过程公开透明、不可篡改，各个节点上的资源用户共同认证新上传资源的应用价值。基于区块链技术的 OER 网络认证机制可以杜绝重复、无效、低质量资源的产生，能有效提升资源质量和资源流通效率。

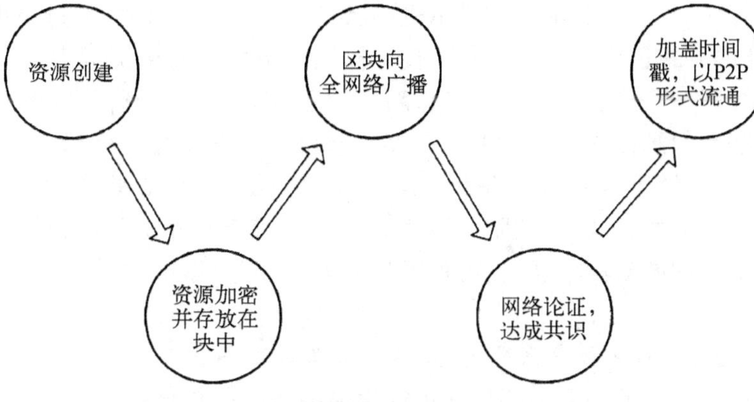

图3-22　基于区块链技术的OER网络认证机制

5. 实现网络学习社区的真正“自组织”运行

区块链与在线社区的结合，也是区块链技术在教育领域很有前景的应用方向。区块链技术可以优化和重塑网络学习社区生态，实现社区的真正“自组织”运行，其应用主要体现在以下三个方面。

(1) 使用虚拟币提高社区成员参与度，形成社区智慧流转体系。应用区块链技术建立社区虚拟币产生与流通机制，学生可通过发帖、提问、回答等行为的发生自动赚取虚拟币，并可利用虚拟币购买社区学习资料与服务，从而激发社区成员的参与度，形成以虚拟币作为核心激励机制与衡量社区贡献度重要指标的集体智慧生成与流转生态。

(2) 保护社区成员智力成果，生成观点进化网络。利用区块链的可追溯性，能对社区成员发表的帖子和观点自动追踪、查询、获取，从源头上保护社区成员的智力成果，防止知识成果被抄袭，从而有利于创新性、原创性观点的迸发。此外，依托分布式账本技术，将发表的观点分布存储在网络中，根据各个观点之间的语义联系生成可视化的知识网络图。随着观点的不断生成与进化发展，社区将聚小智为大智，形成具备无限扩展能力的群体智慧网络。

(3) 净化社区生态环境，实现社区成员信誉度认证。智能合约保证网络社区的自动运行，发帖、提问、回答等内容将自动推送到社区平台，根据预先定义好的规则程序对社区论坛进行自动化监控，对于歪曲客观事实或具有误导性的谣言信息自动屏蔽删除，以达到净化社区生态的目的。同时，可根据社区成员发帖内容与次数对成员信誉进行认证，信誉度认证较高的社区成员可享有社区特权，如多次下载学习资料或发言无限制次数等，以此鼓励积极向上的发言，从而营造健康向上的社区氛围。

除了促进社区的自组织运行外，区块链技术还可以在增强社区学习的适应性方面发挥作用。目前,国内的喵爪机构已经应用区块链技术,通过喵爪币众筹AltSchool的方式创建了可以为每个孩子提供定制学习服务、以项目为导向的自适应学习社区——极客豆学院。在创新学习正式开始前,极客豆学院的教师通过与学生聊天勾画出详细的学习者档案。教师通过向学生提问数学、语言等方面的问题,了解学生自身的性格癖好、学习方式、强项和弱点等个性特征。基于学习者的档案信息,极客豆学院可以为每个孩子确定全年的学习目标并细化为每周都会更新的游戏清单,学生可每天在清单上挑选不同的项目学习,从而实现个性成长。

6. 开发去中心化教育系统,全民参与推动教育公平

当前教育系统的高度中心化和集权化主要体现在教育体制的中心化上。教育体制是教育机构和教育规范两个要素的结合体,其中教育机构是载体,包括实施机构和管理机构;教育规范是核心,即维护机构正常运转的制度。现阶段的教育体系仍以正规教育为主导,由政府机构或学校提供教育服务并进行认证,个人对某一特定学科的精通程度,仍需由受认可的大学颁发文凭或证书来证明,导致教育的管理权被学校和政府所垄断。

利用区块链技术开发去中心化教育系统,有助于打破教育权利被学校或政府机构垄断的局面,使教育走向全面开放,形成全民参与、协同建设的一体化教育系统。未来,除了政府机构批准的学校、培训单位等教育机构具有提供教育服务的资质外,将有更多的机构,甚至个体承担专业教育服务提供商的角色,并且基于区块链的开源、透明、不可篡改等特性能保证其教育过程与结果的真实可信。例如,一些企业、社区或其他组织均可提供教育服务并进行认证,其颁发的证书将与传统高校颁发的证书一样可在全网流通,并可有效证明学生是否掌握了某一知识技能。校际边界也将逐步模糊,学习者可以自主选择在任何学习中心或培训机构学习某门课程,获得具有同等效力的课程证书,有效证明自己在某一领域的专业知识和技能。多门课程证书的获得以及学分的积累,将使学生有资格申请获得国家以及国际教育组织认定的学历学位证书。

3.6.3 区块链技术教育应用面临的挑战

区块链技术现在正处于起步发展阶段,大多数研究聚焦在金融领域。与金融领域相比,教育领域具有更强的独特性和复杂性,区块链技术在教育领域的成功应用将面临推广运行难、教育数据产权模糊、数据存储空间有限、区块链技术自身安全隐患所引起的师生隐私保护风险等诸多挑战。

1. 教育领域实践经验少,推广运行存阻力

目前国内外在区块链技术应用领域尚未普及标准且大多数研究聚焦在金融

领域，其在教育领域的推广运行将面临缺乏政策保护与实践经验两方面的挑战。首先，由于缺乏政策保护与引导，去中心化属性对传统教育管理机构将造成强烈冲击，在利益分配上使得传统教育平台遭受重大损失，导致相关机构和部门对区块链技术在教育领域中的应用持谨慎态度，不利于区块链技术的大规模推广与应用。其次，由于区块链技术在教育领域的应用案例较少，专家学者对其在教育领域的推广应用更多持观望态度，缺乏推动其进一步应用的动力。

为解决区块链技术在教育领域的推广运行问题，可以从以下三个方面入手：① 我国应尽快出台区块链技术在教育领域应用的法律法规，从运营机制、技术应用、体制管理等多个层面制定保护细则，切实保障国家、机构、个体在区块链技术与教育应用上的合法权益。② 制定切实可行的利益分配方案，妥善处理好传统教育管理机构和运营平台之间的利益分配，使区块链技术在教育领域的推广应用得到各部门认可，减少推广运行阻力。③ 依托中国区块链技术和应用发展联盟等组织，联合教育领域专家，从区块链国际标准化制定中借鉴先进经验，深入研究区块链技术在教育领域推广应用的热点和难点问题，制定区块链技术在教育领域的应用标准与规则。因此，教育工作者应积极与区块链专家联合，尽早制定区块链技术在教育领域的应用标准，打通应用通道，提升应用效果。

2. 区块链数据存储虚拟化，教育数据产权有争议

区块链的去中心化特征淡化了教育管理机构的职责，学生数据管理等工作相对弱化。去中心化特性使得区块链上的数据分布式存储与记录，造成学生数据的产权变得模糊。当前教育中的数据管理一般由学校教务处负责，而区块链技术的应用淡化了实体管理部门的职责，使得数据都存储在虚拟区块链上。因此，这些虚拟数据的归属权属于谁？使用权属于谁？基于数据分析产生的成果的所有权又属于谁？这一系列的数据产权问题都将成为区块链技术在教育领域进一步推广应用过程中亟待解决的问题。

基于区块链技术存储数据的产权问题，相关教育部门需要制定详细的数据归属标准体系与利益价值分配方案。首先，区块链存储的教育数据，其归属权应该属于数据产生者，即教师、学生和教育管理部门，而不是第三方平台，这是区块链数据存储的基本原则。其次，任何数据的使用都需要经过数据产生者的书面授权同意，可以授权给公司企业以开发更大的商业价值，但保证数据产生者的个体利益与隐私，却是数据使用的前提。最后，在进行校校合作或校企合作过程中，教育数据产生的商业价值需要制定明确的利益分配方案，除了书面授权涉及的约定收益外，还可以参考著作权使用费的模式，由平台按固定比例将利益分配给数据产生者、数据提供者以及数据价值开发者，或者可以征得用户免费授权，将成果利益完全归属于数据价值开发者。只有制定明确的数据产权归属与使用规范，才能打消教师和学生对于教育教学活动产生的数据所有权的顾虑，从而更好地促进区块链技术在教育领域的应用。

3. 系统网络容量小，数据存储空间遇瓶颈

区块链技术是互联网金融技术的创新，但众多技术特性特别是网络容量仍处于发展的初级阶段。区块链数据库记录了每一笔交易从开始至今的所有数据信息，任何想要进行数据存储的用户都需要下载并存储承载所有资源信息的创世块。随着大数据技术在教育领域的应用，教师、学生以及教育管理部门产生的数据量将会呈现井喷式增长，导致区块链中的区块承载的数据信息越来越多，这对区块链数据库的存储空间提出更高的要求。各类数据量越来越大，一方面导致数据存储空间受限，影响教师、学生以及管理部门上传与更新数据信息，另一方面将会降低数据传播效率，影响师生对数据获取实时性的需求。

与其他存储技术优势互补形成协同效应是解决区块链数据存储空间受限的有效途径。可将区块链技术与云存储技术相结合。Storj 利用区块链搭建去中心化云系统，将教师、学生以及管理机构产生的数据“切片”处理，对各个分片数据进行加密，通过分级存储的方式被分散存储到互联网上其他学校或教育部门贡献出来的硬盘空间上，从而解决数据存储空间问题。同时，为保证数据信息的不可篡改性，Storj 采用 Merkle 树的数据结构，通过对比根节点的哈希值就可判断数据是否被修改，如果某些数据信息被修改或不可用，Storj 通过纠删码的方式，从其他可用的数据块重构该数据信息，并保存到其他节点上。因此，将 Storj 云存储技术应用到教育数据存储中，既可解决数据存储空间问题，又能保证数据的不可篡改性。此外，McConaghy 等学者提出巨链数据库(bigchain DB)的概念，即去中心化数据库，数据信息可以达到每秒百万次写入，数据存储量以皮字节(PB)计算。其特点主要体现在：去中心化控制，免疫攻击；节点数量可线性扩展，实现基于 NoSQL 的高效查询和权限管理；容量可扩展，任何具备法律约束力的合同及证书都可安全存储在区块链的数据库上。因此，基于区块链技术的各类教育数据存储均可采用巨链数据库的核心理念，不仅能够免受攻击，保证师生数据的安全可靠，还可扩大数据存储空间，实现教师、学生以及教育管理部门数据的高效查询与管理，从而解决区块链技术在教育领域应用中面临的数据存储空间受限问题。

4. 匿名技术尚未成熟，师生隐私保护有风险

区块链技术通过隔断交易地址和地址持有人真实身份的关联，达到匿名效果，防止因交易信息公开透明而导致用户隐私泄露，但这样的保护通过观察和追踪区块信息以及用户 ID 依旧可以追查到用户的个人信息。因此，区块链技术在教育领域的应用面临师生隐私被泄露的风险，主要来自以下两个方面：① 所有

交易信息公开透明，任何信息都可以被追踪查询，进而推断出某些结论，或对教师和学生的状态和行为进行预测，不利于教师和学生个人隐私的保护；② 区块链的安全性通过算法保障，理论上只有超过 51%的节点用户同时被黑客攻破后数据信息才会被泄露或篡改，但是随着数学、密码学和计算技术的发展，很难保障今后该算法不被破解，造成教师和学生信息的泄露。

区块链自身存在的安全问题在各个领域都引起了广泛的关注与讨论，结合区块链技术在教育领域面临的安全挑战提出如下应对策略：① 对教师、学生以及教育管理部门产生的数据信息进行权限管理，利用非对称加密算法对各类数据进行加密处理，只有拥有对应私钥的用户才可以访问用户的数据信息，保证师生的个人信息不被泄露。② 采用算法技术与现实约束相结合的方式，在提高系统算法水平的同时通过法律保障、部门监管或者信用抵押等方式进行联合管控，防止黑客入侵事件的发生。③ 利用大数据技术应对高级可持续攻击，通过对黑客攻击模式、时间、空间等特征进行处理分析，搭建应对黑客攻击的防御系统，与区块链自身安全体系形成协同效应，全面升级师生隐私保护系统。

3.7　区块链与安全

3.7.1　区块链与信息安全

当前，全球新一轮科技革命和产业变革持续深入，国际产业格局加速重塑，创新成为引领发展的第一动力。在这一轮变革中，信息技术是全球研发投入最集中、创新最活跃、应用最广泛、辐射带动作用最大的领域，是全球技术创新的竞争高地，是引领新一轮变革的主导力量。而区块链技术在信息安全领域起到了至关重要的作用。

近日 Tecktalk 专栏作者 Ben Dickson 撰文指出，区块链技术在信息安全领域的应用可以有效防御中间人攻击（身份窃取）、数据篡改和 DDoS 三大安全威胁。

1. *身份保护*

PKI 是电子邮件、消息应用、网站等各种通信应用中常见的公钥加密技术。但是由于大多数 PKI 的实现以来集中式的可信第三方认证机构（CA）来发放、激活和存储用户证书，黑客可攻击 PKI 假冒用户身份或破解加密信息。例如，WhatsApp 最近爆出的密钥再协商机制的漏洞，可以被黑客用来发送假密钥并实施中间人攻击。而在区块链上发布密钥则可以杜绝虚假密钥的传播，同时应用也可以鉴别通信对方的真实身份。

CertCoin 是目前首个基于区块链技术的 PKI 实现，该项目来自 MIT，去除了中心化的认证中心，取而代之以区块链作为域名和公钥的分布式账本。

一家技术研究公司 Pomcor 最近则发布了另外一种区块链 PKI 实现路径：保留认证中心，用区块链存储已经发放和激活的证书的哈希值。这种方法使得用户可以通过去中心化和透明的来源鉴别证书的真实有效性，同时能通过在本地基于区块链副本进行密钥和签名的认证来提升网络访问性能。

还有一个值得关注的基于分布式账本的身份保护技术项目是埃欧塔链(IOTA)，该项目利用 Tangle(一种轻量级可扩展的无区块的分布式账本)来作为数以百万计的物联网设备互动和彼此点对点认证的后台骨干，无须依赖第三方认证中心。

IOTA 联合创始人 David 认为：通过将与个人身份匹配的哈希表与区块链分布式账本关联，人们将能重新构建一个全新的身份管理系统，在这个系统上没有人能够伪造你的身份。

2. 数据完整性保护

用私钥签署文件的目的是接收者或者用户可以核实数据的源头，然后人们花大力气来证明这些密钥没有被篡改，但是由于私钥的保密属性这一点实现起来非常困难。而使用区块链技术取代文档的数字签名则可以用透明度取代隐秘，向大量区块链节点分发证据使数据篡改变而不被发现几乎不太可能。这就好比，你如何证明马刺队是 2014 年的 NBA 总冠军？事实上你无须证明，因为这已经变成了人所共知的常识，对于区块链分布式账本上的数据也是如此。

数据安全创业公司 GuardTime 开发了一个基于区块链技术的无密钥签名架构(KSI)，目的是取代基于密钥的数据认证技术。KSI 在区块链上存储原始数据和文件的哈希表，通过运行哈希算法来验证其他副本，并将结果与区块链上存储的数据进行对比。任何对数据的篡改都会被迅速发现，因为原始哈希表存储在数以百万计的节点上。

据 GuardTime 首席技术官 Matthew Johnson 介绍，KSI 为信息的出处和完整性提供了数学上的可靠性，美国国防部高级研究计划局(DARPA)正在考虑使用 KSI 来保护敏感的军事数据。

在医疗领域，区块链技术公司 Gen 使用区块链技术来保障医疗记录的数据透明度、变更升级以及细粒度的可访问性。对于处理大量敏感数据，同时频繁遭受严重黑客攻击的医疗机构来说，这非常有用。Gem 工程副总裁 Siva Kannan 表示：医疗机构奇偶股的运营数据、患者健康数据以及临床试验数据都是医疗行业的黑客攻击目标，区块链技术在验证跨机构分享的患者数据的完整性，生成无可更改的医疗流程治理数据审计记录，以及维护临床试验采集数据的完整性方面都非常有用。

3. 保护关键基础设施

2016 年几次创纪录的 DDoS(DDoS 进入太字节(TB)时代)告诉我们，DDoS 依然是黑客低成本搞垮大型目标的最唾手可得的武器，而 DNS 是黑客进行大规模破坏的首要目标，但区块链技术有望从根本上解决 DNS 这个互联网的“阿喀琉斯之踵”。

区块链的分布式存储技术会让黑客的攻击失去焦点，Nebulis 正在开发的一个项目验证这种分布式 DNS。Nebulis 使用以太坊区块链和星际互联文件系统(IPFS、HTTP 的分布式替代品)来注册和解析域名。Nebulis 创始人 Philip Saunders 指出：当前 DNS 最大的弱点是缓存，缓存使得 DDoS 成为可能，而且也是集权政府审查社交网络，操纵 DNS 注册的祸根。一个高度透明的、分布式的 DNS 可以有效杜绝任何实体，包括政府恣意操纵记录。

3.7.2　区块链与大数据安全

随着全球大数据技术的成熟和发展，大数据产业正在逐步成型。互联网上的数据每年将增长 50%，目前世界上 90%以上的数据是最近几年产生的。数据的应用愈加广泛，社会认知程度快速提高。围绕大数据采集、数据存储、数据挖掘分析、数据可视化、商业智能等各类大数据创新创业公司层出不穷。从需求方来看，企业对于大数据应用的需求持续增强，并着力培育自身的数据资产，各类大数据应用逐渐落地，并成为产业链的核心。从供给方来看，新兴技术推动大数据技术环境趋向成熟，行业大数据应用逐渐丰富，大数据生态系统多元化程度加强。

大数据的经济价值正逐渐浮出水面，全球大数据产业市场预计到 2020 年达到 2 万亿元。中国大数据市场在未来五年以内，也将保持着高速增长。预计 2016 年年末，市场规模将达到 2 485 亿元，而随着各项政策的配套落实及推进，到 2020 年，中国大数据产业规模或达 13 626 亿元的高点。

2015 年 5 月，李克强提出：“大数据产业是中国推动互联网+战略的重要支撑。”在政策层面，2015 年 6 月，习近平说：“发展大数据确实有道理。”2015 年 9 月，国务院通过《关于促进大数据发展的行动纲要》，标志支持大数据发展第一部正式国家层面文件出台，对大数据的发展起到了至关重要的作用。2015 年 10 月，在十八届五中全会，首次将大数据写入党的全会决议，这标志着大数据战略正式上升为国家战略。

数据正成为与物质资产和人力资本同样重要的基础生产要素，大数据的使用成为提高企业竞争力的关键要素。数据成为资产、产业垂直整合、泛互联网化是大数据时代的三大发展趋势。一个国家拥有的数据规模及运用的能力将成为综合国力的重要组成部分，对数据的占有权和控制权将成为陆权、海权、空权之外的国家核心权力。

大数据与互联网一样，不仅是信息技术领域的革命，更加速企业创新，在全球范围引领社会变革并启动透明政府的发展。大数据正在引发一场思维革命，正在改变人们考察世界的方式方法，以前所未有的速度引起社会、经济、学术、科研、国防、军事等领域的深刻变革。国家、社会、企业都在积极应用数据创新业务形态、指导战略决策、变现数据价值。

然而，大数据也是一把双刃剑，大数据的流通面临的问题也愈发凸显：数据权属无法确定，数据侵权事件屡屡发生，数据倒买倒卖已成为行业乱象，涉及政府、企业、个人等多方利益群体。从某种意义上讲，数据确权是为了明确数据交易双方对交易数据在责任权利等方面的相互关系，以引导交易相关方科学、统一、安全地完成数据流通。一旦出现法律纠纷，可以保护各自的合法权益。但是，由于数据权属界定缺失、数据流通缺乏监管、信息安全存在机制漏洞等问题的存在，使得整个数据产业犹如头悬达摩之剑。

而区块链技术的出现给大数据带来了应用性的革命，如果将分布式数据库与区块链技术结合在一起，这意味着可以即时发现数据库中的数据进出状况，从而真正保障数据安全。

1. 数据安全：区块链让数据真正“放心”流动起来

区块链以其可信任性、安全性和不可篡改性，让更多数据被解放出来。用一个典型案例来说明，即区块链是如何推进基因测序大数据产生的。区块链测序可以利用私钥限制访问权限，从而规避法律对个人获取基因数据的限制问题，并且利用分布式计算资源，低成本完成测序服务。区块链的安全性让测序成为工业化的解决方案，实现了全球规模的测序，从而推进数据的海量增长。

2. 数据开放共享：区块链保障数据私密性

政府掌握着大量高密度、高价值数据，如医疗数据、人口数据等。政府数据开放是大势所趋，将对整个经济社会的发展产生不可估量的推动力。然而，数据开放的主要难点和挑战是如何在保护个人隐私的情况下开放数据。基于区块链的数据脱敏技术能保证数据私密性，为隐私保护下的数据开放提供了解决方案(图 3-23)。数据脱敏技术主要是采用了哈希处理等加密算法。例如，基于区块链技术的英格码系统(Enigma)，在不访问原始数据情况下运算数据，可以对数据的私密性进行保护，杜绝数据共享中的信息安全问题。例如，公司员工可放心地开放可访问其工资信息的路径，并共同计算出群内平均工资。每个参与者可得知其在该组中的相对地位，但对其他成员的薪酬一无所知。

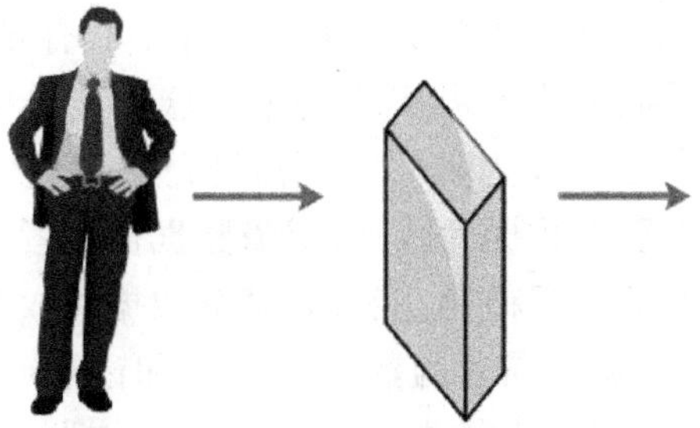

图 3-23　数据哈希脱敏处理示意图

3. 数据存储：区块链是一种不可篡改的、全历史的、强背书的数据库存储技术

区块链技术，通过网络中所有节点共同参与计算，互相验证其信息的真伪以达成全网共识，可以说区块链技术是一种特定数据库技术。迄今为止，大数据还处于非常基础的阶段，基于全网共识为基础的数据可信的区块链数据，是不可篡改的、全历史的，使数据的质量获得前所未有的强信任背书，数据库的发展进入一个新时代。

4. 数据分析：区块链确保数据安全性

数据分析是实现数据价值的核心。在进行数据分析时，如何有效保护个人隐私和防止核心数据泄露，成为首要考虑的问题。例如，随着指纹数据分析应用和基因数据检测与分析手段的普及，越来越多的人担心，一旦个人健康数据发生泄露，将可能导致严重后果。区块链技术可以通过多签名私钥、加密技术、安全多方计算技术来防止这类情况的出现。当数据被哈希后放置在区块链上，使用数字签名技术，就能够让那些获得授权的人们才可以对数据进行访问。通过私钥既保证数据私密性，又可以共享给授权研究机构。数据统一存储在去中心化的区块链上，在不访问原始数据情况下进行数据分析，既可以对数据的私密性进行保护，又可以安全地提供给全球科研机构、医生共享，作为全人类的基础健康数据库，对未来解决突发疾病、疑难疾病带来极大的便利。

5. 数据流通：区块链保障数据相关权益

对于个人或机构有价值的数据资产，可以利用区块链对其进行注册，交易记录是全网认可的、透明的、可追溯的，明确了大数据资产来源、所有权、使用权和流通路径，对数据资产交易具有很大价值。

一方面，区块链能够破除中介复制数据威胁，有利于建立可信任的数据资产交易环境。数据是一种非常特殊的商品，与普通商品有着本质区别，主要是具有所有权不清晰、"看过、复制即被拥有"等特征，这也决定了使用传统商品中介的交易方式无法满足数据的共享、交换和交易。因为中介中心有条件、有能力复制和保存所有流经的数据，这对数据生产者极不公平。这种威胁仅仅依靠承诺是无法消除的，而这种威胁的存在也成为阻碍数据流通巨大障碍。基于去中心化的区块链，能够破除中介中心复制数据的威胁，保障数据拥有者的合法权益。

另一方面，区块链提供了可追溯路径，能有效破解数据确权难题。区块链通过网络中多个参与计算的节点来共同参与数据的计算和记录，并且互相验证其信息的有效，既可以进行信息防伪，又提供了可追溯路径。把各个区块的交易信息串起来，就形成了完整的交易明细清单，每笔交易来龙去脉非常清晰、透明。另外，当人们对某个区块的“值”有疑问时，可方便地回溯历史交易记录进而判别该值是否正确，识别出该值是否已被篡改或记录有误。

一切在区块链上有了保障，大数据自然会更加活跃起来。

3.7.3 区块链与网络安全

区块链技术与网络安全存在固有联系，毕竟区块链技术是加密与安全经过几十年的研究突破。区块链技术提供完全不同的方式存储信息、交易、建立信任，区块链特别适用于对安全性要求较高的环境。

目前比较突出的是以下三种改革网络安全的方式。

1. Guardtime 实时检测并缓解网络攻击

爱沙尼亚加密专家阿赫多布尔达斯 2007 年左右创立了数据安全初创企业 Guardtime。Guardtime 正在研究区块链技术确保敏感数据安全，该公司已经在使用区块链创建无钥签名基础设施(KSI)，以取代传统的公共密钥基础设施(PKI)。这家公司已经发展成为全球最大的区块链公司，2016 年，Guardtime 保护了爱沙尼亚 100 万健康数据，从而到达一个难以置信的里程碑。

2. REMME 淘汰密码

借助 REMME 的区块链技术，企业无须密码即可验证用户和设备，从而消除验证过程中的人为因素，最终防止潜在的攻击途径。REMME 的创始人兼首席执行官亚力克斯·莫蒙特表示，使用简单的登录凭证和集中式架构是传统系统的最大弊端。如果客户和员工使用密码，无论在安全方面投入多大，最终都将徒劳。区块链拥有强大的身份验证功能，同时解决单点攻击。

乌克兰国防工业公司 Ukroboronprom 已经与 REMME 建立了战略伙伴关系，旨在为员工提供安全的、非密码访问机制，这表明企业信任建立在区块链基础上的安全。

3. Obsidian 确保隐私与聊天数据安全

通信软件如今的使用领域相当广泛。通信应用程序如今已被用于支付，并通过聊天机器人与用户交互。传送消息与商业集成的前景乐观。Facebook Messenger、WhatsApp 的活跃用户分别超过 12 亿，微信用户高达 20 亿，然而这些应用却存在社会工程、黑客入侵和其他安全漏洞等问题。

Obsidian 使用无法被任何单源控制并审查的区块链分布式网络。此外，通信元数据分散在分布式账本（distributed ledger）中，无法在某个集中点收集，因此降低了通过数字指纹监控的风险。用户无须连接到电子邮箱或电话号码，从而保护了隐私。

Obsidian 首席执行官彼得·麦卡拉瑞表示，Obsidian 的最初概念是克服端对端通信应用程序的弱点，许多这类通信应用程序（WhatsApp、Signal、Wire、Threema 等）不足以有效保护通信元数据的安全。

3.7.4　区块链与食品安全

无论供应量是否充足，食品行业始终充斥着各种各样的问题。近期有调查显示，全球食物浪费量占总供应量的 30%，美国的食物浪费率甚至高达全国供应量的 50%。

造成这种现象的因素有很多，如过度工业化的生产过程。商家为了以低廉的售价吸引更多消费者，不得不寻求工业化的流程以降低生产成本。而工业化的生产过程最终也导致产品供应过剩，造成浪费现象。

另外，食品安全问题是消费者关注的重点，疯牛病、交叉感染等问题使消费者更加关注食品的加工过程及其认证信息。

在美国，超过 80%的抗生素用于食品加工。美国农业活动引发了环境问题甚至会加剧气候变化。政府也曾试图就农业问题颁布法案、建立标准，但都因为具体实施的困境而不了了之。

而区块链技术的出现成为农业供应链改革的新契机。

目前有相当一部分初创公司致力于探索区块链技术在农业方面的应用。其中比较著名的是 Provenance，它是一家英国的 B2B 软件公司。它用区块链为产品提供质量认证服务，包括食品。目前他们正在认证印度尼西亚金枪鱼的供应链，以便使其远销日本。他们将金枪鱼的各种信息（产地等）和认证证书记录在区块链上，真正实现了供应链的一键管理，从捕捞到送上餐桌食用的一系列流程都能在他们的掌握之中。

另外，也有其他一些软件公司用区块链这种现成的技术完善全球供应链管理。有些公司甚至会收集动物的 DNA 存储在区块链上。消费者只要手持智能手机就能轻松获取这些信息。

加拿大初创公司 BlockCrushr Labs 致力于解决贫困问题，他们利用比特币和区块链技术的优势为无家可归的人募集善款，同时将资金用途公布在区块链上。

Filament 的主要产品是无线传感器。目前他们正在研发新型传感器，旨在监控农作物的健康指数，并把相应数据记录在区块链上。另外，这种传感器还能记录已经收割的农作物的温度和湿度。然后将这些传感器上的数据在物联网中和其他设备相连，如运输和仓储设备。

Skuchain 主要研发条形码和电子标签，与区块链技术的结合可以监控点对点的全球供应链管理，防止假冒伪劣产品。

此前网易丁磊投身养猪业，京东推出"跑步鸡"，不约而同地聚焦于绿色生态养殖。用区块链养的步步鸡有什么特别之处？

区块链给鸡加上了一个身份证。据悉，步步鸡将区块链、物联网和防伪技术相互结合——由众安科技安链云提供区块链技术，杭州沃朴物联提供物联网智能设备和防伪技术，实现实时记录鸡只地理位置和计步信息，追溯整只鸡的成长过程；还能在整个生产链上，实现从鸡苗的供应源、养殖基地，到屠宰加工厂、检疫部门、物流企业等环节打通信息壁垒，所有信息通过区块链进行流转，并通过共识算法保证信息的不可篡改，完全真实可靠。沃朴提供的拥有国际专利的防伪技术，保证了带着防伪标识鸡在送到用户手上之前撕毁就立即无效，防止信息的多次复制。

众安科技安链云商务总监江隆昊介绍，消费者收到步步鸡后可以通过产品溯源 App 进行防伪溯源信息查询；消费者还可以通过众筹提前认领一只鸡，每天实时关注鸡的成长情况，半年后即可享受到美食。

目前区块链的应用已经逐步落地，但区块链应用于养鸡在国内不仅还是首次，也是第一个真正实现区块链与物联网智能硬件数据打通的项目，通过区块链多方共识机制保障链上数据的足够公信力，真正做到了防伪数据的公正、公开及不可篡改。

据 Engadget 报道，沃尔玛正在尝试使用区块链技术追踪食品来源，确保存货处于保质期内，以此保证仓存食物的安全性，及追查变质食品源头。

通过食物货品上的电子凭证，沃尔玛能随时跟踪每一件食物货品在供应链中的位置，从发货位置到检查员，从航运公司到派件员等。

只要发现某件食物货品存在质量问题，沃尔玛员工能在几分钟内追查到这件货品的全部运输轨迹，以及同批货品的位置，并马上采取回收、封存等措施。

作为一种分布式数据存储方式，区块链技术除了响应速度迅捷之外，最大特点在于其不可篡改性。

区块链技术运用到食物储存领域之后，食物货品每经过一个供应链环节就需要相应的“关卡”记录一次，如出仓检疫人士、分销商、物流渠道、零售商等接手货品都需要完成纪录。

每一个“关卡”的人士都能轻易查看货品的运输信息，但没有权限篡改这些信息，以保证交易公正和食品信息真实透明。

3.7.5 区块链安全局限

虽然区块链技术在各个安全领域起到了重要的作用，而且也不断地得到研究和应用，但是依旧存在一定的安全局限，导致在技术层和业务层都面临诸多挑战。这些挑战也许会是区块链得到更广泛推广及应用时的难点，也可能成后今后区块链技术的技术突破点。

1. 对共识机制的挑战

对于区块链技术中的共识算法，现在已经提出了多种共识机制，最常见的如POW、POS系统，但这些共识机制是否能实现并保障真正的安全，需要更严格的证明和时间的考验。

区块链中采用的非对称加密算法可能会随着数学、密码学和计算技术的发展而变得越来越脆弱。以现在超级计算机的运算能力为例，产生比特币SHA-256哈希算法的一个哈希碰撞大约需要 2^{48} 年，但随着今后量子计算机等新计算技术的发展，未来技术中对于非对称加密算法可能具有一定的破解性。其次，在比特币的机制下，私钥存储在用户的本地终端中，如果用户的私钥被偷窃，依旧会对用户的资金造成严重损失。区块链技术上的私钥是否容易窃取的问题仍待进一步探索与解决。

2. 51%攻击

在比特币中，如果一个人控制节点中绝大多数的计算资源，他就能掌控整个比特币网络并可以按照自己的意愿修改公有账本。这称为51%攻击，一直是比特币系统中受到诟病的设计之一。

即便这还是一种理论上的假想，这种51%攻击会有发生的可能性。由于真实的区块链网络是自由开放的，所以区块链网络上没有一个管理员能够阻止拥有足够多计算资源(实际上会需要花费很多资源)的人做任何事情。如果这样的攻击发生了，该种数字货币的信用可能会丧失，货币价值会迅速下降。

拥有整个网络51%运算能力的人可以做到以下几点：

(1) 他们可以不经过验证就阻止交易的发生，让交易变得无效，潜在地阻止人们交易货币。

(2) 他们在掌控网络的这段时间内也可能你想改变交易的双方(出现双重花费问题)，并且可能阻止其他人寻找到新的区块。

比特币和其他加密货币都是基于区块链系统的,因此也可以称为分布式账本。这些数字文件记录在每个交易中被创造出来,存储在加密货币网络上,网络节点上的任何用户都可以浏览记录,这意味着没有人能够将货币花费两次,如果能够伪造货币进行支付,这会迅速摧毁对于该种货币价值的信任。

由于区块链中包含了一系列的区块,区块中包含的是大量存储在一段给定时间内完成的交易数据(对于比特币,大约每 10 min 产生一个新区块)。一旦区块被发现,或"挖矿"成功,就不再能够改变,因为分布式账本中的伪造版本很快就能被网络用户识别并遭到拒绝。然而,通过控制网络上绝大部分的运算能力(>51%),攻击者就可以介入记录新区块的过程中。他们可以阻止其他挖矿者的开采,从理论上垄断新区块的生成并获取成果(对于比特币,奖励会是 12.5 个新比特币,比特币数量会随着时间延长而递减,最后会降到零)。他们可以阻止其他用户进行交易。他们可以进行交易,并且修改账本,使得刚刚的交易失效。这个漏洞称为双重花费,是对于区块链而言最急需跨越的加密货币障碍。一个能够允许双重花费的网络系统是会迅速失去用户信任的。但即便是在 51%攻击中,攻击者想要改变已经发生在区块上的交易信息依旧是非常困难的。因为攻击开始之前的交易是与之前的区块牢牢绑定在一起的,越历史悠久的交易信息想要修改就越是不可能的。拥有足够运算能力可能会导致系统上的混乱(上述这些都是不被允许的事情),但并不会迅速破坏这个区块网络体系——至少不是在很短的时间内。他们无法反转以前发生的历史交易,也无法凭空创造新的资产(除非是正常挖矿),或者从其他用户的钱包中偷取数字资产。

在现实情况下,发起 51%攻击是具有一定可行性的,特别是随着矿池兴起的当下。尽管攻击者的潜在威胁并不大,也应该考虑到这种针对区块链系统的安全威胁的存在并寻找解决策略。

3. N@S 攻击

针对工作量证明机制共识算法容易遭受 51%攻击的问题,一些研究人员对工作量证明机制共识算法进行了改进,现在有基于权益证明机制共识的区块链系统。它在一定程度上已经能够面对 51%攻击问题,但在解决旧有问题的同时,也引入了区块分叉时的 N@S(nothing at stake)攻击问题。

虽然每个区块只有一个父区块,但在某些情况下一个区块可以暂时拥有两个子区块。这种分叉状态出现时,一般是两个矿工都在短时间内发现了工作量的解答,然后将所添加的区块传播到邻近网络中去,其他节点便慢慢形成两种版本(子区块)的区块链。区块链中规定,这种情况下的判定条件是选择工作总量最大的那条子区块。

出于自身利益最大的考虑,节点上可以同时在两个分支上继续工作,以保证利益的获取。假设 99%的节点用户都如此理性地考虑收益，即便攻击者只掌握 1%的权益，依旧可以决定区块链的分支走向。他可以发出交易请求，获得资产，然后从另一条分支上获取添加货币到自己的钱包中。

现在已有中国研究者提出了共识算法改进建议，通过构造同时依赖高运算能力和高内存的工作量证明机制共识算法可以实现 51%攻击问题的解决，但更为安全和有效的共识机制尚有待于更加深入的研究和设计。

3.8　区块链与公证

公证是公证机构根据自然人、法人或者其他组织的申请，依照法定程序对民事法律行为、有法律意义的事实和文书的真实性、合法性予以证明的活动。传统公证存在手续烦琐、处理低效等痛点。

针对公证领域的痛点，运用区块链进行第三方记录，将有助于维护一个安全存管、基于时间戳记录的区块链账本，并将提高数据证明过程的透明度，在明确权属的同时节省成本、提高效率。

1. 为何在登记和公证上使用区块链

区块链最引人注目的特征在于，任何参与方可完全信任所达成事务的真实性和完整性。可以说，区块链中拥有彼此之间相互不信任的当事人记录的完全真实的余额底账，提供无争议的统一账簿。这一特征运用在资金管理之外的领域，就涉及登记与公证。

从比特币的发起开始，区块链中的信息就以无法篡改著称，51%的攻击的不可达成几乎完全消除了区块链遭入侵失去信任基础的可能性。长期以来，凭借这些基础，数字货币长时间与各国法币达成交易，为公众高品质的信息生活提供新的选择。

2. 为什么区块链是好的存证工具

区块链所建立的是一种去中心化的共识机制，这种共识机制结合了数字加密和博弈论，使得参与者无须任何外部强制约束即可自行形成相互牵制的可信环境。这种可信的环境去除了中心化授权外部的管制的必要性，甚至恰恰建立在互不信任的基础之上，于是这种去中心化、去信任的区块链架构所解决的正是这个充满虚拟与匿名的网络世界的信用与治理问题。

存证证明是一件很简单的事情，提供票据、通信记录之类的就可以办到，但这些并不严格，因为这些证据都是非常容易被伪造和销毁的。要完成证明，必须依赖强有力的证据链，这个必须是任何人都无法伪造和销毁的，或者说伪造成本是极其高昂近乎不可能的。

区块链技术是从比特币系统提炼出来的，具有强大的自保护能力，与其说它是一项技术创新，不如确切地说它是一项规则与技术完美结合的生态系统创新。这个生态系统自带的规则与技术天然解决了保全证据公证遇到的一些根本问题（图 3 - 24）。

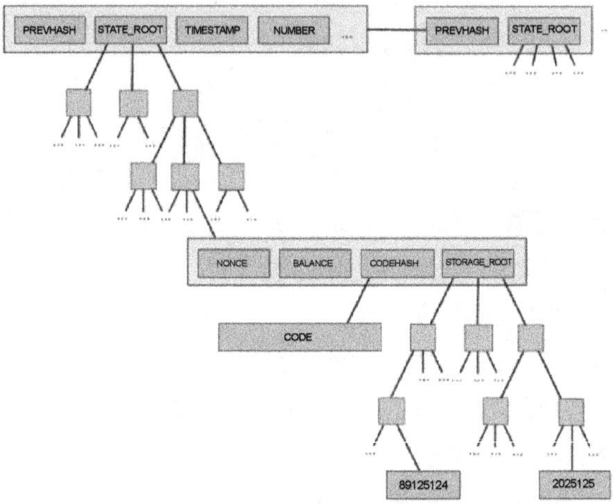

图 3 - 24　区块链用于存证

(1) 第三方身份。区块链技术保全证据，是属于在关系双方之外，建立一个无利益的第三方身份，正如"公证"中的公证员的身份、"私证"中的见证人的身份。

(2) 去中心化结构。区块的基础规则之一就是去中心化的结构，即不存在作为中心的硬件或管理机构，不需要也无法人为地进行干预。保全内容被区块链无数的结合点共同控制，可有效地防止黑客对数据本身进行攻击、篡改。

(3) 时间戳证明。每一次存取、变动等行为都会有一个时间戳记录，让每一个行为的时间点有据可查。

(4) 证据链举证。区块链技术将每一次行为都保全下来，对行为形成了证据链证据，而非单点证据，有效还原了整个行为的真实过程。

(5) 低成本。虽然区块链技术作用很大，但它还是一项低成本的技术，区块链技术本身对硬件的要求不高，也不需要很大的硬件投入，这点在它保全证据公证领域的推广利用方面也是至关重要的。

区块链在保全证据公证领域的天然优势，这个优势可以用于公证，当然更可以用于私证。但从现实的、应用性的作用来讲，区块链对私证的意义更大，这是因为未来越来越微小的经济活动将逐步盛行，例如，P2P 实现了几十元、几百元的贷款，淘宝实现了几十元的交易，这些细琐的经济活动会产生出大量的细琐的民事纠纷，而大家绝不会为几元、几十元、几百元的事情打官司，所以快速取得证据、快速处理纠纷成为必须解决的问题，区块链将成为大众提供这样的存证、取证工具，用技术提高“私证”的证据效力，让私证在非民事诉讼领域大展拳脚。

3.8.1 公证/登记的区块链应用场景

区块链在公证/登记中的应用，简单来讲，就是在区块链上记录某文件的哈希值（以文件数据为准生成的唯一性数值）和文件所有者的公钥，区块链中同样记录文件进入公证系统的时间戳与哈希值。这三个元素在区块链中一旦生成，无法篡改。这三点配合用户所掌控的私钥，完全达成了区块链记录的可控性，对于何时、谁、登记的文件内容都具备完全的唯一性和可追溯性。

现有的各国官厅保管的公文的保管方式是在带有日期的材料上盖章，拍照记入系统。这些纸质文件或图片记录很可能由于 IT 系统本身的脆弱性在灾难场景丢失，近期发生的澳大利亚税务机构 PB 级别数据遭遇损失暴露了传统 IT 系统架构的整体脆弱性。区块链的广泛分布特性，使得其在任何灾难情形，只要有 1 个以上廉价节点仍在工作，认证数据就能完整保全。文件的存在性证明和真实性证明可以在分布广泛的众多去中心化节点的反复自认证中得到保障。

区块链在公证领域的应用可以实现的最重要的价值是，证明任何文件的存在、完整性和所有权，即存在性证明、完整性证明以及所有权证明。那么基于这一价值，区块链在公证领域应用存在以下应用场景。

1. 证书区块链公证

以学历证书为例，在应聘、考评等情况下，需对学历或所持毕业证书（学位证书）的真实性、合法性予以证明，尤其是涉外学历证书，对证书公证的需求更为频繁。除此以外，房产证、结婚证、驾驶证等各种证书也存在公证的需求。然而，目前证书公证存在低效、程序烦琐等问题，带来诸多不便。

2. 法律证据区块链公证

对于经济体而言，每一份合同都可能成为日后的重要证据，对合同进行公证将极大有利于其法律权益的伸张。对于个人而言，取得关键法律证据的公证成为保护自身合法权益的关键，如遗嘱公证以及语音、邮件、微信、微博等各种类型的法律证据，都是法律申诉的有力证据。律师作为专业法律咨询服务提供者，单位时间的效率十分重要，但由于“取证难”占用大量宝贵时间。如果有一种便利、简单的取证工具，将极大利于个体合法权益的保护以及提升律师工作效率。

3. 医疗病例信息区块链公证

电子病历作为医院信息化建设的核心工作，已被大部分医院所采用。但伴随而来的，是电子病历信息的法律效力问题特别是诉讼中的电子病历真实性认证问题，尤其值得关注。在大部分医疗纠纷案件中，病历法律效力的认证是司法机关不可回避的工作难点。按照民事诉讼法证据规则的相关规定，病历作为证据材料应当具备证据“三性”，即真实性、合法性、关联性，其中病历的真实性承受的质疑最多。

4. 电子政务数据区块链公证

电子政务数据由于其严肃性，对于数据的准确性和完整性要求较高，因为关系到政府机关的公信力，活动过程的可追溯性显得尤为重要。仅仅依靠电子政务平台本身来解决信任问题极可能影响政府权威与公信力。

5. 数字作品区块链公证

网络媒体监管不力导致网络侵权现象屡见不鲜，著作权的侵权尤为严重。侵权问题难以解决，也使得知识产权成为网络的“重灾区”。因为著作权人的作品内容和发布时间难以认定，因此自主发起的维权因证据难以得到法律认定而倍显艰难。

3.8.2 区块链公证解决方案

运用区块链技术几乎可以对任何文件公证，包括文档、网页、微信、微博、邮件、合同、证书，涉及各行各业各个领域，可以对包括 Word、PPT、TXT、PDF、JPG、PNG 等任何格式类型的文件进行公证。相比现有的各国公证中心保管的文件，其保管方式是在带有日期的材料上盖章，拍照载入系统，这些纸质文件或图片记录很可能由于 IT 系统本身遭受攻击而丢失。针对这一点，区块链可以提供完整的解决方案。将文件生成唯一的数值哈希值记录到区块链上，给记录文件打上进入公证系统的时间戳，区块一旦生成，记录的文件信息将永远无法篡改，对于何时、何人、登记的文件内容都具备完全的唯一性和可追溯性。并且由于区块链的广泛分布特性，在任何灾难情形下，只要有 1 个以上节点仍在工作，认证的数据信息即可完整保全。文件的存在性证明和真实性证明可以在分布广泛的众多去中心化节点的反复自认证中得到保障。

实时对文件进行安全处理，产生时间、文件内容的哈希值和存储人一一对应，以达到证明文件存在性、完整性和所有权的目的。通过对存储内容申请公证，以此对抗侵权人的恶意行为。区块链的即时性公证，解决证据固化和保存流程烦琐、花费时间长等问题，提高公证效率。区块链可以保证电子数据和信息的完整性、真实性和安全性，为法律机关提供有据可依的证件。通过电子签名、私钥、公钥等方式杜绝隐私等敏感信息外泄。

目前我国公证发展呈现以下新趋势：公证服务由线下逐步扩展至线下线上共同开展；由以往被动的保全证据公证变为主动保管证据，公证职能向前延伸，真正体现公证预防性价值；由公证机构单一的执业方式扩展为通过公证信息化执业平台开展执业活动；由传统的公证机构独立执业，发展为公证机构与掌握信息技术的公司、科研院所合作，依托外部技术支持开展知识产权公证。基于这种趋势，区块链运用于公证领域，将大有可为，信息搜集方式和信息确认方式也都将得到颠覆性改变。

1）关于特定的信息搜集权

按照目前比较一致的看法，随着区块链技术的发展成熟，其应用范围越来越广泛，各类信息均可通过共识机制得以固定和查询，获得信息的渠道将来越来便捷。

目前的法律体系之下，很多特定信息是需要特定的身份在行使特定权利的时候才能够去获得。这样做的一个社会学解释是，因为难以保证一般社会交易主体获取该信息后去做一些有悖于社会公益的事，而政府或社会公共管理部门通过对某些特定身份的人管理，使其有资格在获取某些特定信息之后也不敢冒法律风险去利用这些信息。

但是在区块链技术背景下，信息都被记录于区块链上，对于信息的获得与使用、传递都可以得到清晰的追溯，使得对于一般社会交易主体的风险行为同样可以得到管束。

但是另一方面，由于原始信息与可使用信息之间仍存在距离，原始信息只有通过分析整理，这种分析整理有时候还是专业性非常强的，才能够成为有用的信息，因此，即使在信息的获得方面已经大大降低门槛，但是对于信息的分析整理仍然是一个专业行为，当然这很可能转化为各行各业的专业分析人士。

2）关于特定的信息验证与核实权

在目前法律体系下，由于一般社会主体获得信息的成本很大，当需要调查或验证、核实交易对手的某些信息时，个人的力量往往无能为力，通过国家法律或政府特定地授予某些人的信息搜集和验证权，使得一般社会交易主体的信息风险得到了降低。

而在区块链技术背景下，所有的信息都已经被记录在区块链上，信息的验证与核实都可自由进行，已经不需要政府授予特定的主体来完成信息的验证或核实。

3.8.3　企业级的存证解决方案

存证的复杂应用意味着我们需要一个企业级的存证，这个存证应该有如下特征：锚定的交易被取消，仍然能再次进行锚定；存证的数据的原始关系必须被记录和保留，原始数据的版本能够保留；数据能够便捷地检索；交易的吞吐量和速度达到要求；能控进行隐私和权限控制。

有人说做存证其实很简单，你把需要存储的东西锚定到比特币不就完成了。或许，对于无关紧要的个人信息或者非敏感信息来说，在大多数情况下是可以的，但是显然对于一个企业还需要什么来解决呢？刚刚说到一个很重要的问题，可能不会被收录，区块链有些硬分叉、软分叉，有些是在短期之内可以进行调整的，你在不同的节点，不达成共识的时候，每个节点在临时的在某一个块上面建立了下面的节点，而下面的节点有可能整个链都会换掉，这个链的重组是个很大的事情，我们要保证链是在主链上的，第二个地方我们要谈的是数据往往是有关联的，举个简单例子，交易所你要把东西放进去的时候，你得资产首先对应的属性对应的拥有者都是有关联的，但是这个你放在区块链这个东西是有限的东西，比特币这个比较慢，企业级的这个比较快，这如何解决吞吐量速度交易的问题，其他方面考虑的比较多的，如隐私、权限等，这些属于企业级存证需要解决的问题。

公证通（Factom）：将原始文件的哈希值存入条目块中，条目快被以 Merkle 树的形式组织后进入公正链的块中，公正块与比特币锚定（图 3－25）。

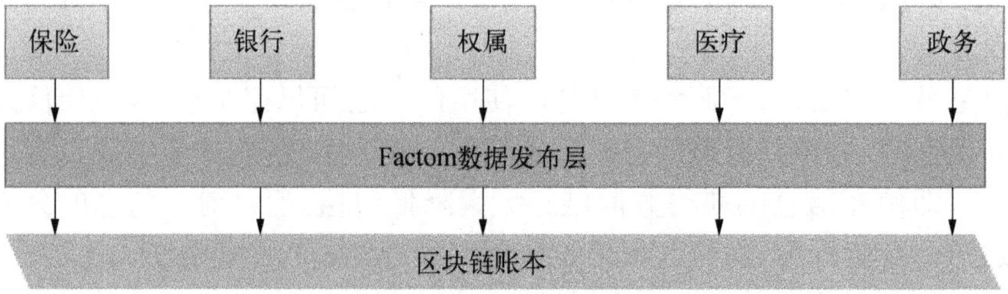

图 3－25　Factom 存证实例

公证通还在做房产存证，美国房地产产权确认和中国不一样，在中国产权证是政府发的，而在美国是第三方来做的，所以在美国，房屋的产权关系历史可能就会很复杂，也就需要溯源，从它成为房子的第一天起，它是属于谁的，所以这种追溯带来了很多的价值。

Blockstack：在锚定之前，将原始文件及文件的哈希值都进行了存储，当写入区块链后，交易信息和公钥将被返回，并同样被存储于数据库中。这样能够方便地对文件进行分类和查询。

网录：网录解决的现实问题比较简单，例如我存一个东西，把它存在 QQ 云上，但是没有 IP 地址帮我路由到那个地方去，那么怎么办呢？它其实就是把这个追溯是放在比特币的账本里，然后对每一个域名它都有一个相对的公钥，它在这里作为一种像 Key 一样，把它对应的文件存储在里面，这是一个非常简单的地址，但是可以做出很多的应用来，80 个字节是可以颠倒的，这个编码空间可以产生很多种不同的应用，另外存证一个数据，它会再次分级，再次诠释，这就构成了一个域名系统，很简单的域名系统。

网录的存证系统在产品的初步架构上，延续了 Factom 的部分思路：支持多种文件存储，提供存证及分布式存储两种路径，便于源文件的保留和比对。结构化数据可以直接写入区块中，进行真正意义上的数据比对。在区块链上层构建强大的查询引擎用于存证数据的复杂快速检索。

第 4 章　区块链应用的挑战和未来

2017 年以来，区块链技术掀起了一股全世界范围内的热潮，不仅在金融科技领域，在其他各个领域大有“颠覆所有”的呼声。但是表面繁华褪尽之后，我们冷静地思考，区块链技术的时代真的来了么？

不可否认，最近几年，区块链技术得到了长足的发展，尤其是美国的一些区块链创业公司的探索应用，都在市场上取得了不错的效果，尤其是在金融领域，比如瑞波的国际账本协议解决了银行跨国之间的统一账本结算问题，作为底层技术也越来越受到银行业的认可，从实施效果来看，确实提高了银行业的结算效率，降低了成本；在公证/权证领域，也有一些非常好的应用场景。但是区块链技术本身的成熟程度，是否已经到了能够支持行业的所有应用场景需求的状态？

需要承认的是，作为新兴技术的区块链必然有诸多不成熟的地方，亟待自我完善和理性质疑。甚至在金融领域，区块链的倡导与应用者，也需要从早期的“币圈”与“技术极客思维”，逐渐转向技术与应用思维的有效融合。

例如，我们可全面反思公认的区块链特点。一是透明。那么，初始规则设置是否有利于多数人，是否有误导和信息扭曲？绝对的信息透明是否可能，会否带来信息保护难题？二是信用。从信息到信用，意味着要改造成为可交易的金融信息；基于区块链规则的“智能权责处理”，与线下资产确权如何关联；区块链线上生态的智能交易和责权约束机制，覆盖面有多大，可否脱离现有体系？三是不可篡改。据 Gartner 专家估计，粗略估算第三方用 4 亿美元，就能够改写比特币区块链账本，那么“超过全网 51%的运算能力才能攻击”的成本难题，与真正安全之间的距离有多远？去中心化自治事件带来的“硬分叉”争议、Krypton 受攻击等，是否已经改变了区块链的特质，各种账本维护者是否有道德风险？四是低成本。账本规模是否会膨胀？交易费用与能耗能否快速上升？

4.1　区块链的技术争议问题

1. 数据——链上或链下

第一代区块链应用主要是比特币衍生品，并不在区块链上存储真实的加密货币数据。而是存储哈希值，也就是数字指纹。这些哈希值代表链上的数字资产。因此，可以利用区块链追踪数字资产所有权，或者作为不可篡改的活动记录。此方法的优势是简单，可以保护隐私，因为数据本身是链下的，网络节点并不能看到。缺陷是商业逻辑和数据许可不能在链上执行（除了加密货币或代币）。另一个缺陷是数据会被加密存储，这给数据读取和查询带来了不灵活性。如果某人做了不被允许的调整，那么只能通过对比链上与链下的哈希值，才知道数据有问题，如比特币和 Factom。

第二个方法就是利用智能合约存储数据，直接在区块链中更新数据状态。可以把它看成"数据承包"。此法的缺陷之一是每个节点的容量要大，因为需要存储数据集变更历史。每个节点还需要执行智能合约。第二个缺陷是隐私性。如果每个节点存储所有数据，那么就可以看到所有数据，从而无法保证数据隐私性。这两个缺陷都可以克服，只要只在部分子节点共享。此方式的优点是，在去中心化解决方案中，可以实时在链上执行许可、潜在业务、工作逻辑、代币、资产转移。如以太坊、超级账本（hyperledger）Fabric、R3 Corda。

2. 数据隐私性——加密或选择性共享

假设数据存储在链上，保护区块链数据隐私性的方法有两个。

1）私有数据加密

智能合约出售数据之前进行加密。如果数据在所有节点中共享，那么每个节点就将有一份加密数据副本，但是它们不一定持有解密数据的密钥。该方法的潜在问题是区块链数据是不可篡改的，可能保存数年。未来，尤其是量子计算成熟之后，今天的密码也许可以被破解；曾经保密的数据也许就会被所有节点看到。公有链也许更多存在这种问题的风险，因为这里没有管理或控制。而私有链中，只要所有节点采取数据迁移战略，就可以消除这个问题。采用加密保护数据隐私的项目有 Hyperledger Fabric。

2）私有数据的选择性共享

数据存储在链上，但是只与参与交易的节点或者公证人共享数据。这可以解决数据隐私问题，因为数据不与非参与方共享。还可以解决扩展性，每个节点不再需要存储整个链。此方式的潜在问题是没有统一的交易链、出处，不可篡改性受限于交易参与方的数量。例如，如果两方参与交易，一位公证人参与，那么只有三个人收到数据及交易副本。如果这三方合谋将历史交易及数据转移，那么网络中无人可以发现，因为其他人没有记录。然而，只要增加公证人的数量就可以避免这种情况。公证人的性质很重要，如果他们是独立的，没有合谋的可能(如监管者)，那么账本的不可篡改性将很强。这个选择性共享方法目前是最受银行欢迎的，如R3 Corda。

3. 数据加密算法

如果将链上存储的数据加密，那么就很难去修改它。

如果将商业逻辑写入智能合约，数据加密保存，那么每个执行及验证合约的节点不可以如此处理加密数据，因为该过程中数据一直是加密的，节点没有可以解密的密钥。因此，虽然每个节点需要执行智能合约逻辑，并不是每个节点都有解密数据的密钥。这可以限制智能合约只用于加密数据存储(没有商业逻辑)。InnovateUK支持开发了在合约中部署验证许可的逻辑，即使数据是加密的，参与方是匿名的。这样的例子有Applied Blockchain。

数据及全智能合约处理，可以通过将运算能力分配给链下参与者，进行链上加密数据处理，不会泄露数据内容。这项技术将数据处理流程分解成不可识别的块，并分配给不同的节点进行处理。每个节点没有足以理解数据内容的信息。其缺陷是节点可能会合谋将数据整合在一起。这种例子有麻省理工媒体实验室(MIT Media Lab)的Enigma项目。

4. 零知识证明——ZK-SNARKS

目前加密技术最热话题是零知识证明。这是非常有限的算法功能，可以运用于完全加密的数据，适用于加密状态，因此可以在不暴露未加密数据的前提下进行验证。使得不同节点可以在智能合约中运行有限的计算，不向其他节点透露加密数据。该技术是一种创新，因为它可以用加密数据执行智能合约。类似比特币的ZCash目前是该方式的首个实践者。

5. 交易匿名性

如果私钥用于交易签名，网络中每个人都可以检查某个密钥是否用于该交易，这意味着每个人都可以看到该密钥签名对应的交易量。在有主导参与方的交易中，也许可以根据交易量，更加直接地识别各方的密钥。

其解决方案之一是交易密钥，即从核心私钥中生成不同密钥的发布机构(中心化，可能会有多个)。核心密钥与交易密钥的映射并不向其他参与者公开，只可以看到单个交易的密钥。这类案例有Hyperledger Fabric。

6. 智能合约——有状态与无状态

1) 无状态条件逻辑

比特币采用简单的智能合约，它更多的是为支付交易添加更多逻辑与条件的脚本，典型案例有多签名技术，其执行交易的前提是提供多个签名。这种智能合约是无状态的，接受一系列输入，运行一些逻辑，因此交易可以存在执行与不执行两种选择。如果给一笔交易添加一系列无状态条款，这种模式将非常有用。其优势在于简单，缺陷是追踪的唯一状态或事件是账户之间的原生代币或资产。

2）无状态智能合约

更复杂的智能合约中包含了状态，请在以下网址参考范例：https://ethcore.io/parity.html。在这种情况下，智能合同还具有在链上存储数据的能力。每笔交易可以改变该数据，并且所得到的数据再次存储/冻结在链上。然后下一笔交易可以利用该数据，因为前一笔交易已将数据冻结，数据将依此方式进行下一次调整。任何时候，我们可以遍历区块链，并且浏览以前的状态，看到每笔交易变化前后的数据。这个模型的优点是，可以将区块链作为数据库，其中区块链交易可以改变数据。

有状态智能合约可以以不同的方式实现，例如，状态数据可以存储在区块链自己的内部数据结构内，或者它可以存储在外部数据库中，其中每笔交易的初始状态和结束状态存储在链上。后一个选项可以维持状态完整性，同时允许人们直接访问数据，示例：R3 Corda(https://www.corda.net)。

7. 智能合约代码——加密或开源

以太坊（和比特币）被设计为公开开放链。如果不信任系统上的任何其他方，那么就必须信任系统，即代码。因此，代码必须向各方公开，无论是开源的底层区块链平台代码，还是向参与交易流程的各方公开的个别智能合约的代码。

私人智能合约源代码。在需要隐私的私人区块链部署中，该隐私性既可适用于数据，也可以应用于智能合约源代码。这意味着如果在一个私有区块链网络中持有一个节点，即使持有所有的智能合约和账本数据，一些智能合约源代码也是加密的，因此看不到，也没有办法执行代码。这减少了证明合同按计划执行的参与方的数量，因为只有交易参与方可以解密智能合约，执行并验证它。示例有 Hyperledger Fabric(https://hyperledger-fabric.readthedocs.io/en/latest)。

8. 代币——原生代币或智能合约

区块链一开始是加密货币，它们现在已经发展成通用分布式数据库和状态机。但我个人认为，它最终会回到原点，因为人们今天看到的大多数非加密货币用例最终都需要某种形式的支付或代币交易方式，如果可以将其部署在链上，将会极大提高效率（无论是账本上的代币化法币形式，还是受监管的加密货币）。因此，许多使用的公共区块链源代码包含了原生代币部署（如比特币、以太坊中的以太币）。

如果开发一个包含代币的解决方案，用来表示法定货币或奖励、积分，那么可以选择使用平台的原生代币机制，或者使用智能合同创建自己的代币。以太坊甚至提供了智能合约代币标准(https://www.ethereum.org/token)。

如果平台具有原生加密货币,则使用平台中固有的原生货币机制的第一种方法实际上是结合使用公共代币平台(即以太坊的以太币)。这是因为生成代币的机制绑定了加密货币激励方案(如工作量证明、权益证明)。如果原生代币部署不绑定到加密货币机制,那么这个生态的赋能性就不强。同样,以太坊智能合约代币标准的非原生代币机制提供了很大的灵活性以及对外部、第三方和开放钱包软件的支持。

9. 来源与隐私

1) 开放代币/资产

在加密货币代币平台中,原生代币通过区块链工作量证明机制创建。区块链保证每个代币交易历史的透明性,使得每个人可以看到其创建的时间及地点,以及哪些账户已经转移过它。由此可以了解每个代币的来源,以便确保代币不凭空出现,也不是双重花费的。然而,由于代币和资产的历史是对所有人可见的,所以这样的解决方案没有隐私性。

2) 私有代币/资产

在 zCash(https://z.cash)中,代币交易完全加密,不会泄露给验证节点,因此可以保护隐私。这是使用零知识证明来实现的。该解决方案保证了代币不是凭空出现的,也不会双重花费,不会泄露交易中账户的任何信息,或代币的来源。

3) 当隐私性否定来源

在法定货币银行系统中,现金由中央银行发行。对于在区块链上发行的法定货币,需要代币的完全透明和来源,以确定代币不是某人凭空捏造的,而是中央银行发行的,并且没有被双重花费。

然而,在法定货币区块链解决方案中,我们需要数据隐私性和匿名性(银行不希望公开其活动内容或客户数据),因此数据将需要加密或仅与交易参与方共享,可能还有一个或多个公证人。在任一种情况下,接收到这个代币并且希望验证其来源的任何人,将需要反复确认其来源,这就意味着完全公开该代币的完整历史。也就需要为该方提供解密或访问该代币相关历史信息的能力;每个交易的细节将需要与更多的人共享,而不仅仅是交易本身的参与方;或者需要在不泄露交易历史及参与方的前提下,提供来源证明。

这个问题适用于需要隐私性和来源证明的任何代币、资产或数据。

10. 可扩展性

许多区块链解决方案需要存储大量的交易信息和数据,以及快速的交易信息吞吐量和性能。全功能的传统区块链堆栈在这方面的速度相对较慢。下面是提高可扩展性的三种可行方法。

1）大数据存储

一种创新的方法是将区块链流程划分为两个不同的层：复制和链接。可以跨越大型同步服务器群集的大数据存储已经实现了复制。共识算法，如 RAFT（https://raft.github.io）和 Paxos 有效地解决了这个问题。第二部分是链接。这可以添加在大数据存储群集之上以产生超快速和可扩展的链式数据库集群。应用案例有 BigChainDB（https://www.bigchaindb.com）。

2）选择性共享

默认情况下，区块链要求每个节点存储所有交易和数据的完整副本。这可能引起可扩展性的问题，特别是在需要大量交易和数据的用例中，或者将许多应用程序合并在链上的情形。如果交易和数据仅与交易各方以及可能一两个公证人共享，则每个节点存储的数据量就是整个网络中交易和数据的总量的一部分。这显然可以扩大网络的整体交易处理量。应用案例有 R3 Corda（https://www.corda.net）。

3）侧链/通道

一个非同一般的扩容方案是侧链。该方法集成多个链，其中一个或多个链被认为是主链，而其他链被认为是侧链（也称为通道）。该创意是主链速度更慢，因为它们要求大型参与者网络达成共识。同时，侧链提供较差的完整性和不可篡改性，并且共识范围更小，但是交易速度和体积将更大。可以通过定期以固定间隔排列，将这两种方案组合起来。应用案例有 Lightning Network（闪电网络）（https://lightning.network）、Radien Network（雷霆网络）（http://raiden.network）。

11. 互联账本

经济、企业和监管要求使得大多数区块链项目在私有区块链网络上设计和实施。这在短期内是好的，很可能长期维持这样的方式。只是这就引起关于账本互连性的问题。例如，如果同一个行业内有两个竞争性账本解决方案，可以解决同样的问题，这两个解决方案可以互连吗？或者一个组织使用不同技术平台和网络上的两个互补解决方案。或者如果一个非常强大的组织或集团将其所有的分布式账本活动整合到单个技术平台上，并且强制其他人进入该平台上怎么办？不同的平台可以相互通信吗？

技术上看这是可能的。然而，其有效性和可取性就是另一回事了。

目前已经有一些新兴的技术解决方案在解决账本互连问题。例如，瑞波（Ripple）的 Interledger（https://interledger.org）是一个用于账本代币交易的开放标准。它主要目的是允许其网络直接连接到其他区块链网络，使得有价代币可以通过网络进行交换。这确实解决了跨链代币的问题。然而，许多区块链解决方案不是基于代币的。例如，人们可能会使用区块链实现智能合同、存储数据、执行权限和业务规范等。这些更复杂的机制无法在不同的账本中相互连通。

EthCore最近发布了Polkadot(https://ethcore.io/press.html)白皮书,可以连接不同账本法案的底层机制。这是一个有雄心的项目,有了这个底层机制,不同的分类账本就可以按照其设定的可集成的方向进行设计,以后就可以很方便地跨链互通了。

4.2 区块链能效问题

中国人民银行的陈一希写的《区块链技术的不可能三角》一书中明确论证了区块链也会遇到分布式系统中的CAP原理,也就是,在可分区、一致性、可及性三者间只能满足其二。如图4-1所示,区块链在高效率低能耗、去中心化和安全三个方面,也能只选其二,存在“不可能三角”悖论。

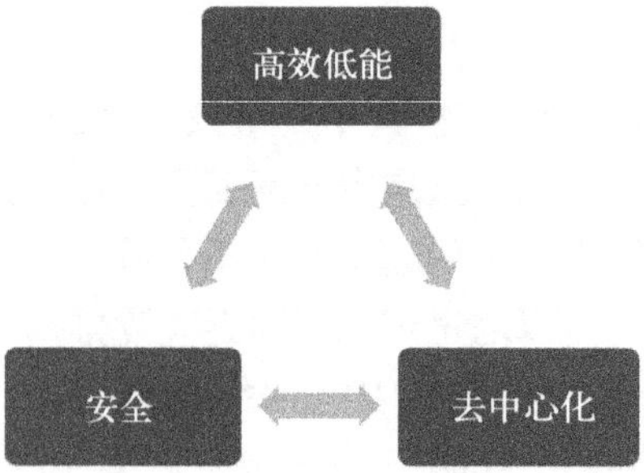

图4-1 区块链的不可能三角

另外,如果当区块链的挖矿成为一种产业,或者有国家力量参与时,那么其网络中“每个矿工机会均等”的假设不再成立,例如,目前比特币的“矿池”和“矿场”掌握了绝大部分的运算能力,一台普通计算机的运算能力从概率上来说要200年才能挖到一次矿,已经有向中心化发展的趋势。随着“挖矿”的难度日益加大,生产的新比特币势必越来越少,工作量证明机制目前来看并不适合在商业中应用。而区块链的权益证明机制也需要网络中的节点“挖矿”运算,不能从根本上解决工作量证明机制在商业领域应用的难题。正如上文提到的,区块链的去中心化程度与共识机制的性能效率难以两全,去中心化程度越高,共识机制的效率必然会越低,因此,区块链的发展也必须权衡账本存储容量与处理性能之间的关系。在实际应用中,随着账本的规模化增长,必然会提高参与节点的硬件资源的门槛。

比特币挖矿本质上是运算能力的比拼,背后则是机器高昂的电力消耗。根据最新的比特币能源消费指数,比特币矿业的年耗电量估计为14.54万亿瓦·时(TW·h),算下来平均交易一个比特币需要用电163千瓦·时(kW·h),足以为美国一般家庭供电五天半。这样的用电量是什么概念?与中亚国家土库曼斯坦全年电力消耗相当,土库曼斯坦的电力消耗排在全球各国能源消费排名第81位。而以太币矿业的平均电力消耗为比特币的1/3,即4.69 TW·h,平均交易一个以太币要用电49 kW·h,4.69 TW·h的电力消耗都可以追上东欧国家摩尔多瓦年用电量,摩尔多瓦在全球能源消耗排名位列第120位。

4.3　区块链应用的监管政策挑战

区块链技术正处于概念和理论的高峰期，未大规模正式应用，还存在不少需要解决的问题。区块链技术的安全性与成熟度都有待检验，并没有相应的技术标准可供参考，也没有充分的市场竞争来验证。同时，对于区块链技术，监管层的态度尚不明朗，在发展过程中需要政府支持与引导的区块链，暂时还缺乏一个"强力推动者"。此外，区块链的应用包括信息的采集、整理、共享、运营等一系列内容，可能与现行的部分法律存在冲突，个人隐私的保护也将面临新的挑战。

有人认为，区块链技术能够实现自动监管，故不需要监管。这样的想法其实是不合理的。实际上，区块链技术仍然存在一些风险问题，而且缺乏监管会导致公众对数字货币等金融区块链应用缺乏信心，因为合规性的缺乏既无法保护区块链金融的用户，也无法保护投资者，因此，监管是势在必行的。而区块链在改变金融业务模式的同时，也给监管带来了新的课题和难度。

区块链监管可以延续"互联网金融"的穿透式监管，识别出虚假的区块链项目。就拿 2017 年的区块链来说，其疯狂程度堪称现代版的"郁金香泡沫"(Initial Coin Offering，ICO)。"郁金香泡沫"顾名思义是初始代币发行，是基于区块链的一种虚拟标记(代币)发行方法，由于其继承了区块链的去中心化和不可篡改等特点，博得了人们毫无保留的信任。区块链技术由于以太坊的出现得到了长足的发展，2017 年开始各种 Chain 和各种代币粉墨登场，各行业颠覆未来的呼声此起彼伏，甚至有人开始鼓吹资产数字化，并把区块链技术提升到与人工智能、大数据、云计算等并列的前沿科技。

不可否认，区块链技术在某些应用场景有非常大的优势，但是其缺点也非常明显。至于现在某些人鼓吹的颠覆论，作者认为还有很大的不确定性和很长的路要走。其实去中心化的分布式理念早在很多年前就在金融和其他一些领域有所尝试，但都受制于当时的种种条件并未得到长足的应用发展，到现在，还是有很多条件并未满足，所以也不可能在短期内有极快速的应用深度。应该说，以太坊的智能合约等技术确实为商业世界带来了智能化的想象空间，但是这仅仅是技术上的发展，广泛地应用到商业社会还需要考虑内在变革动力、外部条件、变革成本、风险、用户教育、推动者和推动时机等一系列问题。同时，区块链技术也不是万能的，现在有一些创业项目完全不考虑区块链本身的特点，为了套概念而区块链，例如，用区块链做社交，不仅运营成本极高，而且没有解决任何该应用领域的任何痛点(也有人说这样可以实现完全的隐私保护，但是这个真的是痛点么？这么大的代价值得么?)。还有用区块链做电商、小 IP 产权的，且不论运营成本高起，应用市场你拼得过京东和腾讯么？

那么如何判断一个区块链项目的好坏呢？此处抛出作者的观点供大家探讨。其实从央行对ICO的态度中就可以看到一些线索，也印证了我的原则。央行的态度是，区块链技术国家未来肯定是要发展的，需要这个领域内的一些专家和人才投入技术的创新和应用中去，这样才可能应对未来国家间的数字货币战争。所以判断ICO好坏的第一个标准就是，是否在区块链技术上有大胆的、好的创新。那么，如何判断呢？首先你要懂区块链技术，如从比特币的前世今生到以太坊虚拟机，从POW到POS，到LPOS，你需要了解每一次技术革新背后的原因，同时需要了解这个技术改进点是否合理且这个团队是否有能力完成这次革新。第二个原则可能就更加重要了，任何一个新的产业概念都会经历被热捧的阶段，如之前的大数据、AR/VR、石墨烯材料等，但是所有的新兴产业能否壮大成一个社会支柱产业，取决于是否能够有支持广泛的社会需求的企业来主导，换句话说，就是企业能否持续盈利并成长为行业巨头，如BATJ（百度、阿里巴巴、腾讯、京东）对于互联网行业的价值一样。这个时候就需要监管上对行业创新的支持，比如在金融组织的非核心系统、金融市场的边缘和小规模地带，给予相对高些的创新空间和容忍度，如建立沙盒监管试验区。

正如"一千个人眼中有一千个哈姆雷特"，随着区块链的日益火爆，人们对其解读也"五花八门"。原本坚持"去中心化"、"不可篡改"的内在特质，在现实中也逐渐动摇。"去中心化"和"中心化"到底哪个才是未来的争论，在科技进步、物质繁荣的不断演化中，中心化（中介）的价值也在发生变化。例如，从解决信息不对称，到大数据时代对信息泛滥的甄别。一方面，在新金融创新与变革过程中，有大量的"伪去中心"，例如，不管是互联网企业做金融，还是许多P2P网贷和股权众筹平台，实际是以新的中介形式出现。另一方面，在现有经济社会组织模式下，真正的大范围去中心基本不可能，更多是有限小规模的"试验田"，有意义的是多中心或弱中心，实现共享型的金融发展。由此，虽然在技术上无可厚非，但当区块链应用于金融等领域时，应淡化"去中心化"，而强调分布式、弱中心特征。同时，去中心化带来的风险管理也是监管层最担心的。例如，金融运行的效率有时并非"越快越好"，如高频交易对资本市场的"双刃剑"已经使我们警惕；还有一些区块链项目的分布式、去中心化的特点既给灰色交易、金融犯罪提供了土壤，也给管理层的数据追踪和预警加大了障碍。

所有这些都需认真审视。正如：想要改变别人，先要改变自己；想要融合别人，先要健全自己。通过技术、金融、法律等跨界合作，共同寻找到区块链的缺陷和不足，才能使这一革命性技术迎来更长远的生命力。简而言之，区块链的内在理念实际已探索多年，现在更需回归主流，找理论扎根的"土壤"，探索与主流产业体系（如金融）的结合点，从颠覆到补充，实现共享、融合的新生态。

第 5 章　区块链开发实践

本章主要以主流区块链底层平台，如比特币、以太坊作为实践内容，基于这些主流技术平台，以及它们的钱包进行 json_RPC 的开发，如目前市面上很多的数字货币交易平台。

5.1　比特币开发

比特币是区块链技术第一个大规模的成功应用，并且是首个得到实践检验的数字货币实现，在金融学和信息技术历史上都具有十分重要的意义，本节以 Ubuntu 为例，介绍如何进行比特币开发。

5.1.1　比特币软件的安装(以 Ubuntu 为例)

安装比特币软件步骤如下：

(1) 添加比特币的程序 PPA 源：

```
$ sudo add - apt - repository ppa:bitcoin/ bitcoin
```

(2) 更新源：

```
$ sudo apt - get update
```

如果支持 bitcoin unlimited，想支持更大的区块，想安装比特币的 unlimited 版本，则将以上两条语句换为

```
$ sudo add - apt - repository ppa:bitcoin - unlimited/ bu - ppa
$ sudo apt - get update
```

(3) 安装依赖库：

```
$ sudo apt - get install libboost - all - dev libdb4.8 - dev libdb4.8 + + - dev
```

(4) 安装比特币软件：

```
$ sudo apt - get install bitcoind bitcoin - qt
```

（5）创建软链接：

```
$ sudo ln -s /usr/bin/bitcoind /usr/local/bin/bitcoind
```

（6）创建配置文件：

```
$ cd ~/
$ mkdir .bitcoin
$ cd .bitcoin
$ vim bitcoin.conf
```

（7）编辑配置文件：

```
server = 1
daemon = 1
testnet = 1
rpcuser = UNIQUE_RPC_USERNAME
rpcpassword = UNIQUE_RPC_PASSWORD
```

注：rpcuser 和 rpcpassword 可以任意填写，但是二者不能相同，testnet 表示同步的将是 testnet 的数据，去除该配置，则从正式环境比特币区块链中同步数据，具体的配置文件模板可以搜索下载比特币配置模板。配置文件写好后，则可以直接运行比特币的服务程序。

（8）运行程序：

```
$ bitcoind
```

（9）测试运行。

比特币核心节点运行起来后，可以使用 bitcoin-cli 与 bitcoind 通信，获取其中同步的数据，运行下面命令，可以测试比特币核心是否运行起来。

```
$ bitcoin-cli getinfo
```

getinfo 可以看到类似如下信息，表明比特币核心的运行情况。

```
{
  "version": 130100,
  "protocolversion": 70014,
  "walletversion": 130000,
  "balance": 0.00000000,
  "blocks": 151998,
  "timeoffset": 0,
  "connections": 8,
  "proxy": "",
  "difficulty": 1203461.926379965,
```

```
  "testnet": false,
  "keypoololdest": 1480560958,
  "keypoolsize": 100,
  "paytxfee": 0.00000000,
  "relayfee": 0.00001000,
  "errors": ""
}
```

(10) 比特币钱包在线申请 apicode:

访问下面的网址申请接口授权码(apicode): https://api.blockchain.info/customer/signup

填写信息并且提交申请后,等待一段时间审核通过后可以收到内含接口授权码的邮件。将邮件中获取到的授权码保存好,后面开发会用到。

(11) 安装 Blockchain Wallet API 服务程序:

在命令行下输入以下命令进行安装(依赖 nodejs 和 npm):

```
$ sudo npm install -g blockchain-wallet-service
```

安装完成后检查 Blockchain Wallet API 的版本命令:

```
$ blockchain-wallet-service -V
```

更新到最新版本命令:

```
sudo npm update -g blockchain-wallet-service
```

(12) 配置 Blockchain Wallet API 服务程序:

输入以下命令启动 WalletApi 服务:

```
$ blockchain-wallet-service start -port 3000
```

5.1.2　比特币钱包开发

以上准备工作做完以后,可以正式开始比特币钱包的开发。

1. 创建新钱包

(1) 利用 curl 命令创建新钱包。

(2) 接口信息如下。

URL: http://localhost:3000/api/v2/create。

Method: POST or GET。

$password: 给新钱包设置的密码,长度必须在 10 位字符以上。

$api_code: 前面申请的接口授权码。

$priv: 添加到钱包的私钥(可选)。

$label: 为钱包中的第一个地址设置的标签,只能是字母和数字(可选)。

$email：与新钱包关联的电子邮件（可选）。

Response：200 OK，application/json。

```
{
    "guid": "4b8cd8e9-9480-44cc-b7f2-527e98ee3287",
    "address": "12AaMuRnzw6vW6s2KPRAGeX53meTf8JbZS",
    "label": "Main address"
}
```

注：guid、address、label 要以实际返回的为准。

需要保存好这些信息，后续要用到。

2. 测试获取钱包余额

(1) 利用 curl 命令调用接口。

```
$ curl
"http://localhost:3000/merchant/$guid/balance?password=WalletPassword&api_code=ApiCode"
```

$guid 是前面创建钱包账户时获得的 guid 标识，WalletPassword 是前面设置的钱包密码，ApiCode 是前面申请的接口授权码。

操作成功出现如下提示：

```
{"balance":xxxxxxx}
```

balance 是一个整数，单位为聪，1 聪=0.000 000 01 BTC。

(2) 安装比特币的 node 版本接口支持库。

```
$ sudo npm install blockchain.info
```

blockchain API 库目录接口介绍如下。

MyWallet：互动或创建一个 blockchain 钱包。

blockexplorer：查看地址、区块、交易等数据。

exchange：获取实时比特币汇率。

pushtx：推送自定义的交易。

Receive：收到付款通知。

Socket：交易和区块的实时通知。

statistics：获取区块链历史数据和统计。

3. 编写程序

(1) 用 JavaScript 语言编写的程序如下。

```
var MyWallet = require('blockchain.info/MyWallet');
// apiCode 请替换为你的 apiCode
var apiConfig = { apiCode: 'apiCode', apiHost: 'http://localhost:3000' };
```

```
// Guid 请替换为你获取到的 Guid,Password 请替换为你的钱包密码
var wallet = new MyWallet('Guid', 'Password', apiConfig);
#
wallet.getBalance().then(function (balance) {
    console.log('钱包资产为 %d!', balance);
});
```

保存后为 myWallet.js 使用 node 命令运行：

```
$ node myWallet.js
```

(2) 用 PHP 语言编写程序,功能为同一笔交易中发送给多个接收人。

接口信息如下。

```
http://localhost:3000/merchant/$guid/sendmany?password=$main_password&
second_password=$second_password&recipients=$recipients&fee=$fee
```

$main_password：你的主要的区块链钱包密码。

$second_password：你的第二个区块链钱包密码如果你启用了双加密。

$recipients：json 形式的比特币的地址（看下面的示例）。

```
{
    "1JzSZFs2DQke2B3S4pBxaNaMzzVZaG4Cqh": 100000000,
    "12Cf6nCcRtKERh9cQm3Z29c9MWvQuFSxvT": 1500000000,
    "1dice6YgEVBf88erBFra9BHf6ZMoyvG88": 200000000
}
```

$from：从一个特定的比特币地址发送(可选)。

$fee：在 satoshi 中的交易手续费（必须大于默认费用)(可选)。

Response：200 OK，application/json

```
{ "message" : "Response Message" , "tx_hash": "Transaction Hash" }
```

PHP 示例代码解析如下。

```
<?php
// GUID_HERE 请替换成你的 guid
$guid="GUID_HERE";
// 你的主密码
$firstpassword="PASSWORD_HERE";
// 你的第二密码
$secondpassword="PASSWORD_HERE";
// 金额 a
$amounta = "10000000";
```

```
// 金额 b
$amountb = "400000";
// 地址 a
$addressa = "1A8JiWcwvpY7tAopUkSnGuEYHmzGYfZPiq";
// 地址 b
$addressb = "1ExD2je6UNxL5oSu6iPUhn9Ta7UrN8bjBy";
// 格式化
$recipients = urlencode('{
                 "'.$addressa.'":'.$amounta.',
                 "'.$addressb.'":'.$amountb.'
               }');
// 接口地址
$json_url = "http://localhost:3000/merchant/$guid/sendmany?password=
$firstpassword&second_password=$secondpassword&recipients=$recipients";
// 使用 file_get_contents 方法调用接口
$json_data = file_get_contents($json_url);
// Decode 一下获取到的 json 数据
$json_feed = json_decode($json_data);
// 获取到 message
$message = $json_feed->message;
// 获取到 txid
$txid = $json_feed->tx_hash;
?>
```

通过以上学习，可以了解如何通过代码操作钱包，其实现有的交易平台都是通过操作钱包进行交易的，5.2 节将介绍如何进行平台的搭建。

5.2 基于 Peatio 的开源项目进行比特币交易平台搭建

本节实际模拟搭建交易平台，将整个流程进行贯穿学习。

这里以 Ubuntu 14.04 LTS 为例，因为高于此版本的 Ubuntu 软件安装时会出现兼容性问题。

按照以下步骤，安装所需软件。

1. 安装 Ruby

(1) 更新源：

```
$ sudo apt-get update
$ sudo apt-get upgrade
```

(2) 安装依赖：

```
$ sudo apt-get install git-core curl zlib1g-dev build-essential \
                   libssl-dev libreadline-dev libyaml-dev libsqlite3-dev sqlite3 \
                   libxml2-dev libxslt1-dev libcurl4-openssl-dev \
                   python-software-properties libffi-dev
$ cd
```

(3) 从 git 下载 rbenv：

```
$ git clone git://github.com/sstephenson/rbenv.git.rbenv
$ echo 'export PATH="$HOME/.rbenv/bin:$PATH"' >> ~/.bashrc
$ echo 'eval "$(rbenv init -)"' >> ~/.bashrc
$ exec $SHELL
```

(4) 从 git 下载 ruby：

```
$ git clone git://github.com/sstephenson/ruby-build.git ~/.rbenv/plugins/ruby-build
$ echo 'export PATH="$HOME/.rbenv/plugins/ruby-build/bin:$PATH"' >> ~/.bashrc
$ exec $SHELL
```

(5) 通过 rbenv 安装 ruby：

```
$ rbenv install 2.2.1
$ rbenv global 2.2.1
```

(6) 安装 bundle：

```
$ echo "gem: --no-ri --no-rdoc" > ~/.gemrc
$ gem install bundler
$ rbenv rehash
```

2. 安装 MySQL

```
$ sudo apt-get install mysql-server mysql-client libmysqlclient-dev
```

3. 安装 Redis

Redis 是一个开源的使用 ANSI C 语言编写、支持网络、可基于内存、持久化的日志型、Key—Value 数据库，并提供多种语言的 API。

添加信任第三方源并安装版本比较新的 Redis。

```
$ sudo apt-add-repository -y ppa:rwky/redis
$ sudo apt-get update
$ sudo apt-get install redis-server
```

4. 安装 RabbitMQ

(1) RabbitMQ 是一个在 AMQP 基础上完成的可复用的企业消息系统，遵循 Mozilla Public License 开源协议。

(2) 添加 RabbitMQ 官方源：

```
$ echo 'deb http://www.rabbitmq.com/debian/ testing main' |
    sudo tee /etc/apt/sources.list.d/rabbitmq.list
$ wget -O- https://www.rabbitmq.com/rabbitmq-release-signing-key.asc |
    sudo apt-key add -
$ wget -O- https://dl.bintray.com/rabbitmq/Keys/rabbitmq-release-
signing-key.asc |
    sudo apt-key add -
$ sudo apt-get update
$ sudo apt-get install rabbitmq-server
```

5. 安装 bitcoind

之前已经安装过的可以略过此步骤。

```
$ sudo add-apt-repository ppa:bitcoin/bitcoin
$ sudo apt-get update
$ sudo apt-get install bitcoind
```

根据 peatio 来配置 bitcoind：

```
$ mkdir -p ~/.bitcoin
$ touch ~/.bitcoin/bitcoin.conf
$ vim ~/.bitcoin/bitcoin.conf
```

将下面的代码粘贴到 bitcoin.conf 中：

```
server=1
daemon=1
    # If run on the test network instead of the real bitcoin network
    testnet=1
    # You must set rpcuser and rpcpassword to secure the JSON-RPC api
    # Please make rpcpassword to something secure,
    `5gKAgrJv8CQr2CGUhjVbBFLSj29HnE6YGXvfykHJzS3k` for example.
```

```
# Listen for JSON-RPC connections on <port> (default: 8332 or testnet: 18332)
rpcuser=INVENT_A_UNIQUE_USERNAME
rpcpassword=INVENT_A_UNIQUE_PASSWORD
rpcport=18332

walletnotify=/usr/local/sbin/rabbitmqadmin publish routing_key=
peatio.deposit.coin payload='{"txid":"%s", "channel_key":"satoshi"}'
```

任意填写 INVENT_A_UNIQUE_USERNAME 和 INVENT_A_UNIQUE_PASSWORD，两者不能一样。

启动服务。

```
$ bitcoind
```

安装 PhantomJS：

```
$ sudo apt-get update
$ sudo apt-get install build-essential chrpath git-core libssl-dev
libfontconfig1-dev
$ cd /usr/local/share
$ PHANTOMJS_VERISON=1.9.8
$ sudo wget https://bitbucket.org/ariya/phantomjs/downloads/phantomjs-
$PHANTOMJS_VERISON-linux-x86_64.tar.bz2
$ sudo tar xjf phantomjs-$PHANTOMJS_VERISON-linux-x86_64.tar.bz2
$ sudo ln -s /usr/local/share/phantomjs-$PHANTOMJS_VERISON-
linux-x86_64/bin/phantomjs /usr/local/share/phantomjs
$ sudo ln -s /usr/local/share/phantomjs-$PHANTOMJS_VERISON-
linux-x86_64/bin/phantomjs /usr/local/bin/phantomjs
$ sudo ln -s /usr/local/share/phantomjs-$PHANTOMJS_VERISON-
linux-x86_64/bin/phantomjs /usr/bin/phantomjs
```

安装 JavaScript 运行环境：

```
$ curl -sL https://deb.nodesource.com/setup | sudo bash -
$ sudo apt-get install nodejs
```

安装 ImageMagick 库：

```
$ sudo apt-get install imagemagick
```

配置安装 Peatio：

```
$ git clone git://github.com/peatio/peatio.git
$ cd peatio
```

```
$ bundle install
```

配置:

```
$ bin/ init_config
```

Peatio 使用了 Pusher，在 config/application. yml 中有测试用的 key/secret，正式环境需要自己去注册购买 Pusher 服务。

```
$ vim config/ application. yml
```

替换前面 bitcoin. conf 的 username:password 和 port 参数:

```
$ vim config/ currencies. yml
```

编辑数据库配置，将你的 MySQL 信息填入:

```
$ vim config/ database. yml
```

初始化数据库:

```
$ bundle exec rake db:setup
```

启动所有进程:

```
$ bundle exec rake daemons:start
```

或者将进程一个个按顺序启动:

```
$ bundle exec rake daemon:matching:start
```

如果进程启动失败，请查询日志寻找原因，位置在:

log/ #{daemon name}. rb. output 或者 log/ peatio:amqp:#{daemon name}. output

启动 rails 服务:

```
$ bundle exec rails server
```

访问 http://localhost:3000。

默认管理员账号密码如下:

```
user: admin@peatio. dev
pass: Pass@word8
```

上述安装的环境为本机测试开发环境，如果需要安装线上的环境，还需要以下步骤。

6. 安装 Nginx & Passenger

(1) 安装 Phusion's PGP 密钥来验证包的来源。

```
$ sudo apt - key adv - - keyserver keyserver. ubuntu. com - - recv - keys 561F9B9CAC40B2F7
```

(2) 为 APT 添加 https 支持:

```
$ sudo apt - get install apt - transport - https ca - certificates
```

(3) 增加 passenger 的源，目前只支持 Ubuntu14. 04，其他版本的 Ubuntu，必须找对应的版本。

```
$ sudo add-apt-repository 'deb https://oss-binaries.phusionpassenger.com/apt/passenger trusty main'
$ sudo apt-get update
```

（4）安装 nginx 和 passenger：

```
$ sudo apt-get install nginx-extras passenger
```

（5）更新 Nginx 的配置：

```
$ sudo vim /etc/nginx/nginx.conf
```

（6）找到以下几行，把注释打开：

```
passenger_root /usr/lib/ruby/vendor_ruby/phusion_passenger/locations.ini;
passenger_ruby /usr/bin/ruby;
```

（7）更新第二行：

```
:passenger_ruby /home/deploy/.rbenv/shims/ruby;
```

（8）保存退出。

（9）更新环境变量：

```
$ echo "export RAILS_ENV=production" >> ~/.bashrc
```

（10）重新加载环境变量：

```
$ source ~/.bashrc
```

（11）安装正式环境的 Peatio，注意与测试环境的命令有一些区别：

```
$ mkdir -p ~/peatio
$ git clone git://github.com/peatio/peatio.git ~/peatio/current
$ cd peatio/current
```

（12）安装依赖的 gems：

```
$ bundle install --without development test --path vendor/bundle
```

（13）配置 Peatio：

```
$ bin/init_config
$ vim config/application.yml
```

（14）替换前面 bitcoin.conf 的 username、password 和 port 参数：

```
$ vim config/currencies.yml
```

（15）编辑数据库配置，将 MySQL 信息填入：

```
$ vim config/database.yml
```

（16）初始化数据库：

```
$ bundle exec rake db:setup
```

（17）预编译：

```
$ bundle exec rake assets:precompile
```

(18) 启动所有进程：

```
$ bundle exec rake daemons:start
```

另外，为了网站的资金安全，最好整站使用 SSL。

购买并开启 SSL 后，需要编辑：

```
config/environments/production.rb
config.force_ssl = true
```

Passenger：

```
$ sudo rm /etc/nginx/sites-enabled/default
$ sudo ln -s /home/deploy/peatio/current/config/nginx.conf /etc/nginx/conf.d/peatio.conf
$ sudo service nginx restart
```

添加以下命令到服务器 crontab 中：

```
RAILS_ENV=production rake solvency:liability_proof
```

至此，Peatio 交易平台已经初步搭建完毕。启动交易所应用如图 5-1 所示。

图 5-1　交易所登录界面

另外，Peatio 需要配置发送邮件的服务器，才能用于邮箱验证等操作，手机绑定也需要相应的服务。

交易界面如图 5-2 所示。

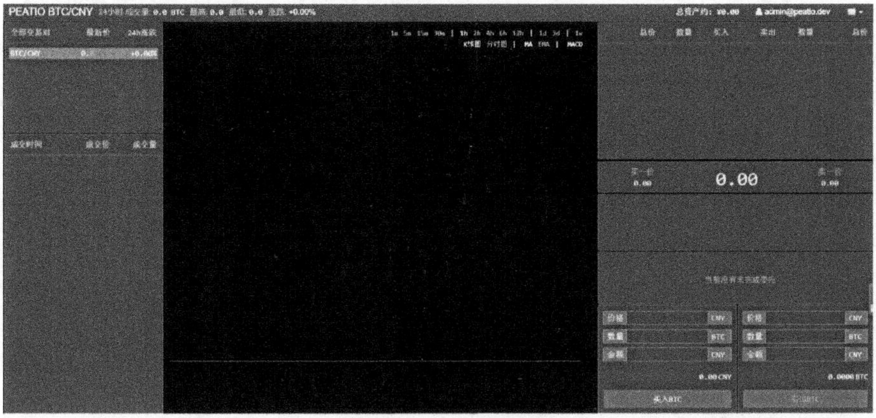

图 5-2　交易界面

5.3　以太坊开发

以太坊作为现在最主流的开发平台，现在很多代币其实也是基于以太坊进行开发的。本节介绍以太坊的开发，依旧从环境、jsonrpc 入手，基于 Drupal 进行开发。

5.3.1　以太坊环境搭建（以 Ubuntu16.04 为例）

1. 安装 go—ethereum

1）添加 PPA 方式安装

```
$ sudo apt - get install software - properties - common
```

添加 Ethereum 官方源：

```
$ sudo add - apt - repository  - y ppa:ethereum/ ethereum
```

更新包：

```
$ sudo apt - get update
```

安装 ethereum：

```
$ sudo apt - get install ethereum
```

2）通过源码编译

进入你想要安装的文件位置，通过 Git 下载源码：

```
$ git clone https://github.com/ ethereum/ go - ethereum
```

安装最新版本的 Go，Geth 编译需要 Go 和 C 的支持，所以先安装一下依赖：

```
$ sudo apt - get install  - y build - essential golang
```

安装完成后，进入刚刚下载的 go—ethereum 文件夹进行编译：

```
$ cd go - ethereum
$ make geth
```

2. 安装 solc

Solidity 是一种标签类似于 Javascript 的高级语言，是为 EVM 设计的。

通过 nodejs 安装：

```
$ sudo apt - get install nodejs
$ npm install  - g solc
```

通过添加第三方源来安装：

```
$ sudo add - apt - repository ppa:ethereum/ ethereum
$ sudo apt - get update
$ sudo apt - get install solc
```

3. 安装 expect

安装 expect，工具脚本用它来自动化一些过程：

```
$ sudo apt - get install expect
```

4. 下载 Ethereum Bootstrap 项目

```
$ git clone https://github.com/ cryptape/ ethereum - bootstrap.git
```

5. 启动 geth

进入 Ethereum Bootstrap 仓库文件夹：

```
$ cd ethereum - bootstrap
```

结果如图 5 - 3 所示。

图 5 - 3　运行结果

注：测试账户私钥是放在 Github 上的公开数据，千万不要用于正式环境中或者公有链上。如果在测试环境之外的地方使用这些私钥，你的资金将会被窃取。

导入测试账户私钥：

```
$ ./bin/import_keys.sh
```

初始化 blockchain：

```
$ ./bin/private_blockchain_init.sh
```

输出的结果如图 5-4 所示，$(DIR))代表下载路径。

图 5-4　运行结果

此时以太坊交互式控制台已经启动，下面可以开始测试和开发了。

5.3.2　编译和部署智能合约

在 contracts 目录下有一个智能合约样例文件 Token.sol，通过 Solidity 语言实现了基本的代币功能，合约持有者可以发行代币，使用者可以互相转账。

可以使用以太坊控制台来编译部署这个合约. 以太坊控制台是最基本的工具，使用会比较烦琐。社区也提供了其他更加方便的部署工具，此处不做讨论。

首先，编译合约代码。新建一个 ssh session，切换到 geth 用户环境 su — geth，然后输入：

```
echo "var tokenCompiled=`solc --optimize --combined-json abi,bin,interface contracts/Token.sol`" > token.js
```

此步为编译合约代码，并将生成的内容放入当前路径下的 token.js 文件。

切换到以太坊控制台，把 js 文件加载进来：

```
loadScript("token.js")
```

通过 tokenCompiled.contracts["contracts/Token.sol:Token"].bin 可以看到编译好的二进制代码，通过 tokenCompiled.contracts["contracts/Token.sol:Token"].abi 可以看到合约的程序二进制接口。

以变量的形式取出合约的二进制代码和应用程序二进制接口。

```
var tokenContractsBin = "0x" + tokenCompiled.contracts["contracts/Token.sol:Token"].bin;
```

```
var tokenContractsAbi = tokenCompiled.contracts["contracts/Token.sol:Token"].abi;
```

接下来把编译好的合约部署到网络上。

首先用 ABI 创建一个 javascript 环境中的合约对象：

```
var contract = web3.eth.contract(JSON.parse(tokenContractsAbi));
```

通过合约对象来部署合约：

```
var initializer = {from: web3.eth.accounts[0], data: tokenContractsBin, gas: 300000};
var token = contract.new(initializer);
```

contract.new 方法的第一个参数设置了这个新合约的创建者地址 from、这个新合约的代码 data，以及用于创建新合约的费用 gas。gas 是一个估计值，只要比所需要的 gas 多就可以，合约创建完成后剩下的 gas 会退还给合约创建者。

contract.new 方法的第二个参数设置了一个回调函数，可以告诉人们部署是否成功。

contract.new 执行时会提示输入钱包密码。执行成功后，合约 Token 就已经广播到网络上了。此时只要等待矿工把我们的合约打包保存到以太坊区块链上，部署就完成了。

在公有链上，矿工打包平均需要 15 s，在私有链上，需要自己来做这件事情。首先开启挖矿：

```
miner.start(1)
```

此时需要等待一段时间，以太坊节点会生成挖矿必需的数据，这些数据都会放到内存里面。在数据生成之后，挖矿就会开始，稍后就能在控制台输出中看到类似：

```
:hammer:mined potential block
```

的信息，这说明挖到了一个块，合约已经部署到以太坊网络上了，此时可以把挖矿关闭：

```
miner.stop()
```

接下来就可以调用合约了。先通过 token.address 获得合约部署到的地址，以后新建合约对象时可以使用。这里直接使用原来的 contract 对象：

```
// 本地钱包的第一个地址所持有的 token 数量
> web3.eth.getBalance(web3.eth.accounts[0])
0

// 发行 100 个 token 给本地钱包的第一个地址
```

```
> token.issue.sendTransaction(web3.eth.accounts[0], 100, {from: web3.eth.accounts[0]});
I1221 11:48:30.512296 11155 xeth.go:1055] Tx(0xc0712460a826bfea67d58a30f584e4bebdbb6138e7e6bc1dbd6880d2fce3a8ef) to: 0x37dc85ae239ec39556ae7cc35a129698152afe3c
"0xc0712460a826bfea67d58a30f584e4bebdbb6138e7e6bc1dbd6880d2fce3a8ef"

// 发行 token 是一个 transaction，因此需要挖矿使之生效
> miner.start(1)
:hammer:mined potential block
> miner.stop()

// 再次查询本地钱包第一个地址的 token 数量
> token.getBalance(web3.eth.accounts[0])
100

// 从第一个地址转 30 个 token 给本地钱包的第二个地址
> token.transfer.sendTransaction(web3.eth.accounts[1], 30, {from: web3.eth.accounts[0]})
I1221 11:53:31.852541 11155 xeth.go:1055] Tx(0x1d209cef921dea5592d8604ac0da680348987b131235943e372f8df35fd43d1b)
to: 0x37dc85ae239ec39556ae7cc35a129698152afe3c
"0x1d209cef921dea5592d8604ac0da680348987b131235943e372f8df35fd43d1b"
> miner.start(1)
:hammer:mined potential block
> miner.stop()
> token.getBalance(web3.eth.accounts[0])
70
> token.getBalance(web3.eth.accounts[1])
30
```

5.3.3 基于以太坊的去中心化应用开发(+Drupal)

1. 安装 nodejs

Ubuntu16.04 源自带的 nodejs 版本比较低，所以需要先删除 Ubuntu 自带

的 nodejs：

$ sudo apt－get remove nodejs

$ cd ~

$ curl －sL https://deb.nodesource.com/setup_6.x | sudo －E bash －

$ sudo apt－get install －y

nodejs

```
Hit:6 http://security.ubuntu.com/ubuntu xenial-security InRelease
Get:7 https://deb.nodesource.com/node_6.x xenial/main Sources [764 B]
Get:8 https://deb.nodesource.com/node_6.x xenial/main amd64 Packages [1,001 B]
Get:9 https://deb.nodesource.com/node_6.x xenial/main i386 Packages [1,002 B]
Fetched 7,413 B in 1s (4,426 B/s)
Reading package lists... Done

## Run `apt-get install nodejs` (as root) to install Node.js v6.x and npm

jetty@jetty-virtual-machine:~$ sudo apt-get install -y nodejs
Reading package lists... Done
Building dependency tree
Reading state information... Done
The following packages were automatically installed and are no longer required:
  gyp javascript-common libjs-inherits libjs-jquery libjs-node-uuid libjs-underscore libllvm3.8
  libmircommon5 libsnapd-glib1 libuv1 libuv1-dev linux-headers-4.4.0-62
  linux-headers-4.4.0-62-generic linux-headers-4.4.0-72 linux-headers-4.4.0-72-generic
  linux-headers-4.4.0-75 linux-headers-4.4.0-75-generic linux-headers-4.4.0-78
  linux-headers-4.4.0-78-generic linux-headers-4.4.0-79 linux-headers-4.4.0-79-generic
  linux-headers-4.4.0-81 linux-headers-4.4.0-81-generic linux-headers-4.4.0-83
  linux-headers-4.4.0-83-generic linux-headers-4.4.0-87 linux-headers-4.4.0-87-generic
  linux-headers-4.4.0-92 linux-headers-4.4.0-92-generic linux-image-4.4.0-62-generic
  linux-image-4.4.0-72-generic linux-image-4.4.0-75-generic linux-image-4.4.0-78-generic
  linux-image-4.4.0-79-generic linux-image-4.4.0-81-generic linux-image-4.4.0-83-generic
  linux-image-4.4.0-87-generic linux-image-4.4.0-92-generic linux-image-extra-4.4.0-62-generic
  linux-image-extra-4.4.0-72-generic linux-image-extra-4.4.0-75-generic
  linux-image-extra-4.4.0-78-generic linux-image-extra-4.4.0-79-generic
  linux-image-extra-4.4.0-81-generic linux-image-extra-4.4.0-83-generic
  linux-image-extra-4.4.0-87-generic linux-image-extra-4.4.0-92-generic python-pkg-resources
  snapd-login-service ubuntu-core-launcher
Use 'sudo apt autoremove' to remove them.
The following NEW packages will be installed:
  nodejs
0 upgraded, 1 newly installed, 0 to remove and 58 not upgraded.
Need to get 9,902 kB of archives.
After this operation, 44.5 MB of additional disk space will be used.
Get:1 https://deb.nodesource.com/node_6.x xenial/main amd64 nodejs amd64 6.11.4-1nodesource1 [9,90
2 kB]
Fetched 9,902 kB in 3min 32s (46.6 kB/s)
Selecting previously unselected package nodejs.
(Reading database ... 543486 files and directories currently installed.)
Preparing to unpack .../nodejs_6.11.4-1nodesource1_amd64.deb ...
Unpacking nodejs (6.11.4-1nodesource1) ...
Processing triggers for man-db (2.7.5-1) ...
Setting up nodejs (6.11.4-1nodesource1) ...
jetty@jetty-virtual-machine:~$ node -v
v6.11.4
jetty@jetty-virtual-machine:~$
```

图 5－5　运行结果

2. 安装 truffle

$ npm install －g truffle

如果提示权限不过请加上 sudo。

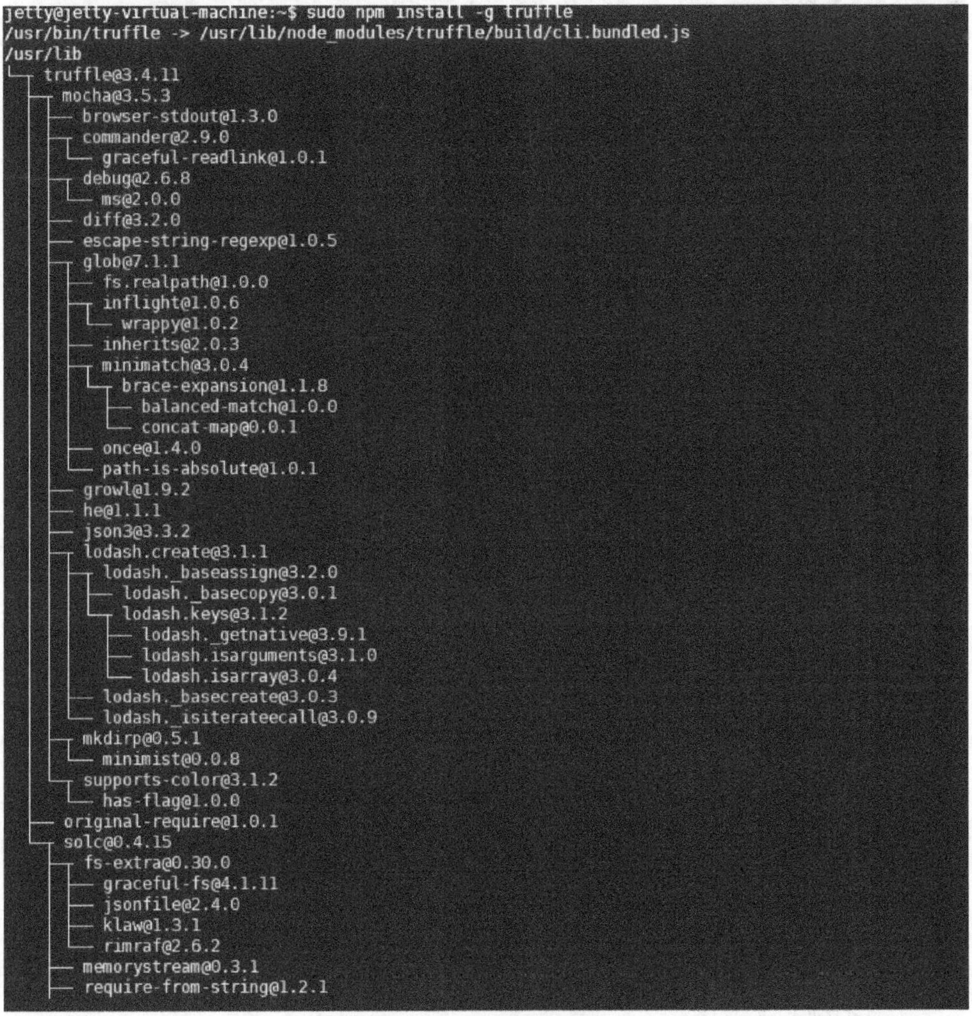

```
jetty@jetty-virtual-machine:~$ sudo npm install -g truffle
/usr/bin/truffle -> /usr/lib/node_modules/truffle/build/cli.bundled.js
/usr/lib
└─┬ truffle@3.4.11
  ├─┬ mocha@3.5.3
  │ ├── browser-stdout@1.3.0
  │ ├─┬ commander@2.9.0
  │ │ └── graceful-readlink@1.0.1
  │ ├─┬ debug@2.6.8
  │ │ └── ms@2.0.0
  │ ├── diff@3.2.0
  │ ├── escape-string-regexp@1.0.5
  │ ├─┬ glob@7.1.1
  │ │ ├── fs.realpath@1.0.0
  │ │ ├─┬ inflight@1.0.6
  │ │ │ └── wrappy@1.0.2
  │ │ ├── inherits@2.0.3
  │ │ ├─┬ minimatch@3.0.4
  │ │ │ └─┬ brace-expansion@1.1.8
  │ │ │   ├── balanced-match@1.0.0
  │ │ │   └── concat-map@0.0.1
  │ │ ├── once@1.4.0
  │ │ └── path-is-absolute@1.0.1
  │ ├── growl@1.9.2
  │ ├── he@1.1.1
  │ ├── json3@3.3.2
  │ ├─┬ lodash.create@3.1.1
  │ │ ├─┬ lodash._baseassign@3.2.0
  │ │ │ ├── lodash._basecopy@3.0.1
  │ │ │ └─┬ lodash.keys@3.1.2
  │ │ │   ├── lodash._getnative@3.9.1
  │ │ │   ├── lodash.isarguments@3.1.0
  │ │ │   └── lodash.isarray@3.0.4
  │ │ ├── lodash._basecreate@3.0.3
  │ │ └── lodash._isiterateecall@3.0.9
  │ ├─┬ mkdirp@0.5.1
  │ │ └── minimist@0.0.8
  │ └─┬ supports-color@3.1.2
  │   └── has-flag@1.0.0
  ├── original-require@1.0.1
  └─┬ solc@0.4.15
    ├─┬ fs-extra@0.30.0
    │ ├── graceful-fs@4.1.11
    │ ├── jsonfile@2.4.0
    │ ├── klaw@1.3.1
    │ └── rimraf@2.6.2
    ├── memorystream@0.3.1
    ├── require-from-string@1.2.1
```

图 5-6　安装结果

3. 安装 EthereumJS TestRPC

开发环境安装一下 testrpc，这是一个只运行在开发机器的完整的区块链内存。它可以立即处理事务，而不是等待默认的阻塞时间，因此可以更快地测试和开发代码，并且当智能合约遇到错误时，它会立即告诉提示。它也为自动化测试提供了一个很好的客户端，Truffle 可以利用它的加速特性减少 90%的测试和运行时间。

```
$ sudo npm install  -g ethereumjs-testrpc
```

运行结果如图 5-7 所示。

```
jetty@jetty-virtual-machine:~$ sudo npm install -g ethereumjs-testrpc
[sudo] password for jetty:
/usr/bin/testrpc -> /usr/lib/node_modules/ethereumjs-testrpc/build/cli.node.js

> uglifyjs-webpack-plugin@0.4.6 postinstall /usr/lib/node_modules/ethereumjs-testrpc/node_modules/
uglifyjs-webpack-plugin
> node lib/post_install.js

/usr/lib
└─┬ ethereumjs-testrpc@4.1.3
  └─┬ webpack@3.8.1
    ├── acorn@5.1.2
    ├─┬ acorn-dynamic-import@2.0.2
    │ └── acorn@4.0.13
    ├─┬ ajv@5.2.3
    │ ├── co@4.6.0
    │ ├── fast-deep-equal@1.0.0
    │ ├── json-schema-traverse@0.3.1
    │ └─┬ json-stable-stringify@1.0.1
    │   └── jsonify@0.0.0
    ├── ajv-keywords@2.1.0
    ├─┬ async@2.5.0
    │ └── lodash@4.17.4
    ├─┬ enhanced-resolve@3.4.1
    │ ├── graceful-fs@4.1.11
    │ └── object-assign@4.1.1
    ├─┬ escope@3.6.0
    │ ├─┬ es6-map@0.1.5
    │ │ ├── d@1.0.0
    │ │ ├── es5-ext@0.10.35
    │ │ ├── es6-iterator@2.0.3
    │ │ ├── es6-set@0.1.5
    │ │ ├── es6-symbol@3.1.1
    │ │ └── event-emitter@0.3.5
    │ ├── es6-weak-map@2.0.2
    │ ├── esrecurse@4.2.0
    │ └── estraverse@4.2.0
    ├── interpret@1.0.4
    ├── json-loader@0.5.7
    ├── json5@0.5.1
    ├── loader-runner@2.3.0
    ├─┬ loader-utils@1.1.0
    │ ├── big.js@3.2.0
    │ └── emojis-list@2.1.0
    ├─┬ memory-fs@0.4.1
    │ ├─┬ errno@0.1.4
    │ │ └── prr@0.0.0
```

图 5-7　运行结果

4. Drupal8 的安装

Drupal 是一个自由开源的内容管理系统，以 PHP 语言编写的开源内容管理框架(CMF)，它由内容管理系统(CMS)和 PHP 开发框架(framework)共同构成。Drupal 基于 PHP 脚本语言，推荐使用 MySQL 数据库，所以要运行 Drupal 必须先安装好 PHP 支持程序。

LAMP 环境安装，安装期间会要求输入两次 MySQL 的 root 密码。

```
$ sudo apt-get install lamp-server^
```

安装 PHP 的 GD 扩展：

```
$ sudo apt-get install php7.0-gd
```

安装 PHP 的 curl 库：

```
$ sudo apt-get install php7.0-curl
```

重启 apache：

```
$ sudo service apache2 restart
```

安装完成后开始安装 Drupal8(图 5－8)。下载 Drupal8，当前版本是 8.4.0：

```
$ wget https://ftp.drupal.org/files/projects/drupal-8.4.0.tar.gz
```

```
jetty@jetty-virtual-machine:~$ wget https://ftp.drupal.org/files/projects/drupal-8.4.0.tar.gz
--2017-10-19 17:16:48--  https://ftp.drupal.org/files/projects/drupal-8.4.0.tar.gz
Resolving ftp.drupal.org (ftp.drupal.org)... 151.101.73.175
Connecting to ftp.drupal.org (ftp.drupal.org)|151.101.73.175|:443... connected.
HTTP request sent, awaiting response... 200 OK
Length: 13379442 (13M) [application/octet-stream]
Saving to: 'drupal-8.4.0.tar.gz'

drupal-8.4.0.tar.gz       13%[===>                            ]   1.72M  23.6KB/s    eta 2m 54s
```

图 5－8　安装 Drupal8

```
$ tar zxvf drupal-8.4.0.tar.gz
$ mv drupal-8.4.0 /var/www/html/drupal
```

修改 apache 的配置信息(图 5－9)，将网站目录指向/var/www/html/drupal。

```
$ sudo vim /etc/apache2/sites-enabled/000-default.conf
```

```
<VirtualHost *:80>
        # The ServerName directive sets the request scheme, hostname and port that
        # the server uses to identify itself. This is used when creating
        # redirection URLs. In the context of virtual hosts, the ServerName
        # specifies what hostname must appear in the request's Host: header to
        # match this virtual host. For the default virtual host (this file) this
        # value is not decisive as it is used as a last resort host regardless.
        # However, you must set it for any further virtual host explicitly.
        #ServerName www.example.com

        DocumentRoot /var/www/html/drupal

        # Available loglevels: trace8, ..., trace1, debug, info, notice, warn,
        # error, crit, alert, emerg.
        # It is also possible to configure the loglevel for particular
        # modules, e.g.
        #LogLevel info ssl:warn

        ErrorLog ${APACHE_LOG_DIR}/error.log
        CustomLog ${APACHE_LOG_DIR}/access.log combined

        # For most configuration files from conf-available/, which are
        # enabled or disabled at a global level, it is possible to
        # include a line for only one particular virtual host. For example the
        # following line enables the CGI configuration for this host only
        # after it has been globally disabled with "a2disconf".
        #Include conf-available/serve-cgi-bin.conf
</VirtualHost>
```

图 5－9　修改 apache

保存重启 apache。

```
$ sudo service apache2 restart
```

进入 MySQL 控制台，创建空的数据库，以备安装 Drupal 使用：

```
$ mysql -uroot -p
mysql > create database ethereum;
mysql > exit
```

浏览器访问服务器 http://ip，进行 Web 方式安装 Drupal，如图 5-10 所示。

点击“保存并继续”。

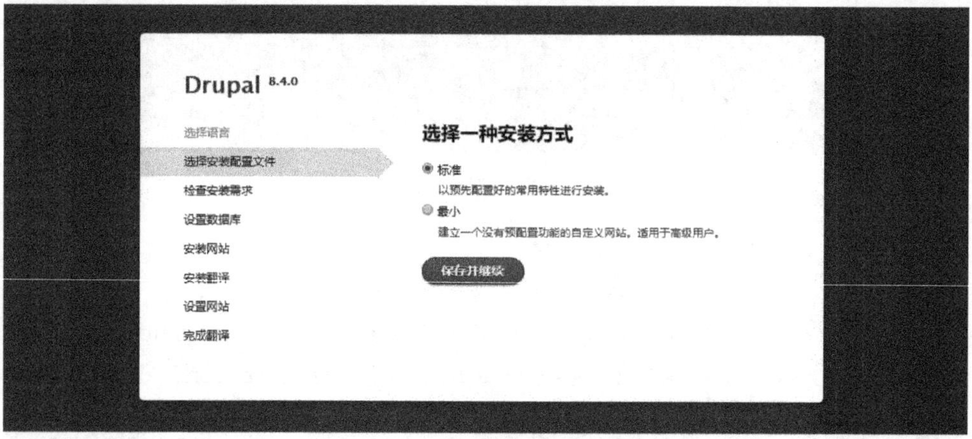

图 5-10　Drupal 的安装向导

输入数据库名称、MySQL 用户名和密码，如图 5-11 所示。

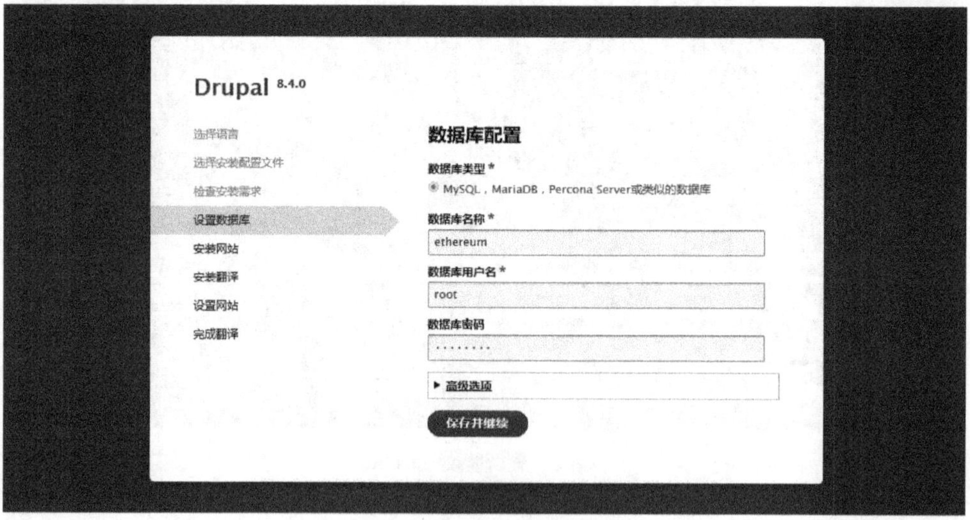

图 5-11　Drupal 配置数据库

等待安装完成，如图 5-12 所示。

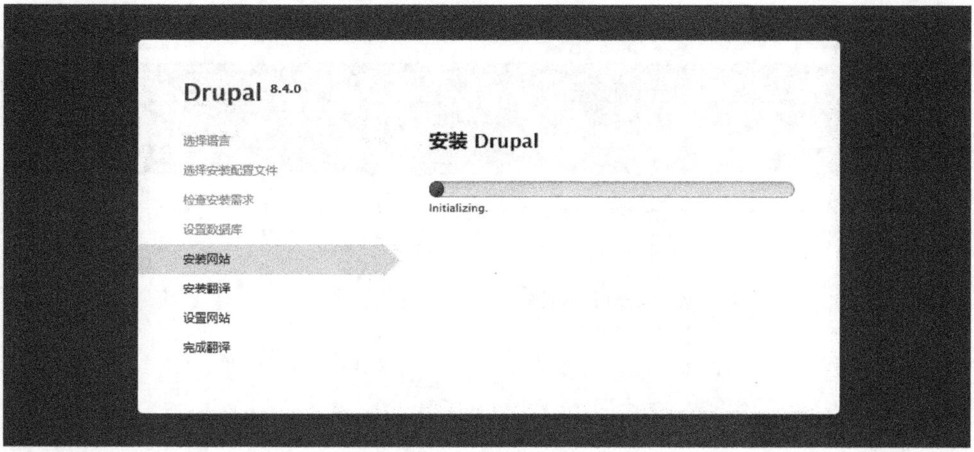

图 5-12　Drupal 安装

设置好网站的基本信息，如图 5-13 所示。

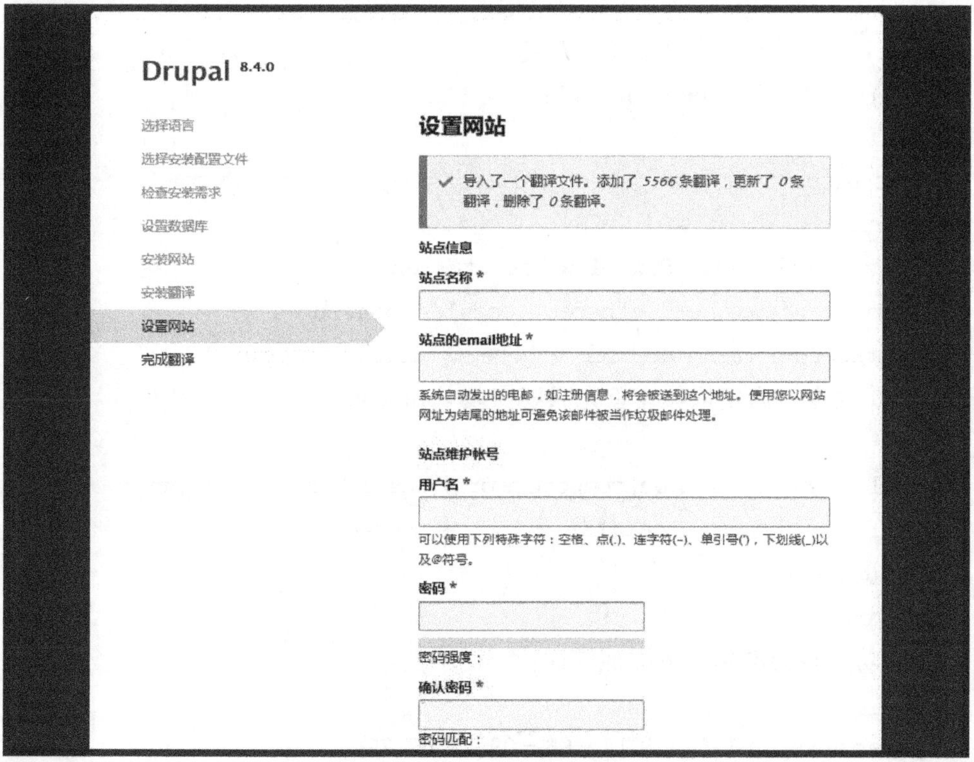

图 5-13　设置网站信息

Drupal8 安装完成(图 5 - 14)。

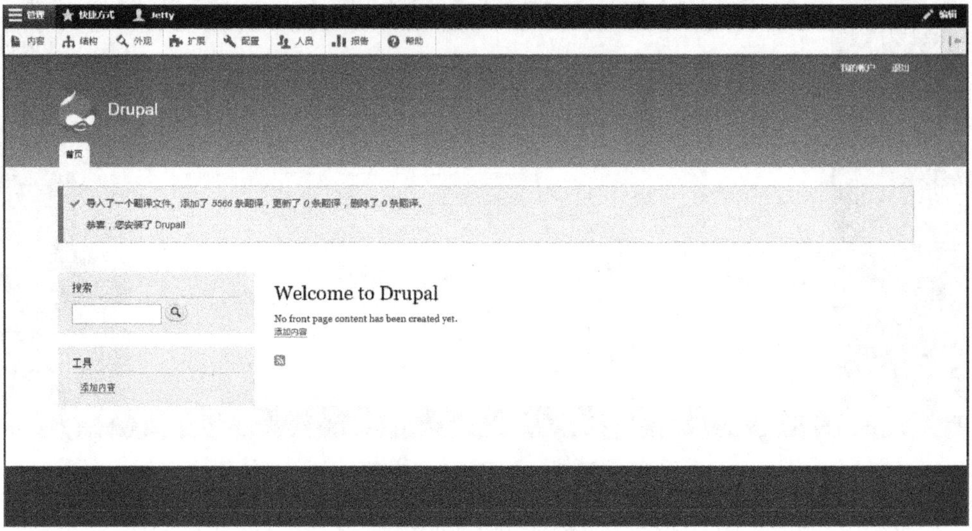

图 5 - 14　安装成功

5. Ethereum 扩展的安装与开发

(1) 手动下载 Ethereum 扩展：

```
$ cd
$ wget https://ftp.drupal.org/files/projects/ethereum-8.x-1.x-dev.tar.gz
$ tar zxvf ethereum-8.x-1.x-dev.tar.gz
$ mkdir /var/www/html/ethereum/module/contrib
$ cp ethereum /var/www/html/ethereum/module/contrib.
```

(2) 命令行启用依赖。首先需要安装 composer：

```
$ cd
$ curl -sS https://getcomposer.org/installer | sudo php -- --install-dir=/usr/local/bin --filename=composer
```

测试安装：

```
$ composer
```

成功安装会看到如下类似界面：

```
Composer version 1.5.1 2017-08-09 16:07:22
Usage:
```

```
command [options] [arguments]
Options:
--help (-h)                 Display this help message
--quiet (-q)                Do not output any message
--verbose (-v|vv|vvv) Increase the verbosity of messages: 1 for normal
output, 2 for more verbose output and 3 for debug
--version (-V)              Display this application version
--ansi                      Force ANSI output
--no-ansi                   Disable ANSI output
--no-interaction (-n) Do not ask any interactive question
--profile                   Display timing and memory usage information
--working-dir (-d)          If specified, use the given directory as working
directory.
...
```

(3) 启用 Ethereum 依赖扩展。首先进入 drupal 的文件夹：

```
$ cd /var/www/html/ethereum
$ composer require drupal/restui drupal/admin_toolbar
```

下载成功会看到如下代码提示：

```
sebastian/global-state suggests installing ext-uopz (*)
phpunit/php-code-coverage suggests installing ext-xdebug (>=2.2.
1)
behat/mink suggests installing behat/mink-selenium2-driver (slow, but
JS-enabled driver for any app (requires Selenium2))
behat/mink suggests installing behat/mink-zombie-driver (fast and
JS-enabled headless driver for any app (requires node.js))
phpdocumentor/reflection-docblock suggests installing dflydev/
markdown (~1.0)
phpdocumentor/reflection-docblock suggests installing erusev/
parsedown (~1.0)
phpunit/phpunit suggests installing phpunit/php-invoker (~1.1)
Writing lock file
Generating autoload files
> Drupal\Core\Composer\Composer::preAutoloadDump
> Drupal\Core\Composer\Composer::ensureHtaccess
```

下载 drush：

```
$ wget -O drush.phar https://github.com/drush-ops/drush-launcher/releases/download/0.4.2/drush.phar
```

将下载的文件变为可执行文件：

```
$ chmod +x drush.phar
```

将下载的文件放到 $PATH 中并且重命名为 drush，这样就可以随时随地进行 drush 命令了。

```
$ sudo mv drush.phar /usr/local/bin/drush
```

测试安装：

```
$ drush
```

会看到如下类似输出：

```
Execute a drush command. Run `drush help [command]` to view command-specific help. Run `drush
topic` to read even more documentation.
Global options (see `drush topic core-global-options` for the full list):
-d, --debug                                     Display even more
information, including internal
                                                messages.
-h, --help                                      This help system.
-ia, --interactive                              Force interactive mode for
commands run on multiple
                                                targets (e.g. 'drush @site1,
@site2 cc --ia').
-n, --no                                        Assume 'no' as answer to all
prompts.
--php=</path/to/file>                           The absolute path to your PHP
intepreter, if not 'php'
                                                in the path.
-p, --pipe                                      Emit a compact
representation of the command for
                                                scripting.
-r <path>, --root=<path>                        Drupal root directory to use
(default: current
                                                directory).
```

```
-s, --simulate                                    Simulate all relevant
actions (don't actually change
                                                  the system).
-l <http://example.com:8888>,                     URI of the drupal site to use
(only needed in
--uri=<http://example.com:8888>                   multisite environments or
when running on an alternate
                                                  port).
-v, --verbose                                     Display extra information
about the command.
--version                                         Show drush version.
-y, --yes                                         Assume 'yes' as answer to all
prompts.


Core drush commands: (core)


......
```

进入 Drupal 的目录，下载依赖：

```
$ composer require drush/drush
```

启用扩展：

```
$ drush en admin_toolbar_tools -y
$ drush en restui -y
```

(4) 下载并启用 ethereum 扩展。

下载 ethereum 扩展：

```
$ composer require drupal/ethereum
```

启用扩展：

```
$ drush en ethereum -y
```

如果启用模块出现报错，则可以到 Drupal 的后台进行可视化安装，如图 5-15 所示。

安装 ethereum 扩展的依赖。

先进入 Drupal 的目录，再进入 ethereum 的安装目录：

```
$ cd module/contrib/ethereum
```

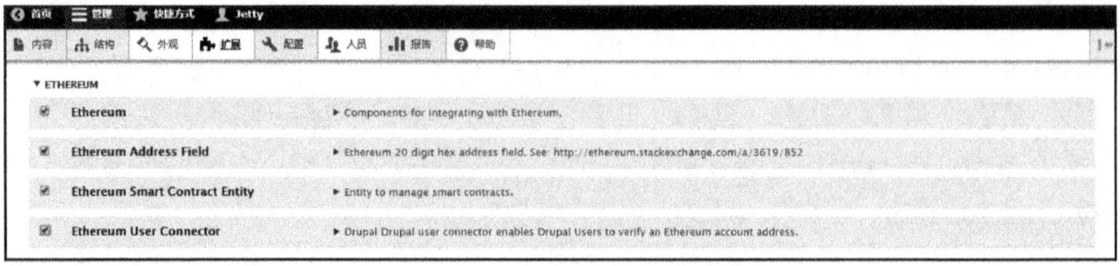

图 5-15 Ethereum 组件的安装

```
$ composer install
```

会看到如下结果：

```
Loading composer repositories with package information Updating dependencies (including require-dev) Package operations: 8 installs, 0 updates, 0 removals
  - Installing pear/math_biginteger (v1.0.3): Loading from cache
  - Installing psr/http-message (1.0.1): Downloading (100%)
  - Installing guzzlehttp/promises (v1.3.1): Downloading (100%)
  - Installing guzzlehttp/psr7 (1.4.2): Downloading (100%)
  - Installing guzzlehttp/guzzle (6.3.0): Downloading (100%)
  - Installing graze/guzzle-jsonrpc (3.2.1): Loading from cache
  - Installing digitaldonkey/ethereum-php (dev-master 823a9fa): Cloning 823a9fa016 from cache
  - Installing league/commonmark (0.15.6): Loading from cache
pear/math_biginteger suggests installing ext-bcmath (Allows using the BCMath extension internally for computation. Faster than native implementation.)
pear/math_biginteger suggests installing ext-gmp (Allows using the GNU Multiple Precision extension internally for computation. If you are doing a lot of computation this is the recommended extension.)
guzzlehttp/guzzle suggests installing psr/log (Required for using the Log middleware)
league/commonmark suggests installing league/commonmark-extras (Library of useful extensions including smart punctuation)
Writing lock file
Generating autoload files
```

ethereum—php 类库是用 PHP 封装的以太坊 JSON—RPC 接口类库：

```
use Ethereum\EthereumClient;
use Ethereum\Ethereum_Message;
use Ethereum\Ethereum_Transaction;
class EthereumController extends ControllerBase {
  public $client;
  public function __construct($host = FALSE) {
    if (! $host) {
      $host = 'http://localhost:8445'
    }
    $this->client = new EthereumClient($host);
  }
}
```

类库使用方法：

```
try {
      $eth = new EthereumController();
      $eth->client->eth_protocolVersion();
}catch (\Exception $exception) {
      die ("Unable to connect.");
}
```

开启你的以太坊节点。

Geth 命令需要安装 go—ethereum，上面已经安装了，所以这里直接运行。

*表示可以从任何地址访问：

```
$ geth --testnet  --rpc --rpccorsdomain="*"
```

启动 testrpc：

```
$ testrpc
```

下载合约 sign—up—contract：

```
$ git clone https://github.com/digitaldonkey/register_drupal_ethereum
$ cd register_drupal_ethereum
```

部署合约到 testrpc。

为 Drupal 配置提供智能合约的地址：

```
truffle migrate
```

启动本地开发环境：

```
truffle serve
```

Drupal8 中以太坊的配置。

打开 Drupal 的后台管理，点击配置，点击 Ethereum Network Configuration，选择 Custom network（图 5－16）。

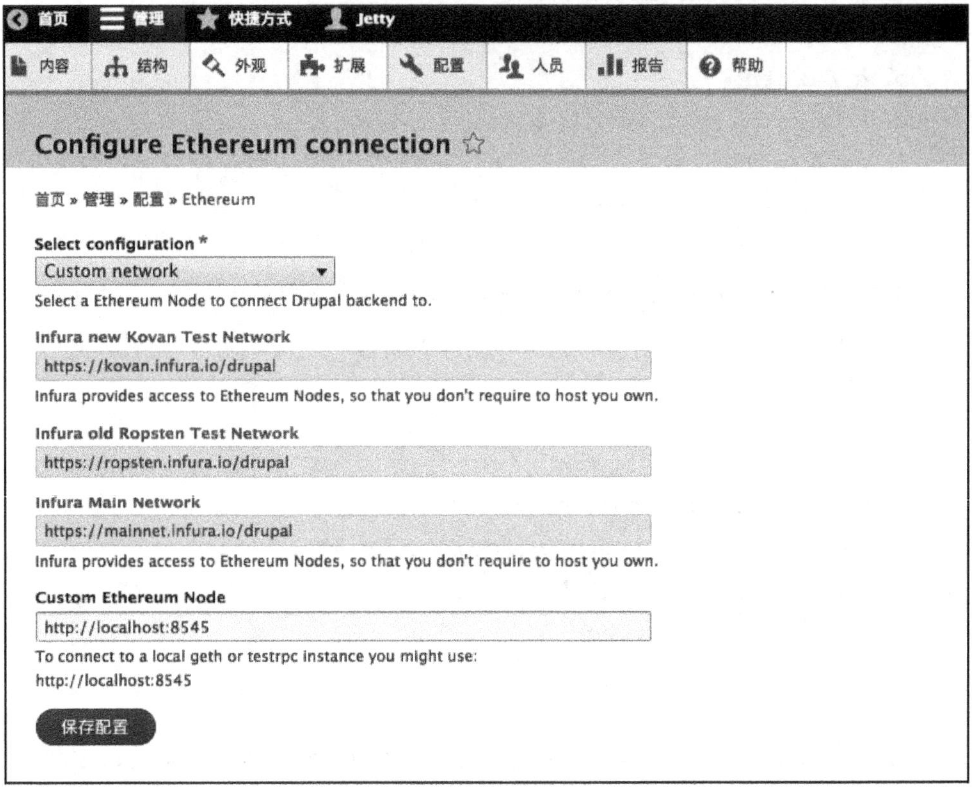

图 5－16　Drupal＋Ethereum 开发环境配置完成

Drupal8 的以太坊开发环境已经初步搭建完毕，接下来在 Drupal8 平台上集成以太坊进行一些应用。

5.3.4　以太坊 JSON－RPC 接口开发

（1）默认 JSON－RPC 端口。

C＋＋：http://localhost:8545。

Go：http://localhost:8545。

Py：http://localhost:4000。

（2）上面安装的是 go－ethereum，所以来看一下 Go 语言版本的服务启动命令等。

rpc 命令可以启动 HTTP 的 JSON－RPC：

```
$ geth -rpc
```

rpcaddr 命令更换地址，rpcport 命令更换端口：

```
$ geth --rpc --rpcaddr <ip> --rpcport <portnumber>
```

上面的启动命令是这样的：

```
$ geth --testnet  --rpc --rpccorsdomain="*"
```

testnet 表示测试网络，rpccorsdomain 为 * 表示所有主机都能远程访问。

(3) 使用 Web3.js 类库进行开发。

使用 npm 安装 web3.js，出现权限问题请用 sudo：

```
$ npm install web3.js
```

Web3 变量是全局变量，可以直接使用：

```
console.log(web3);
```

使用 web3 的 provider(HttpProvider)：

```
if (typeof web3 !== 'undefined') {
  web3 = new Web3(web3.currentProvider);
} else {
 // 从 Web3.providers 建立 provider
  Web3 = new Web3(new Web3.providers.HttpProvider("http://localhost:
8545"));
}
```

使用 HTTP Basic Authentication 建立 provider：

```
Web3.setProvider(new Web3.providers.HttpProvider('http://host.url', 0,
BasicAuthUsername, BasicAuthPassword));
```

接下来可以使用如下方法来获取 balance 信息：

```
var coinbase = web3.eth.coinbase;
var balance = web3.eth.getBalance(coinbase);
```

5.3.5　以太坊开发实例

(1) 查看余额的例子，新建文件名为 balance.html，内容如下，保存后在浏览器可以查看效果。

```
<!doctype>
<html>
<head>
<script type="text/javascript" src="../node_modules/bignumber.js/
bignumber.min.js"></script>
```

```
<script type="text/javascript" src="../dist/web3-light.js"></
script>
<script type="text/javascript">
    var Web3 = require('web3');
    var web3 = new Web3();
    web3.setProvider(new web3.providers.HttpProvider());
    function watchBalance() {
        var coinbase = web3.eth.coinbase;
        var originalBalance = web3.eth.getBalance(coinbase).toNumber
();
        document.getElementById('coinbase').innerText = 'coinbase:' +
coinbase;
        document.getElementById('original').innerText = 'original
balance:' + originalBalance + '    watching...';
        web3.eth.filter('latest').watch(function() {
            var currentBalance = web3.eth.getBalance(coinbase).
toNumber();
            document.getElementById("current").innerText = 'current:
' + currentBalance;
            document.getElementById("diff").innerText = 'diff:' +
(currentBalance - originalBalance);
        });
    }
</script>
</head>
<body>
<h1>coinbase balance</h1>
<button type="button" onClick="watchBalance();">查看余额</
button>
<div></div>
<div id="coinbase"></div>
<div id="original"></div>
<div id="current"></div>
<div id="diff"></div>
```

```
</body>
</html>
```

(2) 创建合约的例子，新建文件名为 contract.html，代码内容如下。

```
<! doctype>
<html>
<head>
<script type="text/javascript" src="../dist/web3.js"></script>
<script type="text/javascript">
    var Web3 = require('web3');
    var web3 = new Web3();
     web3.setProvider(new web3.providers.HttpProvider("http://
localhost:8545"));
    var source = "" +
    "contract test {\n" +
    "   function multiply(uint a) constant returns(uint d) {\n" +
    "       return a * 7;\n" +
    "   }\n" +
    "}\n";
    var compiled = web3.eth.compile.solidity(source);
    var code = compiled.code;
    var abi = compiled.info.abiDefinition;
    var myContract;
    function createExampleContract() {
        document.getElementById('create').style.visibility = 'hidden';
        document.getElementById('code').innerText = code;
        web3.eth.defaultAccount = web3.eth.coinbase;
         document.getElementById('status').innerText = "transaction
sent, waiting for confirmation";
         web3.eth.contract(abi).new({data: code}, function (err,
contract) {
            if(err) {
                console.error(err);
                return;
            } else if(contract.address){
```

```
                    myContract = contract;
                    console.log('address: ' + myContract.address);
                        document. getElementById (' status '). innerText = '
Mined! ';
                     document.getElementById('call').style.visibility = '
visible';
                }
            });
        }
        function callExampleContract() {
            var param = parseInt(document.getElementById('value').value);
            var res = myContract.multiply(param);
             document.getElementById(' result '). innerText = res. toString
(10);
        }
</script>
</head>
<body>
<h1>contract</h1>
<div id="code"></div>
<div id="status"></div>
<div id='create'>
<button type="button" onClick="createExampleContract();">创建合约
的例子</button>
</div>
<div id='call' style='visibility: hidden;'>
<input type="number" id="value" onkeyup='callExampleContract()'
></input>
</div>
<div id="result"></div>
</body>
</html>
```

(3) 签名认证的例子,新建文件名为 signature—verifier.js,代码内容如下。

```
/**
```

```
 * This utility module helps to demonstrate following features
 * a. Signing a message by an Ethereum user
 * b. Finding the account address using which the message was signed
 */
var Web3 = require('../index.js');
var ethURL = "";
var defaultAc = "";
var defaultAcPWD = "";
var signatureContractCodeReadable = "\n\tcontract SignatureVerifier {\n
\t\tfunction verify( bytes32 hash, uint8 v, bytes32 r, bytes32 s) \n" +
    "\t\tconstant returns (address returnAddress) {\n\t\t\
treturnAddress = ecrecover(hash, v, r, s);\n\t\t}\n\t}\n\n";
var sigContractInstance = null;
var sigContractAddress = "";
var sigContractInstance = null;
var strAbi = '[{"constant":true,"inputs":[{"name":"hash","type":"
bytes32"},{"name":"v","type":"uint8"},{"name":"r","type":"bytes32"},
{"name":"s","type":"bytes32"}],"name":"verify","outputs":[{"name":"
returnAddress","type":"address"}],"payable":false,"type":"
function"}]';
var signMessage = "";

var ethWeb3 = null;

function setContractAddress(conAddress){
    sigContractAddress = conAddress;
}

function setAccount(act){
    defaultAc = act;
}

function setPassword(pwd){
    defaultAcPWD = pwd;
```

```
}

function setEthereumURL(url){
    ethURL = url;
}

function setMessage(msg){
    signMessage = msg;
}

function initializeEthereumConnection(){
   if(ethWeb3! =null && ethWeb3.isConnected() = =true)   {
    return true;
  }

  ethWeb3 = new Web3(new Web3.providers.HttpProvider(ethURL));

  if(ethWeb3.isConnected() = =true){
      if(defaultAc = ='')(
        defaultAc=ethWeb3.eth.accounts[1];
      }
      return true;
  }

  return false;
}

function unlockAccount(acAddress){
  if(acAddress! =undefined && acAddress! =null){
    var state=ethWeb3.personal.unlockAccount(defaultAc, defaultAcPWD,
100);
    return state;
  }
```

```
    return false;
}
function initializeContract(){
        initializeEthereumConnection();
        if(ethWeb3.isConnected() == false){
            return;
        }

        var abi = JSON.parse(strAbi);
        var contract = ethWeb3.eth.contract(abi);

        sigContractInstance = contract.at(sigContractAddress)
}

function signMessage(message){

        initializeEthereumConnection();
        if(ethWeb3.isConnected() == false){
            return false;
        }

        var state=unlockAccount(defaultAc);

        const msg = new Buffer(message);
         const sig = ethWeb3.eth.sign(defaultAc, '0x' + msg.toString
('hex'));

        return sig;
}

function verifySignedByAc(message, sig){
        initializeEthereumConnection();
        if(ethWeb3.isConnected() == false){
            return false;
```

```
    }
    initializeContract();

    const res = splitSig(sig);

    // Unfortunately Geth client adds this line to the message as a prefix
while signing
    // So while finding who signed it we need to prefix this part
    const prefix = new Buffer("\x19Ethereum Signed Message:\n");
    const msg = new Buffer(message);
    const prefixedMsg = ethWeb3.sha3(
     Buffer.concat([prefix, new Buffer(String(msg.length)), msg]).
toString('utf8')
    );

    var strPrefixedMsg = prefixedMsg;

    var finalAddress = sigContractInstance.verify.call(strPrefixedMsg,
res.v, res.r, '0x'+ res.s);

    return finalAddress;
}

function splitSig(sig) {
  return {
    v: ethWeb3.toDecimal('0x' + sig.slice(130, 132)),
    r: sig.slice(0, 66),
    s: sig.slice(66, 130)
  }

}

function sign(){
    var message = document.getElementById('txtMessage').value;
```

```
    var signMsg = signMessage(message);
    document.getElementById('dvSig').innerText = signMsg;
}

function verify(){
    var message = document.getElementById('txtMessage').value;
    var actAddr = verifySignedByAc(message, document.getElementById('
dvSig').innerText);
    document.getElementById('dvSignedBy').innerText = actAddr;
}


function execute(){

console.log("\n\n*************************
**********");
    console.log("Steps to Run");

console.log("***************************
********");
    console.log("1. Deploy the following conract in your ethereum
environment");
    console.log(signatureContractCodeReadable);
    console.log("2. Set the following parameters (i.e. at the end of the
code)");
    console.log("\ta. Ethereum URL");
    console.log("\tb. Ethereum Account Address");
    console.log("\tc. Ethereum Account Passphrase");
    console.log("\td. Signature Contract Address");
    console.log("\te. Message for signing");

console.log("***************************
********");
```

```
    if(ethURL = = ''){
        console.log("Error: Ethereum URL is not specified");
        return;
    }
    if(defaultAc = = ''){
        console.log("Error: Account Address is not specified");
        return;
    }
    if(defaultAcPWD = = ''){
        console.log("Error: Account password is not specified");
        return;
    }
    if(sigContractAddress = = ''){
            console.log ( " Error: Signature Contract Address is not
specified");
        return;
    }
    if(signMessage = = ''){
        console.log("Error: Message for signing is not specified");
        return;
    }


    console.log("Following parameters applied");
    console.log("\ta. Ethereum URL                          :",ethURL);
    console.log("\tb. Ethereum Account Address              :",defaultAc);
    console.log("\tc. Ethereum Account Passphrase           :",defaultAcPWD);
      console. log ( " \ td. Signature Contract Address        :",
sigContractAddress);
    console.log("\te. Message for signing                   :",signMessage);

console.log("***************************
*********");
    console.log("Result");
```

```
console.log("***************************
********");

    var sig = signMessage(signMessage);
    console.log("Signature");
    console.log(sig);

    var addr = verifySignedByAc(signMessage, sig);
    console.log("Signed By");
    console.log(addr);

console.log("***************************
*********");
    console.log("Exit");

    console.log("*************************
**********");
}

// Please uncomment the below listed three lines of code and provide the
required values

// Value 1 - Please provide the ethereum account address which you want to
use to perform the operation
//setAccount('<Provide the account address>');

// Value 2 - Please provide the password of the accound to be used
//setPassword('<Provide teh password>');

// Value 3 - Please update the address of the contract after deployment
// The contract code is made available at the top under
signatureContractCodeReadable variable
// Please deploy teh contract and update the contract address here
//setContractAddress('<Provide the deployed contract address>');
```

```
// Value 4 - If required please update with a different message
setEthereumURL('http://localhost:8545');
// Value 5 - If required please update with a Ethereum URL
setMessage('This the test sign message');

execute();
```

5.4 基于国内公有区块链开发介绍

公有区块链(public block chains),又称公有链,其称谓是相对于私有链(private chains)和联盟链(federal chain)来命名的。

公有链的优点如下。

1) 公有链可以保护用户权益免受程序开发者的影响

在公有链中程序的开发者没有权利干涉用户,所以公有链可以保护使用该程序的用户权益。程序开发者为何愿意放弃自己的权限?比较前卫的经济分析指出:① 如果你选择去做一件别人无法做到的事情,别人更容易相信你,因为他们没有充足的自信和勇气去做他们自己无法做到的事;② 如果你是因为被人的胁迫而去做你自己不想做的事情,在你谈判的时候你可以说“即使自己愿意,也没有能力去做”来作为谈判的筹码。这就是公有链的最大优势。

2) 公有链可以产生网络效应

公有链是开放的,可能会被很多外界用户应用并且产生一定程度的网络效应。举一个例子来说,A 想出售给 B 一个域名,就有个急待解决的风险问题:如果 A 先卖出了域名,但是 B 可能没有付款,或者是 B 已经付钱了,但是 A 还没有卖出域名,但是需要支付 3%~6%的手续费(假设)。如果我们可以在区块链上建立一个域名系统,并且使用这个区块链的货币,就可以建立几乎等于零的智能合约:A 向域名系统卖出域名,首先支付费用的用户就可以得到该域名。但是更快、更高效的做法是把来自不同行业的不同资产建立在同一个公有链数据库上。

所以,公有链作为中心化抑或是准中心化信任的替代品,公有链的安全由“数字货币经济”维护——“加密数字经济”运用工作量证明以及权益机制等方式,使经济奖励和数字货币验证有机地结合在一起,并且按照一般规则,每个人都可以从中得到经济奖励,奖励和在共识过程中所作的贡献成正比。这些公有链通常被认为是“完全意义上的去中心化”。

接下来介绍基于公有链的开发。

5.4.1　基于小蚁链开发

1. 小蚁链节点介绍

全节点(full nodes)是存储小蚁链(NEO)区块链全部数据的节点，通过 P2P 的方式与区块链网络连接，在区块链网络中，所有的全节点都是平等的，既充当客户端，又充当服务器。

NEO 有两个全节点程序，一个是给普通用户使用，有图形界面，具有除共识外的所有功能的客户端，称为 NEO-GUI。

另一个是给开发者使用的，命令行界面，具有一些钱包操作的基本功能，除此之外还会对外提供 API，还可以与其他节点达成共识，参与区块的生成，称为 NEO-CLI。

2. NEO 节点的安装部署

前面介绍了 NEO 的全节点有两个客户端，一个是 NEO-CLI(为开发者提供的命令行客户端)，另一个是 NEO-GUI(为高级用户提供的图形界面客户端)

部署共识节点所用的是 NEO-CLI ，这是一个跨平台的程序，可以在 Windows、Linux 和 Docker 中运行(目前 NEO 节点在 Mac OS 下不能正常运行，之后应该会加入对 Mac OS 的支持)。

3. 运行环境

运行 NEO 节点需要安装 .NET Core Runtime1.0.1 或以上版本

1) Windows 系统下的安装方法

在 Windows 系统下安装 .NET Core 非常方便，直接下载运行即可。

2) Linux 系统下的安装方法

下面演示的是 .NET Core 在 Red Hat Enterprise Linux 7 Server 中的安装方法。注意，其他发行版的 Linux 下的 .NET Core 安装方法可以参考 .NET Core 安装教程。

```
$ subscription - manager repos - - enable = rhel - 7 - server - dotnet - rpms
$ yum install scl - utils
$ yum install rh - dotnetcore11
$ scl enable rh - dotnetcore11 bash
```

安装完成后，可以运行以下命令来检测 .NET Core 环境是否安装成功。

```
$ dotnet new console - o hwapp
$ cd hwapp
```

```
$ dotnet restore
$ dotnet run
```

如果最后输出“Hello World!”说明 . Net Core 安装成功。

4. NEO 节点的安装

(1) 在 Github 上下载对应系统的 NEO－CLI 程序包并解压。

注意：如果你试图直接在 Github 上下载并编译 NEO－CLI 源码，你会发现编译后运行 dotnet neo－cli. dll 会报错，这时你需要将 libleveldb. dll 和 sqlite3. dll 复制到 neo－cli. dll 同一目录下。这两个文件可以在第一步的程序包中下载。

(2) 打开命令行，定位到程序所在目录，输入下面代码即可启动 NEO 节点。

```
dotnet neo-cli.dll
```

NEO－CLI 提供了一系列供外部访问的 API，如果想在启动节点的同时开启 API，可以运行下面的代码。

```
dotnet neo-cli.dll /rpc
```

(3) 如果想让外部程序访问该节点的 API，需要开放防火墙端口 10331～10334，20331～20334

5. NEO 客户端使用说明

该版本客户端的适应系统有 Windows7 sp1/Windows8/Windows10。

客户端本身无须安装，进入客户端页面，下载后直接双击 neo－gui. exe，打开即可。使用过程中，如遇到任何问题导致客户端无法正常使用，请保留好客户端目录下的 error. log 文件，并与技术人员联系来解决问题。

注意：Windows10 之前版本的系统需要安装. NET Framework 4. 6. 2。

名词解释如下：

同步：客户端需同步完才可以使用，即客户端界面左下角两边数值相同且保持相近速度稳步增加(图 5－17)。

钱包：用来存储 NEO 账户及账户中资产信息的文件，也就是客户端的钱包数据库文件，一般以. db3 作为后缀名称。该文件非常重要，需要安全备份。

重要提示：钱包文件或钱包密码一旦丢失，将导致资产损失。所以需要将钱包文件安全备份，妥善保管，并牢记钱包密码。

账户：用户用于存储 NEO 区块链内资产的载体。

账户信息包括地址、类型、私钥、公钥。

(1) 地址：相当于银行账户或银行卡号，用于交易时接收资产。

(2) 类型：Neo. Wallets. SignatureContract 表示该地址由一个公钥组成，是

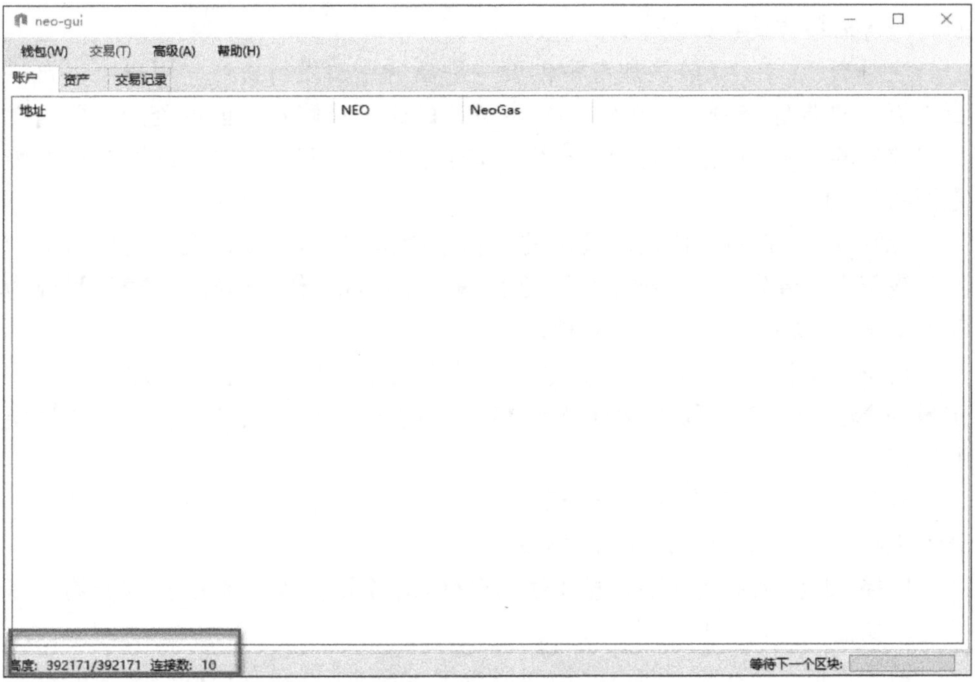

图5-17 同步界面

一个 1—of—1 多重签名地址。Neo. Wallets. MultiSigContract 表示该地址由多个公钥组成，是一个 m—of—n 的多重签名地址，该地址被用于智能合约当中。

(3) 私钥：一个256位的随机数，由用户保管且不对外公开，是用户账户使用权以及账户内资产所有权的证明。

(4) 公钥：每一个私钥都有一个与之相匹配的公钥(公钥、私钥信息右击地址，点击可查看私钥)。

重要提示：任何时刻不要向他人泄露私钥，私钥一旦泄露，很可能会导致资产的损失。

资产：该账户所拥有的资产信息，资产信息包括资产(NEO、NeoGas、用户所创设的资产)、类型、余额、发行者。

交易记录：与该账户有关的全部交易信息的记录。

转账：向对方进行资产转移，若资产类型为 Share，需双方签名确认，其他类型资产转账无须确认。

交易：与对方进行资产交易，是一种线上的以物易物，需双方确认。

签名：对信息进行签名，是对信息的一种确认。用于交易、股权类资产分配及转账等需各方确认的场景。

注册资产：在 NEO 区块链中创设一种新的用户发行资产。用户可以自己定义资产的类型、名称、总量等，并指定资产的管理员账户。创设资产需要消耗一定数量的 NeoGas 作为附加服务费，目前为 10 000 NeoGas（测试网手续费为主网的 1%）。

分发资产：在资产创设所设定的总量上限范围内，向发行人指定的地址中发放该资产。分发资产需要消耗一定数量的 NeoGas 作为附加服务费，目前为 500 NeoGas（测试网手续费为主网的 1%）。

选举：想要成为 NEO 记账人的用户，需通过选举进行登记。通过消耗一定量的 NeoGas，获得候选记账人资格。目前记账人功能暂未开放，请等候通知。

投票：NEO 持有者对候选记账人进行投票，根据投票结果，确定记账人。目前记账人功能暂未开放，请等候通知。

广播：将签名后的交易信息发送到全网，由各节点进行确认，完成交易。目前这一功能只出现在签名里。

监视地址：导入对方的地址作为监视地址后，便可以看到该地址上的资产情况。

6. 钱包：创建钱包数据库。

（1）点击“钱包”，创建钱包数据库，弹出“新建钱包”页面（图 5-18）。

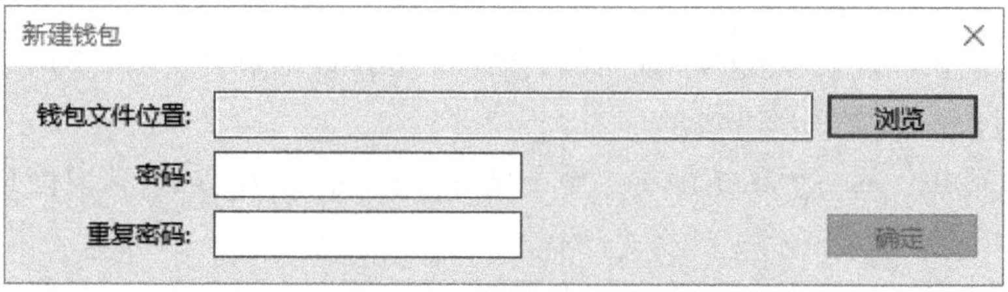

图 5-18 “新建钱包”页面

（2）点击“浏览”，选定钱包文件存储位置，并设置好文件名称，然后点击保存（图 5-19）。

（3）输入“密码”与“重复密码”，并保存好自己的密码（图 5-20）。

（4）点击“确定”后，钱包创建成功，此时钱包里会默认带有一个标准账户。需要注意的是，因找零机制的作用，转账后的剩余部分资产会默认转到第一个地址里，所以需备份好相应私钥与钱包。

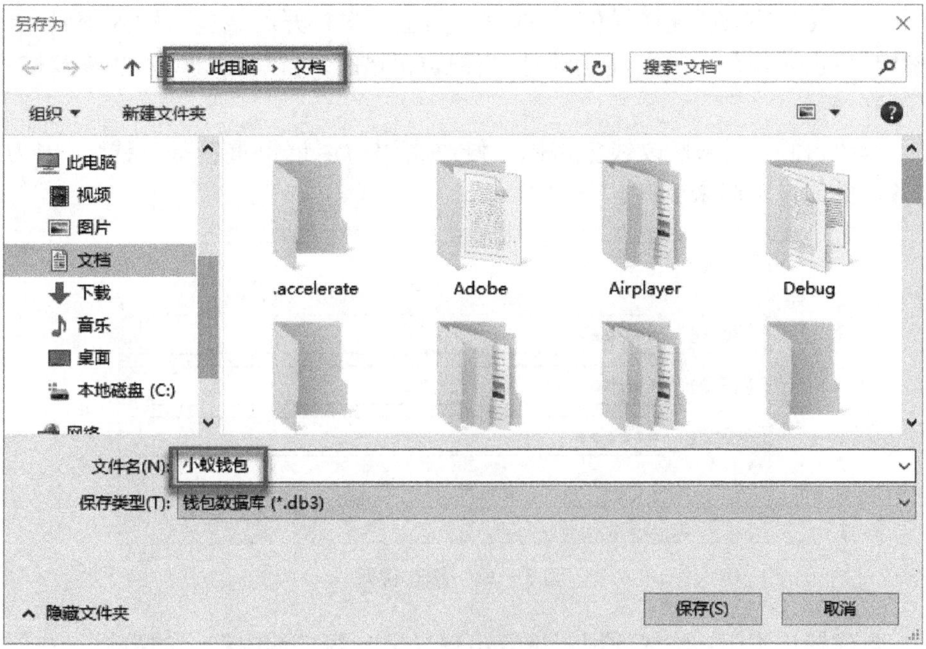

图 5 - 19　保存钱包数据

图 5 - 20　创建钱包密码

7. 打开钱包数据库

（1）每次重新打开客户端时，都需要点击"打开钱包数据库"来选择要打开的钱包，如图 5 - 21 所示。

图 5 - 21　"打开钱包"页面

(2) 点击“浏览”选择钱包(一般默认为上一次打开的钱包),输入密码,点击“确定”后进入钱包。需要注意的是,当钱包报错时,可以尝试选择在“修复模式”下打开钱包。

修改密码:用来修改钱包密码。修改密码后请记得重新备份钱包,因为之前备份的钱包密码未变(图 5-22)。

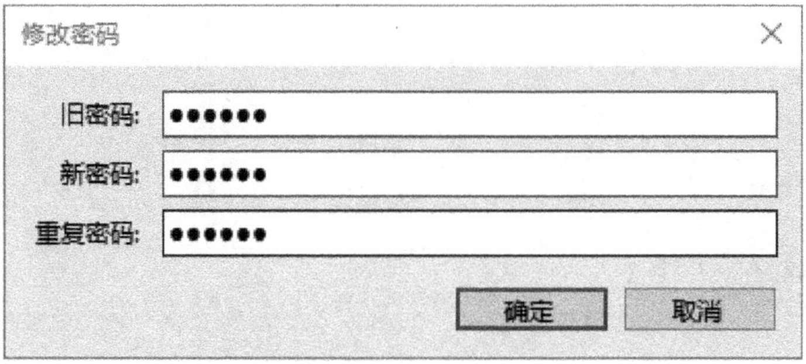

图 5-22　修改密码

重建钱包索引:该选项用于恢复出现异常时客户端内有误的数据。在以下情况下可能需要重建钱包索引:

(1) 导入私钥后需要重建钱包索引;

(2) 某笔交易长时间未确认;

(3) 钱包内资产显示错误,与区块链数据不符。

如果目前区块高度较高,重建钱包索引需要时间较长,请耐心等待。

还原账户:该选项用于还原该钱包文件内被不小心删掉的地址及其上的资产。需要注意的是,一般不建议在客户端内进行删除操作,以免资产丢失。

8. 代币类资产转账

转账:代币类资产转账。

(1) 点击“交易”→“转账”→“+”,输入转账信息(图 5-23)。

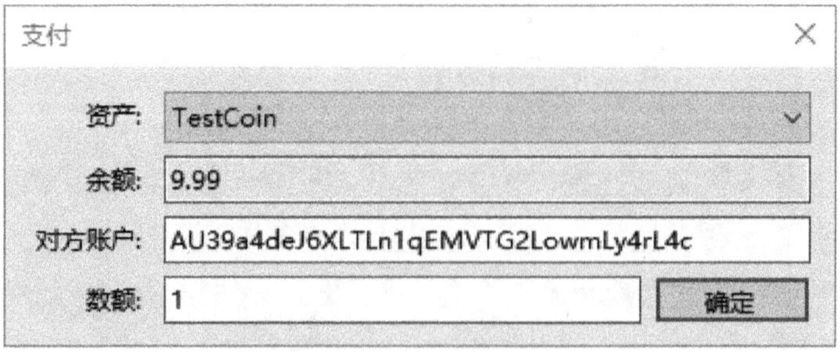

图 5-23　交易信息输入

(2) 点击确定(图 5－24)。

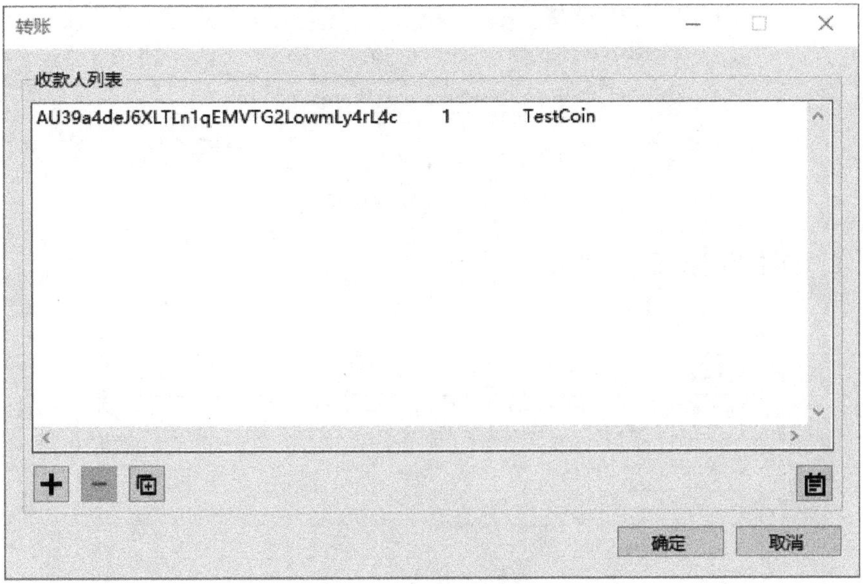

图 5－24　确认转账信息

(3) 点击确定,结果如图 5－25 所示。

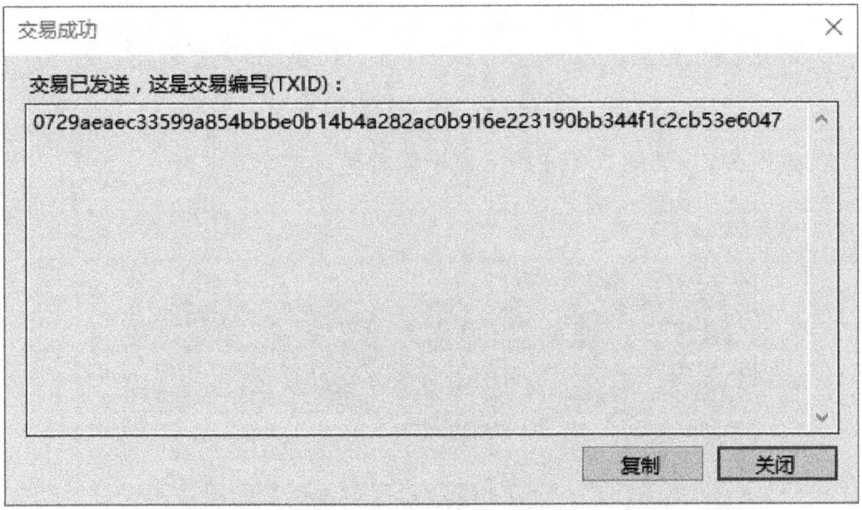

图 5－25　交易成功

9. 股权类资产转账

(1) 点击“交易”→“转账”→“+”,输入转账信息(图 5－26)。

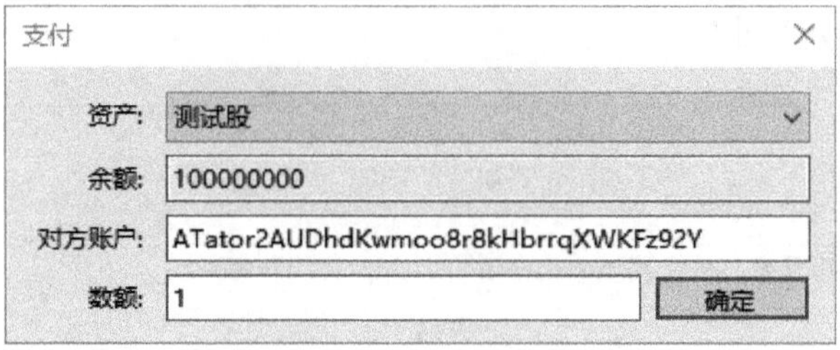

图 5－26　交易信息输入

(2) 点击确定(图 5－27)。

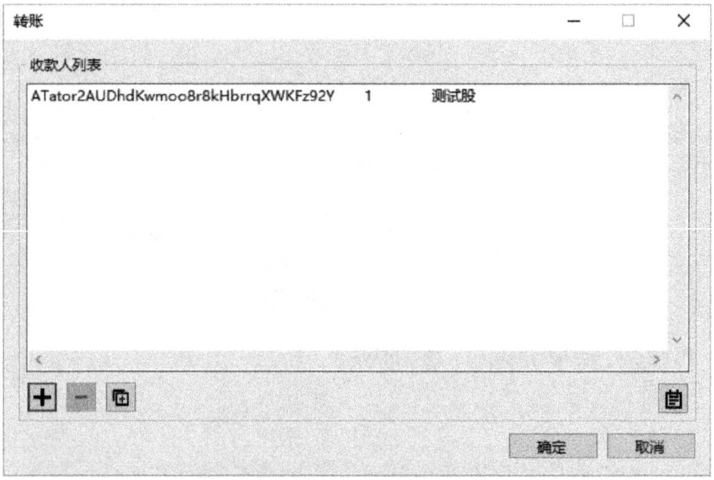

图 5－27　股权转账确认

(3) 点击确定，如图 5－28 所示显示需要更多签名。

图 5－28　需要补充签名

(4) 签名功能具体见签名(图 5-29)。

图 5-29　增加签名

10. 批量转账

批量转账功能用于简化对同一资产向不同地址转账的操作。

数据格式为“地址 转账金额”(中间以空格分隔)。

需要注意的是,数据格式应严格按照上述标准,如图 5-30 所示,多余的空格很可能导致转账失败。

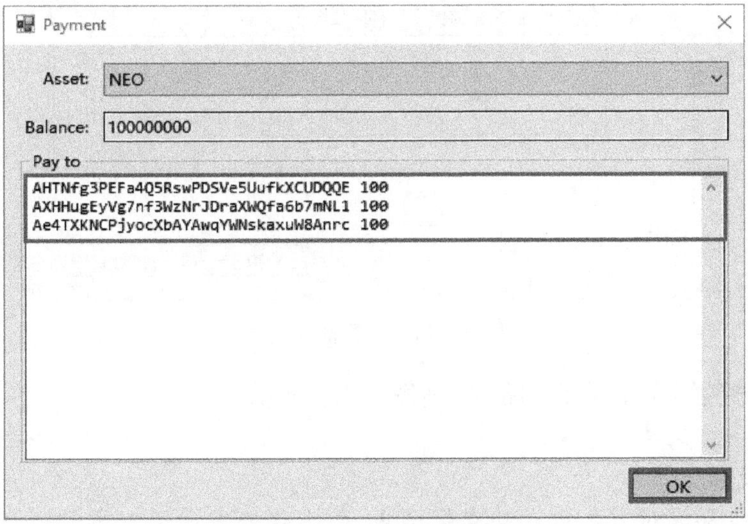

图 5-30　批量转账界面

功能：如图 5 - 31 所示，该功能用于将此次交易的备注信息记录到 NEO 区块链上，目前在 NEO 区块链浏览器可以查到相应的备注信息。

图 5 - 31　添加备注信息

备注信息格式无要求，可以任意输入各种文本，如图 5 - 32 所示。

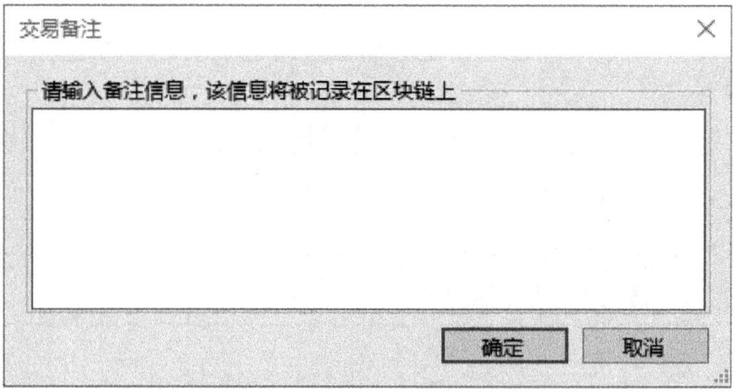

图 5 - 32　交易备注信息

在浏览器上可以查到的备注，如图 5 - 33 所示。

11. *双方交易*

1) 发起交易

(1) 交易需对方各自发起交易请求，确定将要发送给对方的资产详情(图 5 - 34)。

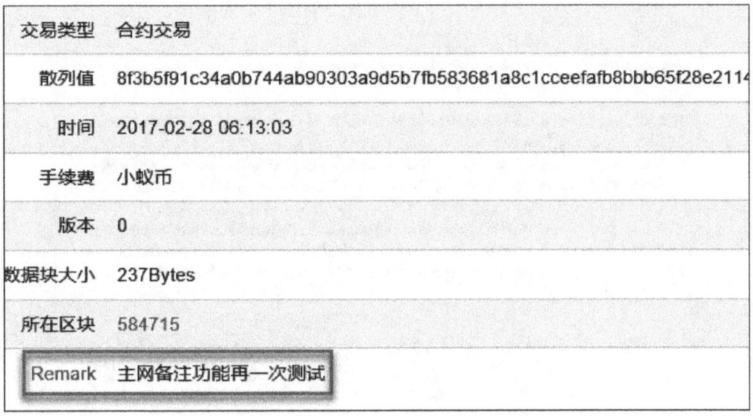

图 5 - 33　区块链浏览器查看备注

图 5 - 34　发起交易请求

（2）点击确定，生成交易请求，可以根据交易请求得知对方的发送详情（图 5 - 35）。

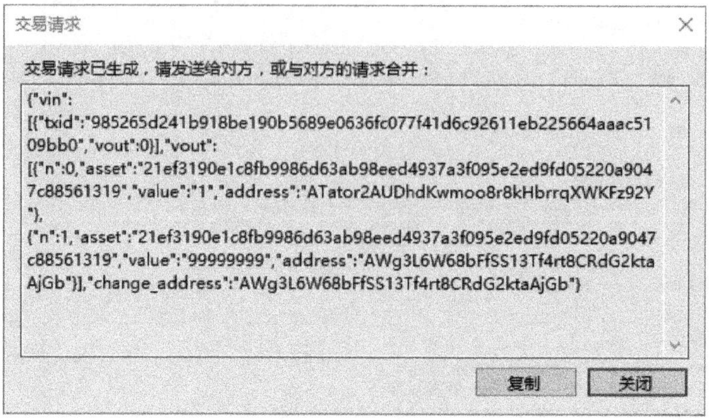

图 5－35　交易请求详情

2) 合并交易

(1) 关闭发起的交易请求窗口后，就会跳转到合并交易请求界面(图 5－36)。

图 5－36　“合并交易请求”页面

(2) 将对方发过来的交易请求粘贴上去，点击“验证”，验证对方请求是否合法，若合法，可选择接收或拒绝(图 5－37)。

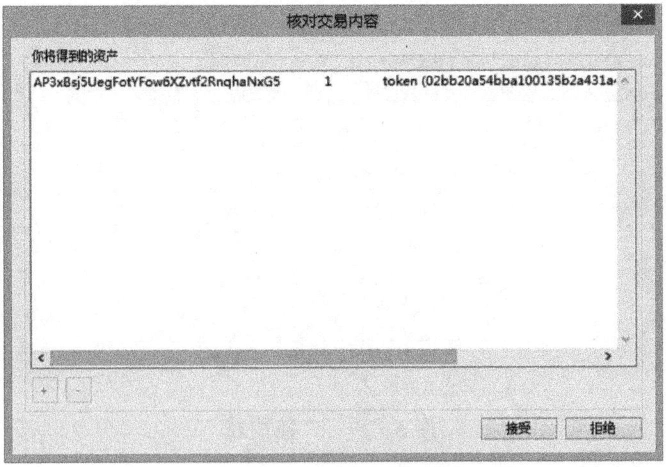

图 5－37　核对交易内容

(3) 若点击接受，则之后需要双方签名并广播。具体操作见“签名”部分。

3) 签名

(1) 将对方发来的需要签名的交易信息粘贴在输入框内，点击“签名”，生成输出数据，再通过“广播”按钮显示出来(图 5－38)。

图 5－38　签名并广播交易

(2) 点击“广播”后，交易成功发送，等待确认后便可完成该笔交易(图 5－39)。

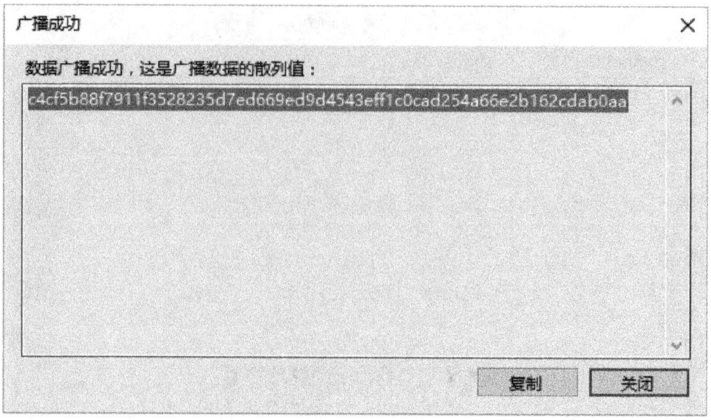

图 5-39　广播成功

12. 高级开发功能

1）离线同步包使用说明

（1）下载离线同步包。离线数据包下载网址：https://www.neo.org/client/chain.acc.zip。

（2）添加离线同步包。将离线数据包解压后（即 chain.acc）放入文件夹内，如图 5-40 所示。

（3）开始离线同步。打开客户端，即可发现客户端以超快的速度进行同步中，如图 5-41 所示。

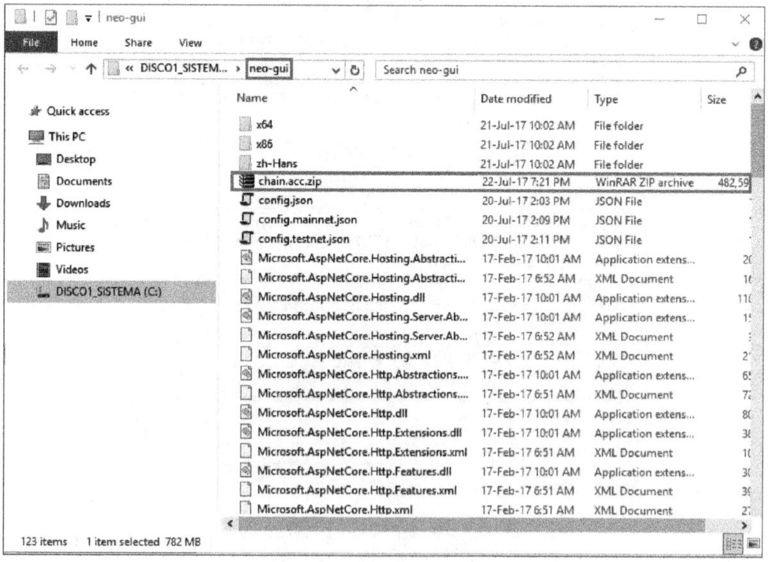

图 5-40　离线数据包解压

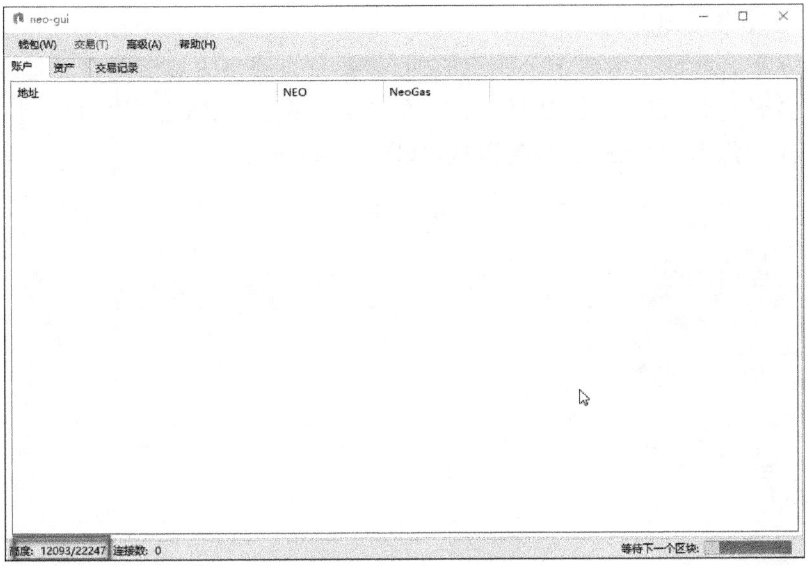

图 5-41　客户端同步数据

(4) 离线同步完成。同步完相应的区块后，文件 chain. acc 即消失，如图 5-42 所示。此时，客户端接着离线数据同步完成的部分继续同步，同步速度减慢。

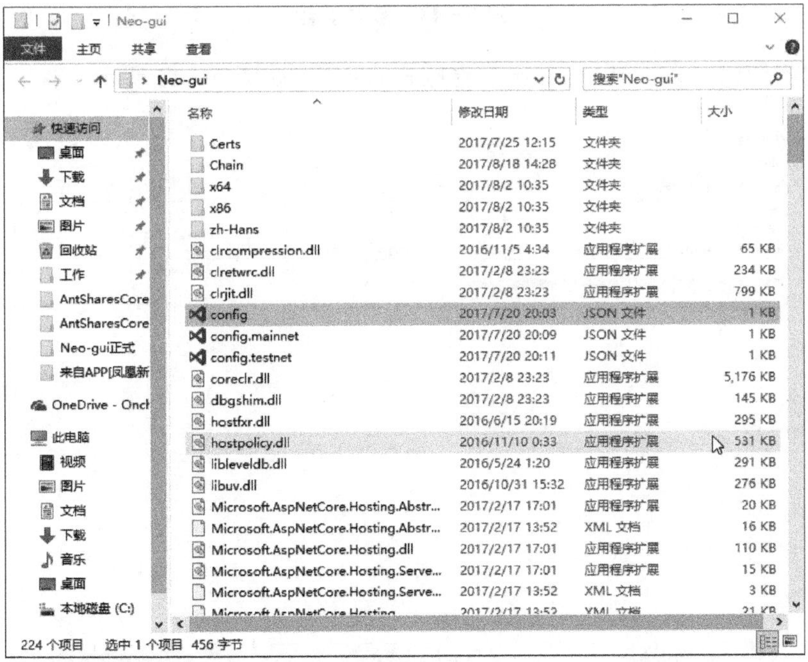

图 5-42　同步完成

2）多方签名地址

多方签名地址是由多个公钥组成的，需要一方或多方签名的合约地址。

右击账户页面空白处，选择创建合约地址，多方签名，在下方的文本框中依次输入各个公钥，设定最小签名数量，如图 5-43 所示。

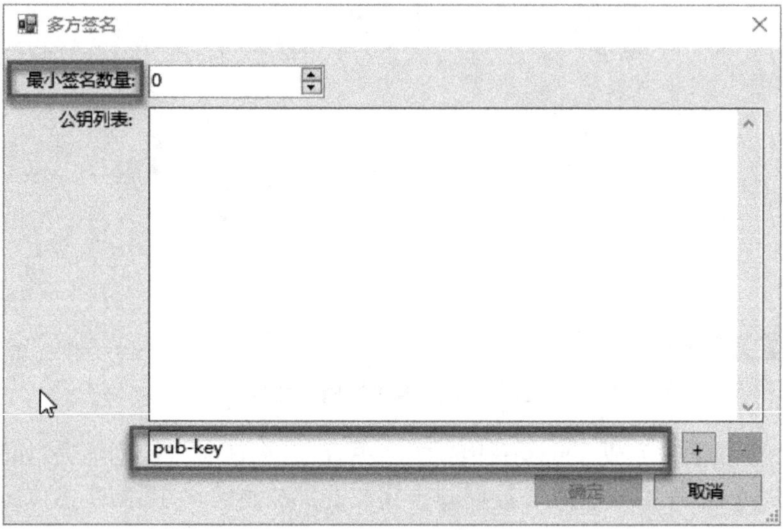

图 5-43　多方签名

成功创建出合约地址，并出现在账户页面中，如图 5-44 所示。

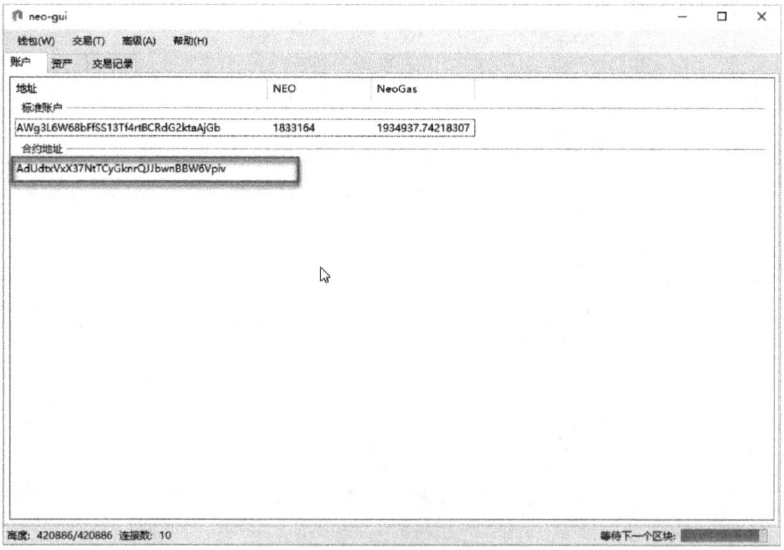

图 5-44　创建合约地址

3）提取 NeoGas

NeoGas 伴随着每个新区块的生成而产生，会按照 NEO 的持股比例，记录在 NEO 地址上（资产余额中的括号里的数目就是待认领的 NeoGas 数目）。NEO 持有人可以在任意时间发起一笔认领交易，将这些 NeoGas 认领到 NEO 的地址上。目前只有 PC 版客户端拥有提取 NeoGas 的功能。

具体操作步骤如下：

（1）对钱包中的所有 NEO 进行一次转账操作（可以直接转到目前地址），待认领的 NeoGas 才会结算一次，变得可提取（具体原理见 NEO 项目白皮书）。

（2）点击“高级”，提取 NeoGas，点击“全部提取”，提取完成（图 5－45）。

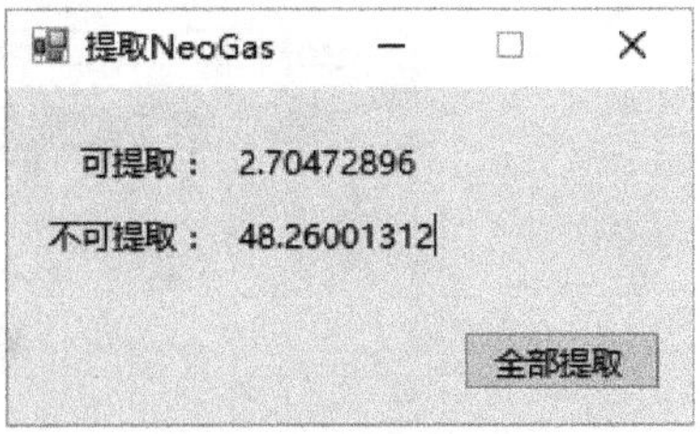

图 5－45　提取 NeoGas

4）申请证书

注意，该功能只可以生成一个证书申请文件，用户仍需去相关数字证书颁发机构申请证书。点击“高级”，申请证书，然后填写证书申请向导（图 5－46）。

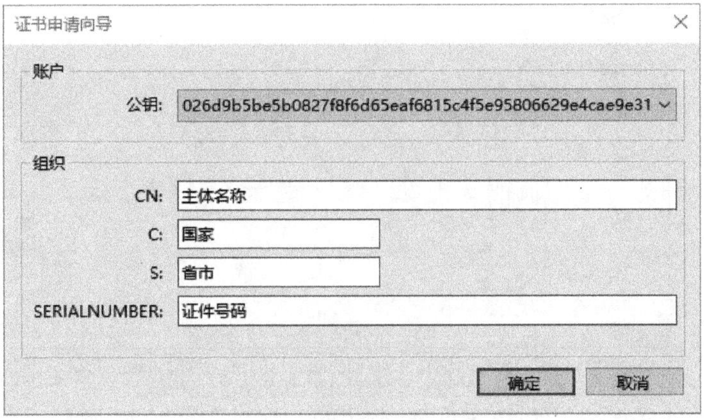

图 5－46　申请证书

最终会生成一个如图 5－47 所示的文件。

图 5－47　生成文件示意图

5）注册资产

资产类型有两种，即 Token 和 Share（转账时需要双方签名）。此处以 Token 为例，填写如图 5－48 所示。

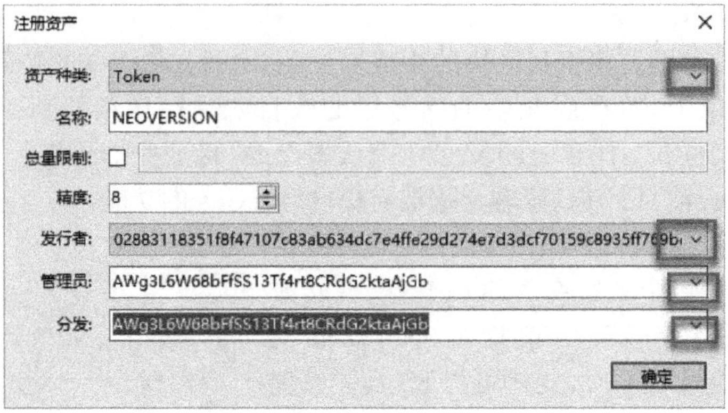

图 5-48　注册 NEO 资产

注册资产通过调用智能合约来完成，如图 5-49 所示，点击“试运行”，即可看到所需手续费详情。

同时，也可以选择加载本地写好的智能合约文档。

需要注意的是，注册资产需花费大量手续费(目前为 4 990 NeoGas)，请谨慎操作。

图 5-49　调用合约

6) 分发资产

分发资产需在资产 ID 中输入注册资产的交易 ID,如图 5-50 所示。

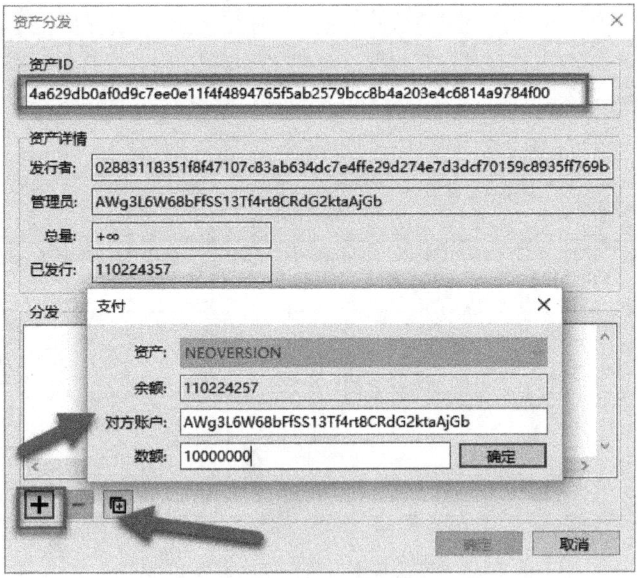

图 5-50 资产分发

需要注意的是,分发资产需花费手续费(目前为 1 NeoGas),请谨慎操作,可以选择一次性分发完毕。

7) 选举

该功能用于报名成为 NEO 区块链记账人候选人。

图 5-51 NEO 记账人申请

选举同样通过调用智能合约来完成,如图 5-52 所示,点击“试运行”,即可看到所需手续费详情。

同样,也可以选择加载本地写好的智能合约文档。

需要注意的是,选举需花费大量手续费(目前为 990 NeoGas),请谨慎操作。目前记账人权限暂未开放。

8) 投票

成为候选人之后,即可通过投票来竞选成为记账人,如图 5-53 所示。

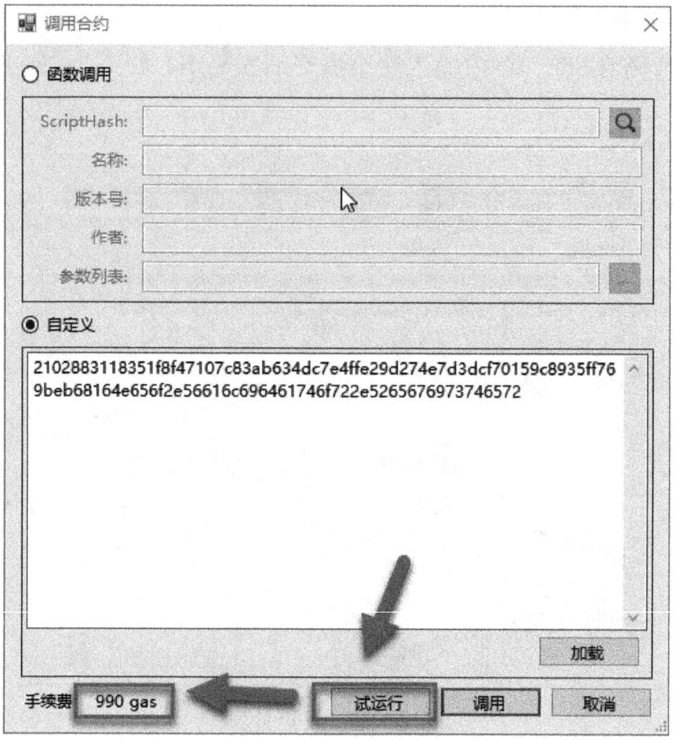

图 5－52　调用选举合约

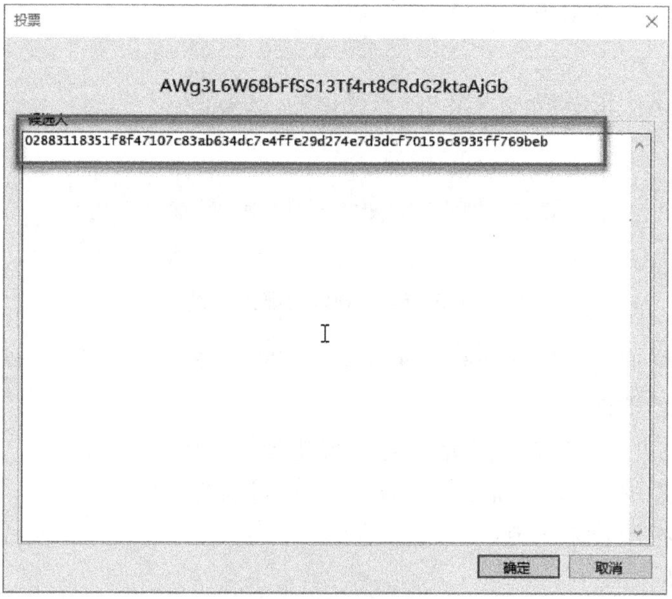

图 5－53　投票竞选记账人

投票同样通过调用智能合约来完成，如图 5-54 所示，点击“试运行”，即可看到所需手续费详情。

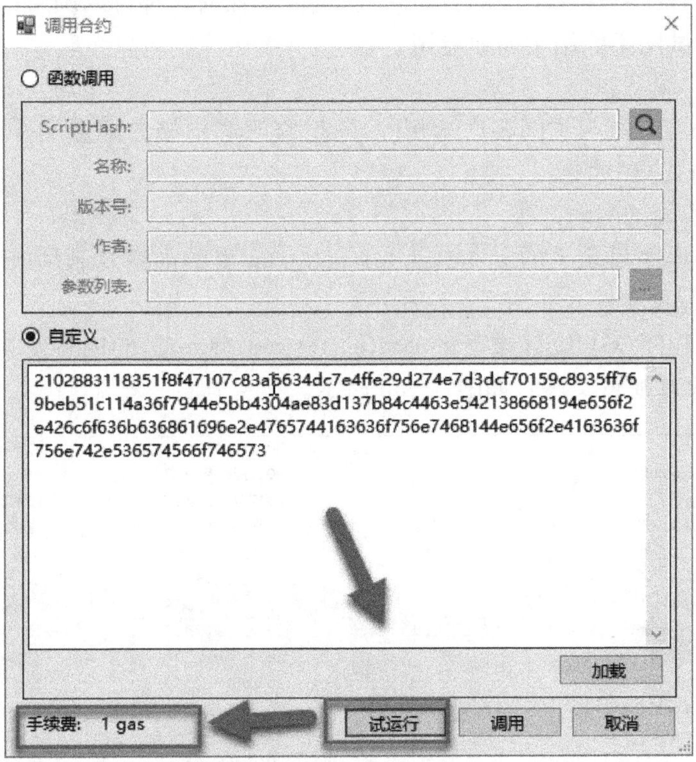

图 5-54　调用投票合约

同样，也可以选择加载本地写好的智能合约文档。

需要注意的是，投票需花费手续费（目前为 1 NeoGas），请谨慎操作。目前记账人权限暂未开放，请等候通知（计划之内）。

13. NEO 测试网

NEO 测试网（Test Net）是官方提供的，专供用户开发、调试和测试。测试网上面的系统费用是测试网中的 NeoGas，并非真实的 NeoGas，测试网的 NEO 和 NeoGas 可以在官网上免费申请。

测试网的所有区块数据都是独立于主网的。如果开发简单的智能合约或者尝试注册资产，那么用测试网就足够了，待开发完成后可以迁移到 NEO 的主网上运行。

测试网的特点如下：

(1) 资产注册、资产分发、合约执行等不会消耗真实货币；

(2) 全球化，部署在 Internet 环境上；

(3) 测试网中的区块、交易等信息可以在区块链浏览器中方便地查看到；

(4) 部署在测试环境上的智能合约，全世界任何人都可以调用；

(5) 测试网不能用于商业应用。

1) 客户端下载

测试网客户端与主网客户端相同，通过修改客户端的配置文件来让客户端在主网和测试网中切换。

2) 切换测试网的方法

(1) 将程序目录下的 protocal. testnet. json 里的内容复制到 protocol. json（替换原有配置文件），如图 5-55 所示。

(2) 将程序（GUI）目录下的 config. testnet. json 里的内容复制到 config. json（替换原有配置文件），如图 5-55 所示。

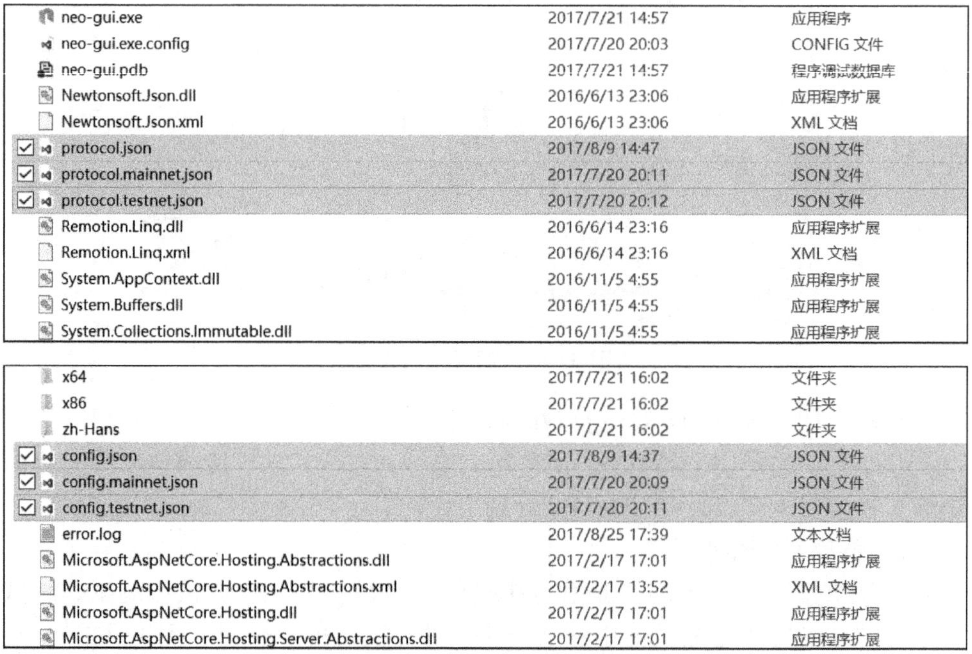

图 5-55　切换测试网

注：旧版客户端的这一步是将 neo—gui. testnet. config 里的内容复制到 neo—gui. exe. config（替换原有配置文件）。

14. CLI 命令参考

打开命令行，定位到程序所在目录，输入下面代码即可启动 NEO 的命令行钱包（即 NEO 节点）。

dotnet neo－cli. dll//启动 NEO 命令行钱包

下面介绍命令行钱包的所有命令，可以通过输入命令的形式操作钱包，如创建打开钱包、导入导出私钥、转账、启动共识等。

首先了解一下该命令行钱包有哪些命令，在命令行中输入 help，回车，你会看到如图 5－56 所示的命令列表。

```
neo>
neo>help
Normal Commands:
        version
        help
        clear
        exit
Wallet Commands:
        create wallet <path>
        open wallet <path>
        upgrade wallet <path>
        rebuild index
        list address
        list asset
        list key
        show utxo [id|alias]
        show gas
        claim gas
        create address [n=1]
        import key <wif|path>
        export key [address] [path]
        send <id|alias> <address> <value> [fee=0]
Node Commands:
        show state
        show node
        show pool
        export blocks [path=chain.acc]
Advanced Commands:
        start consensus
        refresh policy
neo>
```

图 5－56　NEO 命令行方法列表

下面是所有命令的说明，命令中尖括号<>表示的是参数，方括号[]表示的是可选参数，或符号|表示所填的参数可以是其中任意一种，等号=表示可选参数在不输入情况下的默认值。

(1) 控制台指令(表 5－1)。

表 5－1　控制台命令说明

命　令	功 能 说 明
version	显示当前软件的版本
help	帮助菜单
clear	清除屏幕
exit	退出程序

(2) 钱包操作(表 5 - 2)。

表 5 - 2　钱包操作命令说明

命　　令	功 能 说 明	备　　注
create wallet <path>	创建钱包文件	
open wallet <path>	打开钱包文件	
upgrade wallet <path>	升级旧版钱包文件	
rebuild index	重建钱包索引	需要打开钱包
list address	列出钱包中的所有账户	需要打开钱包
list asset	列出钱包中的所有资产	需要打开钱包
list key	列出钱包中的所有公钥	需要打开钱包
show utxo [id|alias]	列出钱包中指定资产的 UTXO	需要打开钱包
show gas	列出钱包中的所有可提取及不可提取的 GAS	需要打开钱包
claim gas	提取钱包中的所有可提取的 GAS	需要打开钱包
create address [n=1]	创建地址/批量创建地址	需要打开钱包
import key <wif|path>	导入私钥/批量导入私钥	需要打开钱包
export key [address] [path]	导出私钥	需要打开钱包
send <id|alias><address><value>|all [fee=0]	向指定地址转账参数分别为资产 ID、对方地址、转账金额、手续费	需要打开钱包

部分命令的解释如下。

① upgrade wallet <path>。升级旧版钱包文件。

```
neo>upgrade wallet cli.db3
Wallet file upgrade complete. Old file has been auto - saved at: cli.old.db3
```

② rebuild index。重建钱包索引。

为什么要重建钱包索引,重建钱包索引有什么用?

钱包中有一个字段,记录了当前钱包同步的区块高度,每新增加一个区块,钱包客户端就会同步区块,将钱包中的资产和交易更新。假设当前记录的区块高度为 100,然后执行了 import key 命令导入私钥,这时钱包仍然是从区块高度为 100 开始计算资产。如果导入的地址在区块高度小于 100 时有一些交易,这些交易和对应的资产将不会体现在钱包中,所以要重建钱包索引,强制让钱包从区块高度为零开始计算你的资产。

假如由于某种原因,钱包中的某笔交易未确认,这时资产已经从钱包中扣除,但并未经过整个区块链网络的确认。如果想删掉这笔未确认的交易使钱包中的资产正常显示也需要重建钱包索引。

新创建的钱包不用重建钱包索引,只有要导入私钥或者钱包中资产显示异常时才需要重建钱包索引。

③ show utxo [id|alias]。列出钱包中指定资产的 UTXO，输出如下所示：

```
neo>show utxo neo
8674c38082e59455cf35cee94a5a1f39f73b617b3093859aa199c756f7900f1f:2
total: 1 UTXOs
neo>show utxo gas
8674c38082e59455cf35cee94a5a1f39f73b617b3093859aa199c756f7900f1f:1
total: 1 UTXOs
neo > show utxo 025d82f7b00a9ff1cfe709abe3c4741a105d067178e645bc3ebad
9bc79af47d4
8674c38082e59455cf35cee94a5a1f39f73b617b3093859aa199c756f7900f1f:0
total: 1 UTXOs
```

④ show gas。列出钱包中的所有可提取及不可提取的 GAS，输出结果如下：

```
unavailable: 133.024
available: 10.123
```

其中，unavailable 表示不可提取的 GAS，available 表示可提取（待提取）的 GAS。

注：这里不包含已提取的 GAS，查看已提取的 GAS 要用 list asset 命令。

那么，什么是可提取的 GAS，什么是不可提取的 GAS?

每一个 NEO 都有两种状态：unspent 和 spent。每一个未提取的 GAS 也有两种状态：available 和 unavailable。一个 NEO 的生命周期以转入地址起始，转出地址截止，转入时状态变为 unspent，转出时状态变为 spent。当 NEO 处于 unspent 状态时，所产生的 GAS 为 unavailable 状态，即不可提取。当 NEO 处于 spent 状态时，其间所产生的 GAS 变为 available，用户可以提取。

如何将钱包中的所有 unavailable GAS 转为 available GAS 呢？很简单，将钱包中的所有 NEO 转到钱包中的任意一个地址即可。

⑤ claim gas。提取钱包中的所有可提取的 GAS，该过程是通过一个特殊的交易 Claim Transaction 完成的，输入命令后，客户端会输出 Claim Transaction 的 ID(提取 GAS 这笔交易的 ID)。

执行完 claim gas 命令后，再执行 list asset 会显示 GAS 有增加。

⑥ create address [n=1]。可以输入 create address 来创建一个地址，也可以输入 create address 100 来批量创建 100 个地址，批量创建的地址会自动导出到 address. txt 文件中。

⑦ export key [address] [path]。可以指定导出哪个地址对应的私钥，也可以指定导出至指定的文件中，如下面的命令都是合法的。该命令需要验证钱包密码。

```
export key
export key AeSHyuirtXbfZbFik6SiBW2BEj7GK3N62b
export key key.txt
export key AeSHyuirtXbfZbFik6SiBW2BEj7GK3N62b key.txt
```

⑧ import key <wif|path>。导入私钥，可以指定导入一个私钥，或者是导入一个文件中的多个私钥，如下面的命令都是合法的。

```
import key L4zRFphDJpLzXZzYrYKvUoz1LkhZprS5pTYywFqTJT2EcmWPPpPH
import key key.txt
```

如果是指定文件的话，文件里的私钥格式请参考 export key key.txt 的输出。

⑨ send <id|alias><address><value>|all [fee=0]。转账，一共有 4 个参数，第一个参数是资产 ID，第二个参数是收款地址，第三个参数是转账金额（当输入 all 就是钱包中该资产的全部数量），第四个参数是手续费（这个参数可不填，默认为零）。该命令需要验证钱包密码。假如要转 100 NEO 转到这个地址"AeSHyuirtXbfZbFik6SiBW2BEj7GK3N62b"，需要输入以下命令：

```
send c56f33fc6ecfcd0c225c4ab356fee59390af8560be0e930faebe74a6daff7c9b
AeSHyuirtXbfZbFik6SiBW2BEj7GK3N62b 100
```

因为第二个参数除了资产 ID，还可以填写资产缩写，如 neo、gas，所以以上命令可以写为

```
send neo AeSHyuirtXbfZbFik6SiBW2BEj7GK3N62b 100
```

不知道资产 ID 怎么办？请输入 list asset 命令查看钱包中的所有资产。

（3）查看节点信息（表 5-3）。

表 5-3　查看节点命令

命　　令	功 能 说 明
show state	显示当前区块链同步状态
show node	显示当前已连接的节点地址和端口
show pool	显示内存池中的交易（这些交易处于零确认的状态）
export blocks [path=chain.acc]	导出全部区块数据，导出的结果可以用作离线同步

（4）高级指令（表 5-4）。

表 5-4　高级指令

命　　令	功 能 说 明
start consensus	启动共识

启动共识的前提是该钱包有共识的权限，在 NEO 主网上可以通过投票选举获得共识的权限，如果自己部署的私有链，可以在 protocol. json 中设置共识节点的公钥来获得共识权限。

15. 用 NEO 节点搭建私有链

阅读完 NEO 节点的安装部署后，已经可以在 Windows 和 Linux 上部署 NEO 节点了，下面介绍如何用 NEO 节点搭建私有链或联盟链，并且如何从自己的私有链中提取 NEO 和 NeoGas。

NEO 私有链的部署至少需要 4 台服务器才能取得共识，每台服务器对应一个共识节点，每台服务器上有一个 NEO 钱包文件。

1） 配置虚拟机

NEO 私有链的部署至少需要 4 台服务器才能取得共识，每台服务器对应一个共识节点。可以在局域网中或虚拟机中部署私有链。以下为 Azure 创建的 4 台服务器。

表 5－5　私有链虚拟机配置

名称∧	类型∨	状态	资源组∨	位置∨	订阅∨
PrivateChain1	虚拟机	Running	PrivateChain	东亚	即用即付
PrivateChain2	虚拟机	Running	PrivateChain	东亚	即用即付
PrivateChain3	虚拟机	Running	PrivateChain	东亚	即用即付
PrivateChain4	虚拟机	Running	PrivateChain	东亚	即用即付

创建好后，要开通 10331～10334 端口，具体方法为在系统的“防火墙”→“高级设置”→“入站规则”→“新建规则”，然后添加端口 10331～10334。

注：如果使用在云服务器上创建的虚拟机，还要登录虚拟机的管理后台，设置网络安全组。

Azure 上的设置方法为：“网络接口”→“网络安全组”→“入站安全规则”→“添加”→“添加端口”10331～10334。

创建好虚拟机后，将四台虚拟机的 IP 地址保存下来以备后用。

2） 安装 NEO 节点

NEO 节点的安装过程前面已经详细介绍过，安装过程请参考 NEO 节点的安装部署。

3） 创建钱包

首先创建 4 个钱包文件，依次为 wallet1. db3 — wallet4. db3，这一步在 PC 版钱包和命令行钱包都可以创建，图 5－57 是在命令行客户端创建钱包文件的截图。

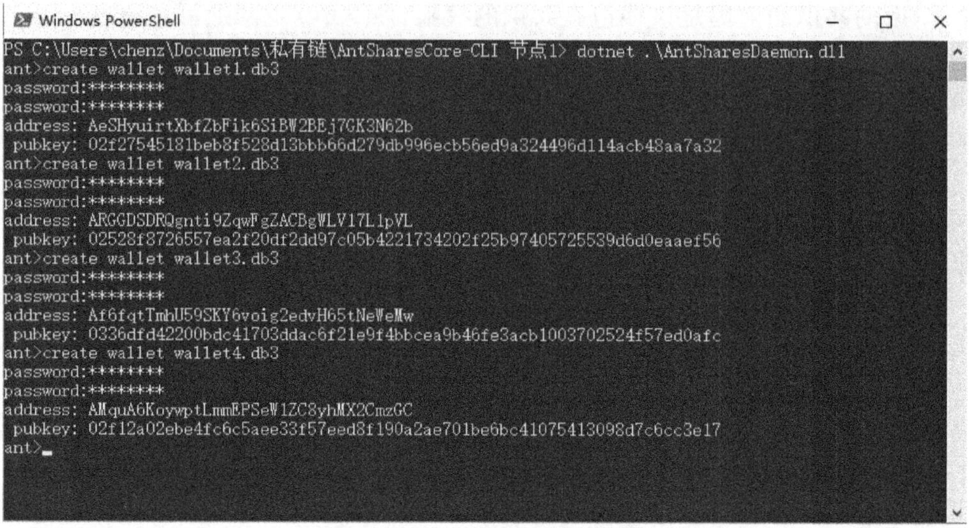

图 5－57　创建私有链钱包

创建好钱包后将 4 个钱包的公钥保存下来(保存到一个. txt 文件中即可)以备后用。直接复制上面的公钥或者用 CLI 命令中的 list key 命令查看公钥再复制均可。

然后将 4 个钱包分别复制到 4 个虚拟机的节点目录下。

4) 修改节点的配置文件

打开节点的配置文件 protocol. json。

首先修改 Magic 值，Magic 用于识别消息的来源网络，指定不同的 Magic 确保 NEO 区块链中的不同网络信息在传输过程中不会发送到其他网络。

注：Magic 的类型为 uint，所以注意所填写的数值要在 0～4 294 967 295 区间内。

然后修改 StandbyValidators，将第(3)步记下来的 4 个公钥填写在这里。

最后修改 SeedList，将第一步记下来的 IP 地址填写在这里，端口号保持不变，如修改成下面的配置。

```
{
    "ProtocolConfiguration": {
    "Magic": 1704630,
    "AddressVersion": 23,
    "StandbyValidators": [

"02f27545181beb8f528d13bbb66d279db996ecb56ed9a324496d114acb48aa7a32",
```

```
"02daa386d979ae6643869a365294055546023acb332ee1a74a5ae5d54774a97bac",

"0306f12f7217569cdbe9dde9ff702d0040e0a4570873eee63291adaa658128e55c",

"035781b4d55dc58187f61b5d9277afbaae425deacc5df57f9891f3a5c73ecb24df"
    ],
    "SeedList": [
      "13.75.112.62:10333",
      "137.116.173.200:10333",
      "168.63.206.73:10333",
      "137.116.171.134:10333"
    ],
    "SystemFee": {
      "EnrollmentTransaction": 0,
      "IssueTransaction": 0,
      "PublishTransaction": 0,
      "RegisterTransaction": 0
    }
  }
}
```

SystemFee 是系统手续费，目前手续费如下(单位为 GAS)：

记账人报名 1 000，分发资产 500，智能合约发布 500，注册资产 10 000。

可以在这里设置私有链中的系统手续费。

最后将修改过的 protocol. json 复制到 4 个节点的客户端目录下，替换之前的 protocol. json 文件。

然后在 4 台虚拟机上依次输入以下命令启动节点，打开钱包，开启共识。不记得命令的请参考 CLI 命令参考。

启动节点：

```
dotnet neo-cli.dll
```

打开钱包：

```
open wallet wallet1.db3
```

注：这里并非所有节点都要打开 wallet1 钱包，每个节点应该打开自己的钱包文件。

start consensus//启动共识的命令

如果上述操作成功，那么此时 4 个节点便会开始共识过程，如图 5－58 所示。

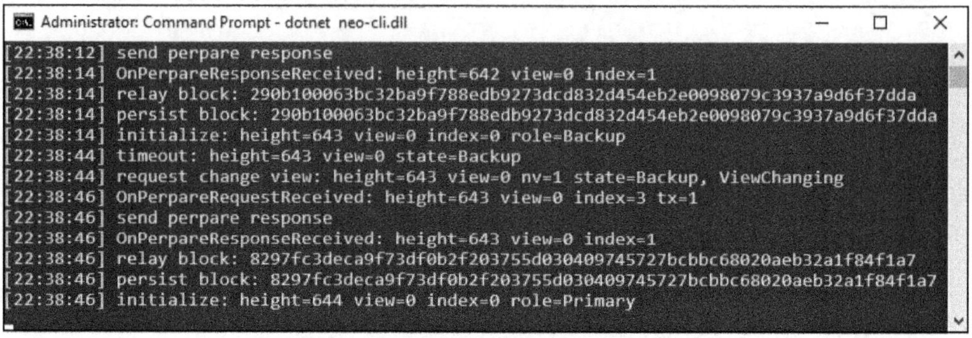

图 5－58　开始同步共识

4 个节点即使关掉一台依然可以达成共识。

5）提取 NEO、NeoGas

安装 PC 版客户端（Neo－GUI），修改配置文件 protocol.json 使其连接到私有链中。

打开钱包，如果左下角有连接数不为零，而且一直在同步区块，表示该客户端已经成功地连接到了私有链中。

在 PC 版客户端中打开钱包 wallet1.db3，添加多方签名地址，输入 protocol.json 中的 4 个公钥，设置最小签名数量为 3（共识节点数量/2＋1），如图 5－59 所示。

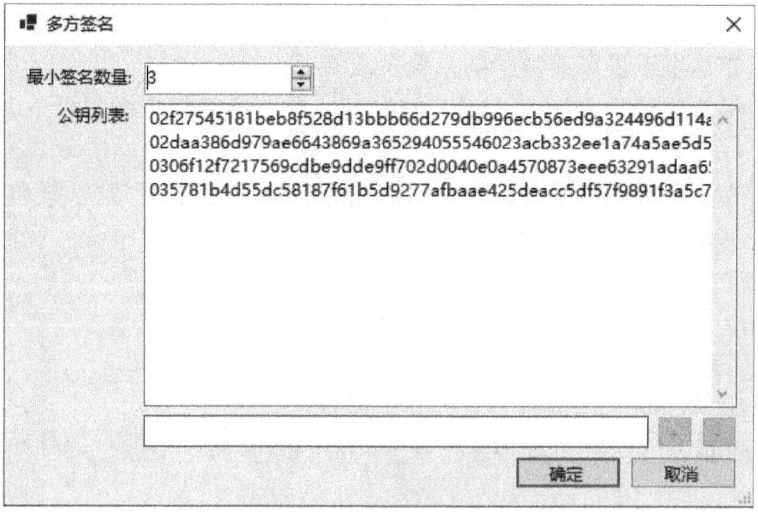

图 5－59　私有链多方签名

点击“确定”，然后需要重建钱包索引，在菜单栏中点击“钱包”，重建钱包索引，然后就会看到在合约地址中有 1 亿个 NEO 了(图 5-60)。

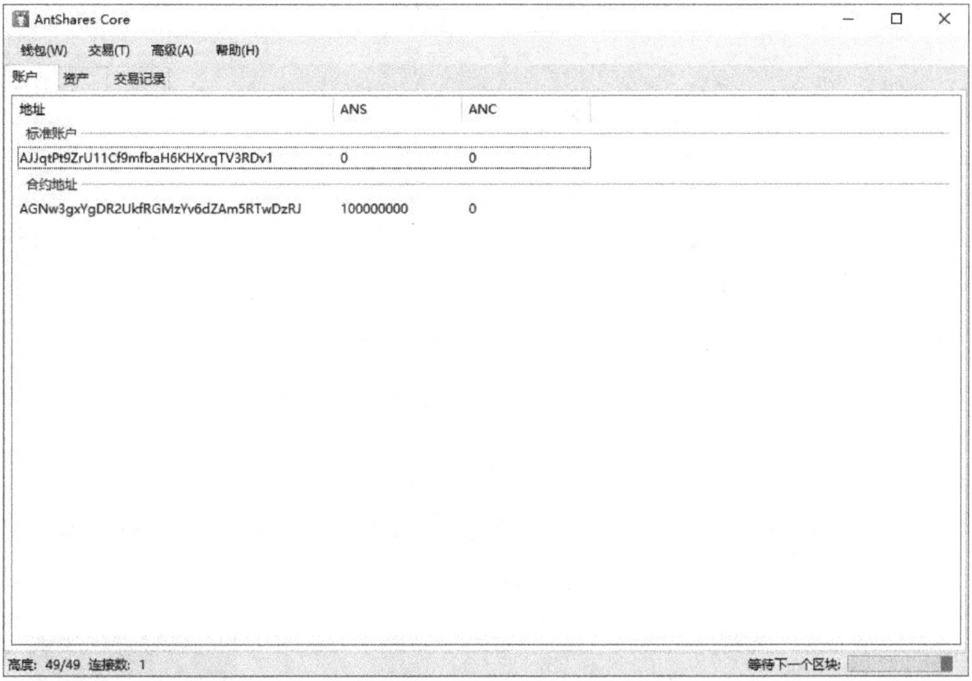

图 5-60 重建钱包索引完成后的状态

4 个钱包都要执行这个操作：添加多方签名地址，重建钱包索引。

下面将该 NEO 从合约地址转到普通地址中，打开 4 个钱包中的任意一个，点击“交易”、“转账”输入一个标准地址，将 1 亿个 NEO 转到这个地址中。

系统会提示“交易构造完成，但没有足够的签名”，然后将代码复制下来，打开第二个钱包，点击“交易”、“签名”，粘贴刚才复制的代码，点击“签名”，然后将代码复制下来，打开第三个钱包，点击“交易”、“签名”，粘贴刚才复制的代码，点击“签名”，这时你会发现窗口中出现了一个“广播”按钮，代表交易已经签名完成(达到多方签名合约要求的最少签名数量)可以广播，点击“广播”后转账交易开始广播，约 15 s 后转账成功(图 5-61)。

提取 NeoGas 的操作方法也类似，点击“高级”、“提取”、“NeoGas 提取”，(记得这时所在的钱包 X，下文会用到)，如图 5-62 所示。

接下来的操作与转账 NEO 类似，将没有足够的签名的代码复制下来，打开第二个钱包，点击“交易”、“签名”，粘贴刚才复制的代码，点击“签名”，然后将代码复制下来，打开第三个钱包，点击“交易”、“签名”，粘贴刚才复制的代码，点击

图 5-61 转账成功

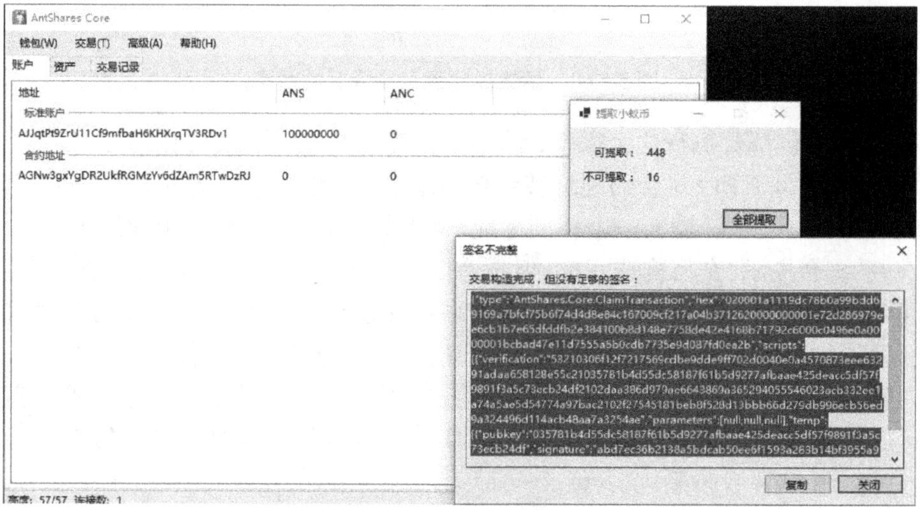

图 5-62 提取 NeoGas

“签名”，点击“广播”后提取 NeoGas 的交易开始广播，约 15 s 后提取成功。

提取成功后 NeoGas 会进入发起提取 NeoGas 的交易所在的钱包(即上方的 X 钱包)的第一个标准地址，如图 5-63 所示。

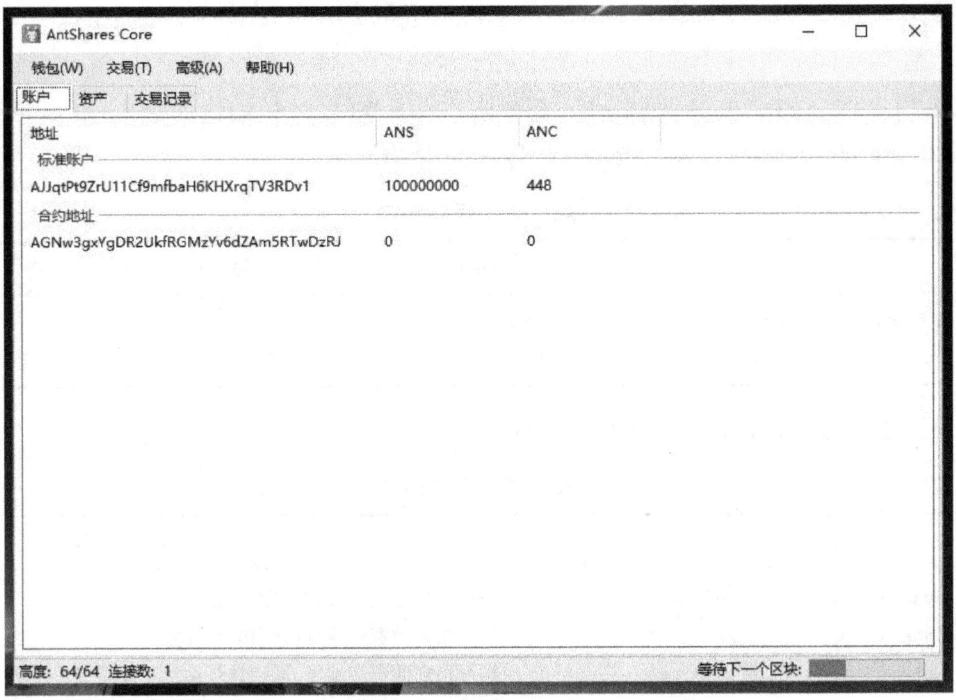

图 5－63　提取 NeoGas

16. API 参考

每个 NEO 节点 NEO－CLI 都可选地提供了一套 API，用于从节点获取区块链数据，使得开发区块链应用变得十分方便。接口通过 JSON－RPC 的方式提供，底层使用 HTTP/HTTPS 协议进行通信。要启动一个提供远程过程调用服务的节点，可运行以下命令：

```
dotnet neo-cli.dll /rpc
```

若要通过 HTTPS 的方式访问 RPC 服务器，需要在启动节点前修改配置文件 config.json，并设置域名、证书和密码：

```
{
  "ApplicationConfiguration": {
    "DataDirectoryPath": "Chain",
    "NodePort": 10333,
    "WsPort": 10334,
    "UriPrefix": [ "https://*:10331", "http://*:10332" ],
    "SslCert": "YourSslCertFile.xxx",
    "SslCertPassword": "YourPassword"
```

```
    }
}
```

JSON－RPC 服务器启动后，会监听 TCP 端口，默认端口如表 5－6 所示。P2P 和 WebSocket 的端口详见 NEO 节点介绍。

表 5－6　默认端口

协　　议	主网(main net)	测试网(test net)
JSON－RPC HTTPS	10331	20331
JSON－RPC HTTP	10332	20332

命令列表如表 5－7 所示。

表 5－7　命令列表

方　　法	参　　数	说　　明	备注
getaccountstate	<address>	根据账户地址，查询账户资产信息	
getassetstate	<asset_id>	根据指定的资产编号，查询资产信息	
getbalance	<asset_id>	根据指定的资产编号，返回钱包中对应资产的余额信息	需要打开钱包
getbestblockhash		获取主链中高度最大的区块的哈希值	
getblock	<hash> [verbose=0]	根据指定的哈希值，返回对应的区块信息	
getblock	<index> [verbose=0]	根据指定的索引，返回对应的区块信息	
getblockcount		获取主链中区块的数量	
getblockhash	<index>	根据指定的索引，返回对应区块的哈希值	
getblocksysfee	<index>	根据指定的索引，返回截止到该区块前的系统手续费	
getconnectioncount		获取节点当前的连接数	
getcontractstate	<script_hash>	根据合约脚本哈希值，查询合约信息	
getrawmempool		获取内存中未确认的交易列表	
getrawtransaction	<txid> [verbose=0]	根据指定的哈希值，返回对应的交易信息	
getstorage	<script_hash><key>	根据合约脚本哈希值和存储的 key，返回存储的 value	
gettxout	<txid><n>	根据指定的哈希值和索引，返回对应的交易输出(零钱)信息	
sendrawtransaction	<hex>	广播交易	

续　表

方　法	参　数	说　明	备注
sendtoaddress	<asset_id><address><value> [fee=0]	向指定地址转账	需要打开钱包
sendmany	<outputs_array> [fee=0] [change_address]	批量转账命令	需要打开钱包
getnewaddress		创建一个新的地址	需要打开钱包
dumpprivkey	<address>	导出指定地址的私钥	需要打开钱包
submitblock	<hex>	提交新的区块	需要成为共识节点
validateaddress	<address>	验证地址是否是正确的 NEO 地址	
getpeers		获得该节点当前已连接/未连接的节点列表	

17. JSON - RPC 请求示例

1) GET 请求示例

以获取主链中区块的数量方法为例，一次典型的 JSON - RPC GET 请求格式如下：

请求 URL，需要将 localhost 换成访问域名：

```
http://localhost:10332?jsonrpc=2.0&method=getblockcount&params=[]&id=1
```

发送请求后，将会得到如下响应：

```
{
  "jsonrpc": "2.0",
  "id": 1,
  "result": 909129
}
```

2) POST 请求示例

下面以获取主链中区块的数量方法为例，一次典型的 JSON - RPC POST 请求的格式如下：

请求 URL：

```
http://localhost:10332
```

请求 Body：

```
{
  "jsonrpc": "2.0",
  "method": "getblockcount",
```

```
  "params": [],
  "id": 1
}
```

发送请求后，将会得到如下响应：

```
{
  "jsonrpc": "2.0",
  "id": 1,
  "result": 909122
}
```

下面着重介绍以下几个开发常用到的接口。

(1) getbalance 方法。根据指定的资产编号，返回钱包中对应资产的余额信息。

注意：执行此命令前需要在 NEO-CLI 节点中打开钱包。

参数说明如下。

asset_id：资产 ID(资产标识符)，即该资产在注册时的交易 ID。

如 NEO 为

c56f33fc6ecfcd0c225c4ab356fee59390af8560be0e930faebe74a6daff7c9b

NeoGas 为

602c79718b16e442de58778e148d0b1084e3b2dffd5de6b7b16cee7969282de7

其余资产 ID 可以通过 CLI 命令中的 list asset 命令查询，也可以在区块链浏览器中查询。

调用请求正文：

```
{
  "jsonrpc": "2.0",
  "method": "getbalance",
  "params": ["025d82f7b00a9ff1cfe709abe3c4741a105d067178e645bc3ebad
9bc79af47d4"],
  "id": 1
}
```

响应正文：

```
{
  "jsonrpc": "2.0",
  "id": 1,
  "result": {
```

```
    "balance": "1.01",
    "confirmed": "1.01"
  }
}
```

响应说明如下。

balance：钱包中该资产的真实余额。

confirmed：钱包中该资产的已确认的金额，只有已确认的金额可以用来转账。

balance 和 confirmed 二者可能会不相等，仅在从钱包中转出一笔钱，而且有找零未确认时时，confirmed 值会小于 balance。当这笔交易确定后，二者会变得相等。

(2) sendtoaddress 方法。向指定地址转账。执行此命令前需要在 NEO-CLI 节点中打开钱包。

参数说明如下。

asset_id：资产 ID(资产标识符)，即该资产在注册时的 RegistTransaction 的交易 ID。

如 NEO 为

c56f33fc6ecfcd0c225c4ab356fee59390af8560be0e930faebe74a6daff7c9b

NeoGas 为

602c79718b16e442de58778e148d0b1084e3b2dffd5de6b7b16cee7969282de7

其余资产 ID 可以通过 CLI 命令中的 list asset 命令查询，也可以在区块链浏览器中查询。

address：收款地址。

value：转账金额。

fee：手续费，可选参数，默认为 0。

调用请求正文：

```
{
  "jsonrpc": "2.0",
  "method": "sendtoaddress",
  "params": ["025d82f7b00a9ff1cfe709abe3c4741a105d067178e645bc3ebad
9bc79af47d4","AK4if54jXjSiJBs6jkfZjxAastauJtjjse",1],
  "id": 1
}
```

响应正文：


```
{
  "jsonrpc": "2.0",
  "id": 1,
  "result": {
    "txid": "fbd69da6996cc0896691a35cba2d3b2e429205a12307cd2bdea5fbdf78dc9925",
    "size": 262,
    "type": "ContractTransaction",
    "version": 0,
    "attributes": [],
    "vin": [
      {
        "txid": "19fbe968be17f4bd7b7f4ce1d27e39c5d8a857bd3507f76c653d204e1e9f8e63",
        "vout": 0
      }
    ],
    "vout": [
      {
        "n": 0,
        "asset": "025d82f7b00a9ff1cfe709abe3c4741a105d067178e645bc3ebad9bc79af47d4",
        "value": "1",
        "address": "AK4if54jXjSiJBs6jkfZjxAastauJtjjse"
      },
      {
        "n": 1,
        "asset": "025d82f7b00a9ff1cfe709abe3c4741a105d067178e645bc3ebad9bc79af47d4",
        "value": "4978980",
        "address": "AK4if54jXjSiJBs6jkfZjxAastauJtjjse"
      }
    ],
```

```
      "sys_fee": "0",
      "net_fee": "0",
      "scripts": [
        {
          "invocation": "40f02345c7e90245f085d0c588433ca9e89c6df58f
3636b5240288aab5f081b1c67c3cad5946890de9001fcfe8d8b748b647b116891e6f
1fb2393cc2f1aba45a81",
          "verification": "21027b30333e0d0e6552ae6d1da9f9409f551e35ee
9719305e945dc4dcba998456caac"
        }
      ]
    }
}
```

响应说明如下。

返回以上的交易详情说明交易发送成功，否则交易发送失败。

如果签名不完整会返回待签名的交易。

如果余额不足会返回错误信息。

(3) sendmany 方法。批量转账命令，并且可以指定找零地址。执行此命令前需要在 NEO - CLI 节点中打开钱包。

参数说明如下。

```
<outputs_array> [fee = 0] [change_address]
```

outputs_array：数组，数组中的每个元素的数据结构如下。

```
{"asset": <asset>,"value": <value>,"address": <address>}
```

asset：资产 ID(资产标识符)，即该资产在注册时的 RegistTransaction 的交易 ID。如 NEO 为

c56f33fc6ecfcd0c225c4ab356fee59390af8560be0e930faebe74a6daff7c9b

NeoGas 为

602c79718b16e442de58778e148d0b1084e3b2dffd5de6b7b16cee7969282de7

其余资产 ID 可以通过 CLI 命令 中的 list asset 命令查询，也可以在区块链浏览器中查询。

value：转账金额。

address：收款地址。

fee：手续费，可选参数，默认为 0。

change_address：找零地址，可选参数，默认为钱包中第一个标准地址。

调用示例如下。

请求正文：

```
{
  "jsonrpc": "2.0",
  "method": "sendmany",
  "params": [[{"asset": "025d82f7b00a9ff1cfe709abe3c4741a105d067178e
645bc3ebad9bc79af47d4","value": 1,"address": "AbRTHXb9zqdqn5sVh4EYp
QHGZ536FgwCx2"}, { " asset ":  " 025d82f7b00a9ff1cfe709abe3c4741a105d
067178e645bc3ebad9bc79af47d4"," value": 1," address": "AbRTHXb9zqdqn
5sVh4EYpQHGZ536FgwCx2"}]],
  "id": 1
}
```

响应正文：

```
{
    "jsonrpc": "2.0",
    "id": 1,
    "result": {
            " txid":  " 27b9a82ed519eec17c5520927b3f472e4df28b835c24dba
25645e1650ed8d2ac",
        "size": 322,
        "type": "ContractTransaction",
        "version": 0,
        "attributes": [],
        "vin": [
            {
                " txid":  "8674c38082e59455cf35cee94a5a1f39f73b617b
3093859aa199c756f7900f1f",
                "vout": 0
            }
        ],
        "vout": [
            {
                "n": 0,
                    " asset":  " 025d82f7b00a9ff1cfe709abe3c4741a105d
```

067178e645bc3ebad9bc79af47d4",
                "value": "1",
                "address": "AbRTHXb9zqdqn5sVh4EYpQHGZ536FgwCx2"
            },
            {
                "n": 1,
                    "asset": "025d82f7b00a9ff1cfe709abe3c4741a105d
067178e645bc3ebad9bc79af47d4",
                "value": "1",
                "address": "AbRTHXb9zqdqn5sVh4EYpQHGZ536FgwCx2"
            },
            {
                "n": 2,
                    "asset": "025d82f7b00a9ff1cfe709abe3c4741a105d
067178e645bc3ebad9bc79af47d4",
                "value": "999998",
                "address": "AbRTHXb9zqdqn5sVh4EYpQHGZ536FgwCx2"
            }
        ],
        "sys_fee": "0",
        "net_fee": "0",
        "scripts": [
            {
                  "invocation": "40844144eb6819cb094afee2db5e5da078
cfc7bbe29dbc60e47b4c3b4bdf77a5fd97865ae9b5a8d8bb3fa20f1441a58a05f848b
2ea49c6c0dbbfc5ed241b226665",
                "verification": "210208c5203d32f960c54c225f140c102040
8b114c15d29082fc959dac6874828fccac"
            }
        ]
    }
}

响应说明如下。

返回以上的交易详情说明交易发送成功，否则交易发送失败。

JSON 格式不正确，会返回 Parse error。

如果签名不完整会返回待签名的交易。

如果余额不足会返回错误信息。

(4) sendrawtransaction 方法。广播交易。

参数说明如下。

hex：在程序中构造的已签名的交易序列化后的 16 进制字符串。

调用示例如下。

请求正文：

```
{
  "jsonrpc": "2.0",
"method": "sendrawtransaction",
  "params": ["80000001195876cb34364dc38b730077156c6bc3a7fc570044a66fb
feeea56f71327e8ab0000029b7cffdaa674beae0f930ebe6085af9093e5fe56b34a5c
220ccdcf6efc336fc500c65eaf440000000f9a23e06f74cf86b8827a9108ec2e0f89a
d956c9b7cffdaa674beae0f930ebe6085af9093e5fe56b34a5c220ccdcf6efc336fc5
0092e14b5e00000030aab52ad93f6ce17ca07fa88fc191828c58cb71014140915467e
cd359684b2dc358024ca750609591aa731a0b309c7fb3cab5cd0836ad3992aa0a24da
431f43b68883ea5651d548feb6bd3c8e16376e6e426f91f84c58232103322f35c7819
267e721335948d385fae5be66e7ba8c748ac15467dcca0693692dac"],
  "id": 1
}
```

响应正文：

```
{
  "jsonrpc": "2.0",
  "id": 1,
  "result": false
}
```

响应说明如下。

当 result 为 true 时，表明当前交易广播成功。

当 result 为 false 时，表示当前交易广播失败，原因可能有双重花费、签名不完整等。

本示例中广播了一个已经确认的交易，因为双重花费，所以广播失败。

(5) getnewaddress 方法。创建一个新的地址。执行此命令前需要在 NEO-CLI 节点中打开钱包。

调用示例如下。

请求正文：

```
{
  "jsonrpc": "2.0",
  "method": "getnewaddress",
  "params": [],
  "id": 1
}
```

响应正文：

```
{
    "jsonrpc": "2.0",
    "id": 1,
    "result": "AVHcdW3FGKbPWGHNhkPjgVgi4GGndiCxdo"
}
```

响应说明：

返回新创建的地址。

18. NEO 智能合约

1）NEO 智能合约介绍

(1) 智能合约的定义。智能合约是一套以数字形式定义的承诺，包括合约参与方可以在上面执行这些承诺的协议。区块链技术给我们带来了一个去中心化的、不可篡改的、高可靠性的系统，在这种环境下，智能合约才大有用武之地。智能合约是区块链最重要的特性之一，也是区块链能够被称为颠覆性技术的主要原因，它正使我们的社会结构发生日新月异的变革。

(2) NEO 智能合约的特点。作为 NEO 区块链的核心技术发展路线，NEO 智能合约 2.0 包括以下特性：确定性、高性能、拓展性。其合约类型包括：验证合约、函数合约和应用合约。

从性能角度，NEO 采用了轻量级的 NEO 虚拟机，(NEO virtual machine, NeoVM)作为其智能合约的执行环境，它的启动速度非常快，占用资源也很小，适合像智能合约这样短小的程序。通过(即时编译器 JIT)技术对热点智能合约进行静态编译和缓存可以显著提升效率。NEO 虚拟机的指令集中内建提供了一系列的密码学指令，以优化智能合约中用到密码学算法时的执行效率。此外，数据操作指令直接对数组及复杂数据结构提供支持。这些都会提升 NEO 智能合约 2.0 的运行性能。

NEO 智能合约 2.0 实现可拓展性的方法是通过高并发和动态分区的形式，

结合其低耦合的设计完成的。低耦合合约程序在一个虚拟机(NEO虚拟机)中执行,并通过交互服务层与外部通信。因此,对智能合约功能的绝大部分升级,都可以通过增加交互服务层的API来实现。

(3) 用什么语言编写智能合约。从语言角度看NEO智能合约2.0与以太坊的区别更为直观:与以太坊原创的Solidity语言不同,NEO智能合约开发者可以直接使用几乎任何他们擅长的高级语言来进行NEO智能合约的开发工作。首批支持的语言是C#、VB. Net、F#等。NEO提供了这些语言的编译器和插件,用于将高级语言编译成NEO虚拟机所支持的指令集。由于编译器会针对(微软中间语言MSIL)来进行编译,所以理论上任何. Net中的语言或者可被转译成MSIL的语言都可以被直接支持。

当前已经支持的开发语言有:

① C#,VB. Net,F#;

② Java,Kotlin。

未来计划陆续加入的高级语言还包括:

① C,C++,GO;

② Python,JavaScript。

多种高级语言的支持,使得90%以上的开发者无须学习新的语言即可参与NEO智能合约的开发中来,甚至可将现有业务系统中的代码直接移植到区块链上。这将大大增加未来区块链的普及程度。

最后从调试角度看,通常智能合约的开发过程是非常困难的,重要的原因之一是此前的智能合约缺乏良好的调试和测试方法。NEO在NeoVM层面提供了程序调试功能的支持,使得开发NEO智能合约2.0变得更方便快捷。

2) 使用Java编写NEO智能合约

(1) 安装Java开发环境。

安装Java开发环境包括安装JDK、安装eclipse、配置Java环境变量。

(2) neo-compiler。neo-compiler是NeoContract的编译器,可以将高级语言的代码编译为智能合约的指令。其中neoj项目是NeoContract的Java编译器。

① 安装和配置方法。在Github上下载neo-compiler项目,用Visual Studio 2017打开该解决方案,发布其中的neoj项目,如图5-64和图5-65所示。

发布成功后,会在bin\Release\PublishOutput目录下生成neoj. exe文件然后需要添加path,让任何位置都能访问这个exe程序。

添加path的方法:

按Windows+S键,输入“环境变量”,如图5-66所示,选择“编辑账户的环境变量”,回车。

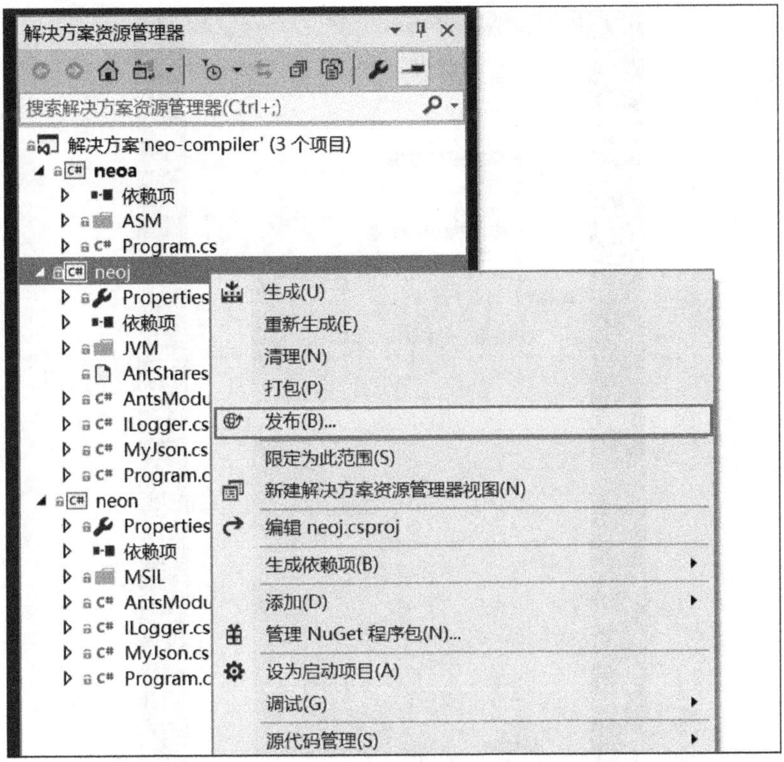

图 5－64　安装配置项目

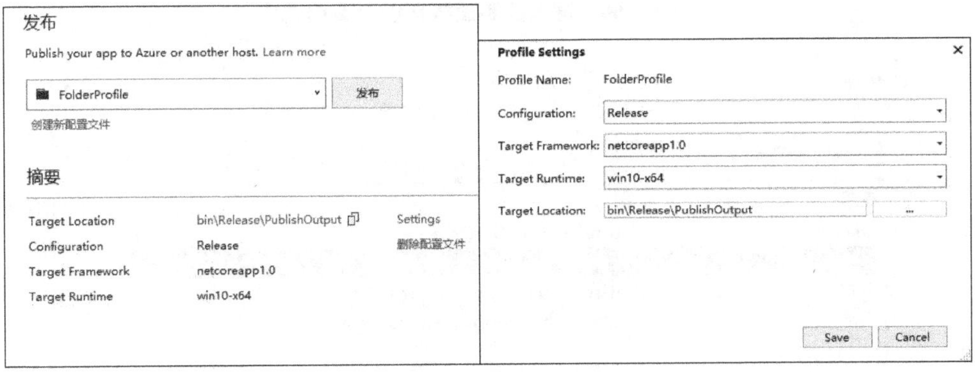

图 5－65　发布项目

如图 5－67 所示，然后选择 Path，点击“编辑”，选择关联环境变量，如图 5－68 所示。在弹出来的窗口中点击“新建”输入 neoj. exe 所在的目录，点击“确定”。

添加完 path 后，运行 CMD 或者 PowerShell 测试一下，输入 neoj. exe 后，没有报错，输出如图 5－69 所示的版本号的提示信息即表示环境变量配置成功。

图 5-66　进入控制面板环境变量编辑

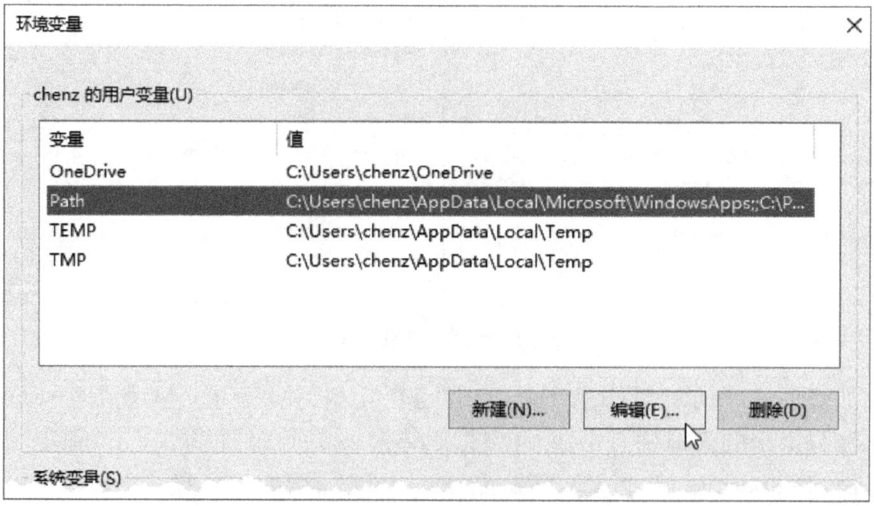

图 5-67　编辑环境变量

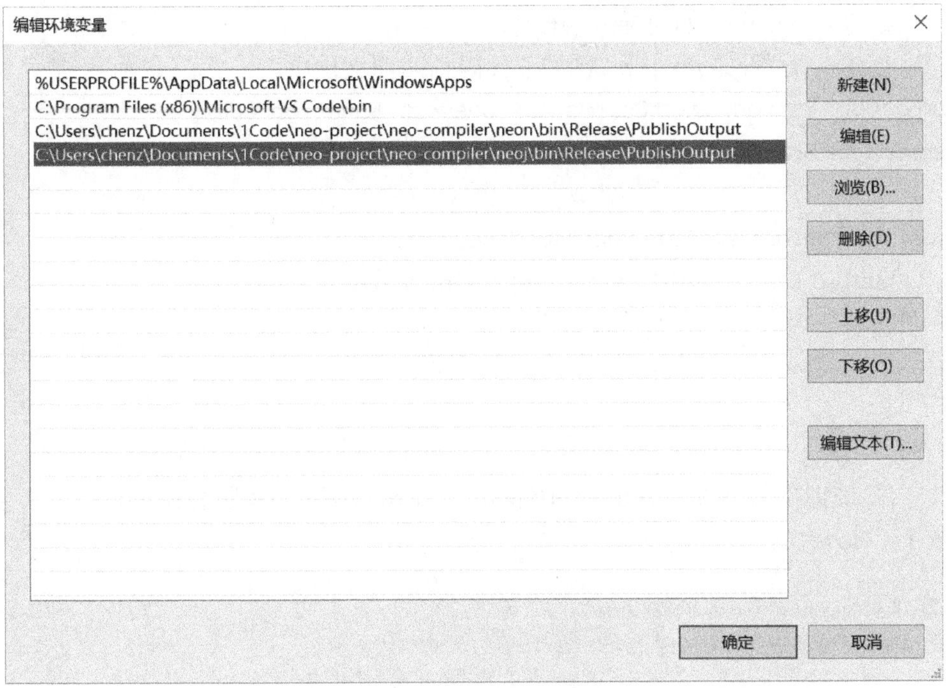

图 5-68　关联环境变量

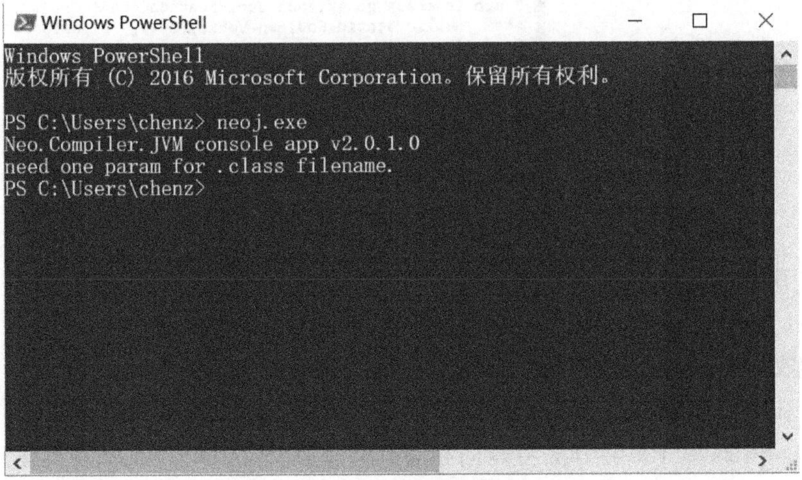

图 5-69　测试配置是否成功

② 创建项目。以上安装配置成功后，即可在 eclipse 中创建 NEO 智能合约项目。

首先创建一个 Java 项目，从 neoj 项目中找到智能合约的 jar 包，引用它。

参考：fbeclipse 如何导入 jar 包。

创建一个类，如 go. java，将如下代码粘贴到文件中。

```
import AntShares.SmartContract.Framework.FunctionCode;
import AntShares.SmartContract.Framework.VerificationCode;

public class go extends FunctionCode {
    public static void Main(byte[] signature)
    {

    }
}
```

③ 编译项目。在 fbeclipse 中编译 go. java 文件，编译后会在 bin 目录中生成 go. class 文件。

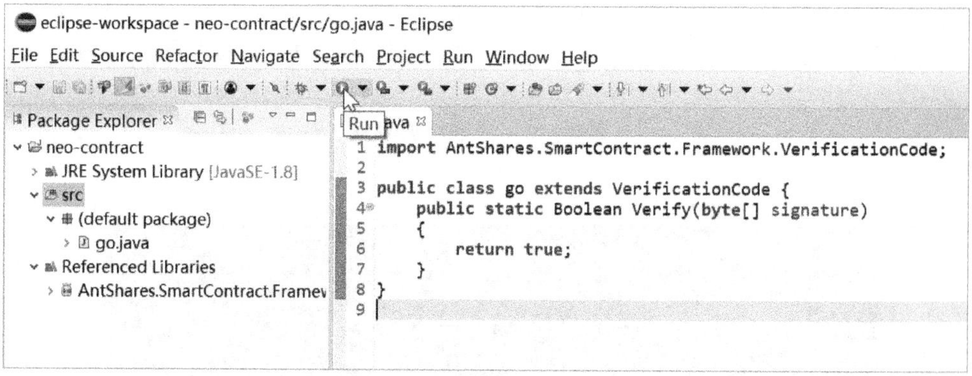

图 5 - 70　编辑智能合约文件

打开 PowerShell/CMD 进入 bin 目录，输入 neoj. exe go. class 即可编译成 go. avm 文件，该文件即是生成的 NEO 智能合约文件。

现在，即已经完成了 NEO 智能合约开发环境的配置。

④ Hello World。Storage 类是操纵 NEO 智能合约私有化存储区的静态类，通过 Storage. Put()方法可以向私有化存储区中以 key-value 方式存储数据，详情可参考 Storage 类。原来的继承 VerificationCode 和 FunctionCode 现都改为继承 SmartContract。

```
using Neo.SmartContract.Framework.Services.Neo;
namespace Neo.SmartContract
{
```

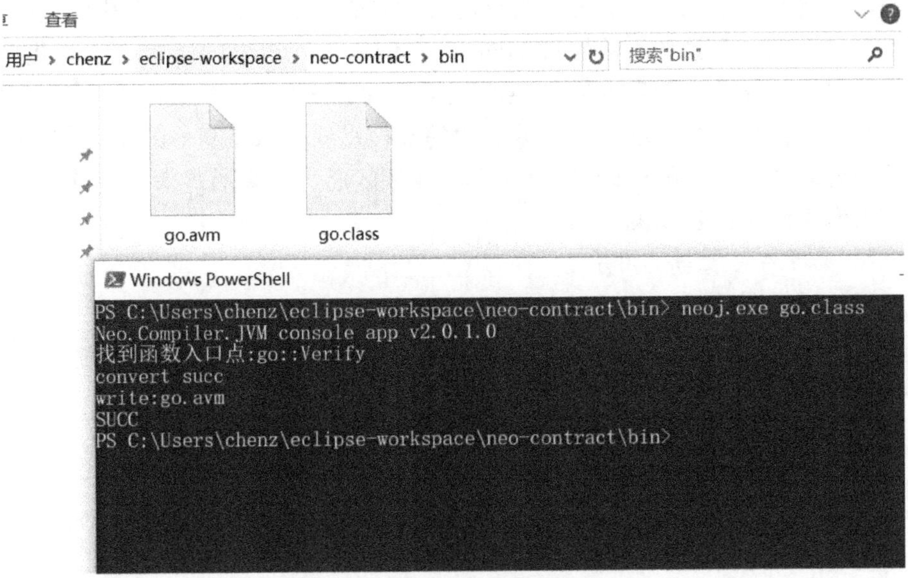

图 5－71　编译生成智能合约文件

```
public class HelloWorld : SmartContract
{
    public static void Main()
    {
        Storage.Put(Storage.CurrentContext, "Hello", "World");
    }
}
}
```

5.4.2　基于元界开发

1. 元界的介绍

元界(metaverse)是一个去中心化的公有区块链项目，元界生态的技术架构中包含了智能资产(smart property)、数字身份(avatar)和价值中介(oracle)，项目将支持社区在其公有区块链上开发基于智能资产的各种金融和生活应用。元界项目早期由维优的团队开发和维护，当项目达到一定的成熟度时，其代码将被开源公布在 GitHub 上，而维优团队将在元界区块链上开发区块链即服务(blockchain as a service, BAAS)的平台，为企业级用户提供技术和商业支持服务。

元界旨在为广大用户(无论是个人、企业还是政府机构)提供方便安全的基于区块链的基础设施。元界的三大核心要素是数字资产、数字身份和价值中介，其目的是建立一个具备智能属性的网络，它们将为元界上的所有去中心化应用提供协议级的支持。随着人们的生活变得更加数字化，元界及其核心要素将利用互联网的优势为用户展开一个数字化的虚拟世界。数字身份的持有者将能够轻松地处理任何类型的资产，并允许企业和社区通过许多形式来支持自己，最终促使人们走向价值互联网之路。

2. 元界的安装与使用手册

元界提供测试网络的 Web 在线测试页面。

测试节点 1：http://test1. metaverse. live:8820。

测试节点 4：http://test4. metaverse. live:8820。

1）开始安装与使用

(1) Windows 版本。

① 获取元界客户端。至 http://mvs. live 下载最新版安装包。

② 解压缩。解压压缩包。

③ 运行。打开“mvsd”，等待同步块完成，这一过程需要四个小时或以上，最新块高可以从 http://explorer. mvs. live 查询，同步将一直持续到最新快高(第一次运行可能出现网络访问请求许可)。

④ 开始使用。请不要关闭同步程序，并且打开 start-metaverse. html，打开页面后请将该地址收藏，或直接在浏览器中输入 127. 0. 0. 1:8820 并回车。

(2) MacOSX 版本。

① 获取元界客户端。至 http://mvs. live 下载最新版安装包。

② 解压缩并安装 Web-UI。解压缩，打开“mvs-install”，等待提示，“结束”则表示 Web-UI 安装结束，关闭该窗口。

③ 运行。打开“mvsd”，等待同步块完成，这一过程将持续四个小时或以上，最新块高可以从 http://explorer. mvs. live 查询。

④ 开始使用。不要关闭同步程序，并且打开 start-metaverse. html，打开页面后将该地址收藏，或直接在浏览器中输入 127. 0. 0. 1:8820 并回车。

(3) Linux 版本。

① 获取元界客户端。至 http://mvs. live 下载最新版安装包。

② 解压缩，安装 Web－UI(可选)。

解压缩：

```
tar - xzvf mvs067 - linux - x86_64.tar.gz
```

执行“mvs－isntall”安装 Web－UI，提示安装结束(此步骤可选)：

```
./mvs - install
```

③ 运行。

执行“mvsd”，等待同步块完成，最新块高可以从 http://explorer. mvs. live 查询。

—d 以守护进程形式启动，没有—d 则从会话终端启动：

```
./mvsd -d
```

执行 help 查看启动参数：

```
./mvsd help
```

执行 mvs—cli 查看控制台命令：

```
./mvs-cli help
```

④ 开始使用。

a. 命令行在终端使用。

b. 浏览器端与其他平台操作相同。

打开 start—metaverse. html，打开页面后将该地址收藏或直接在浏览器中输入 127.0.0.1:8820 并回车。

2）账户与登录

（1）账户。账户基于分层确定性设计，所使用的账号和密码属于该钱包本地的，非链上的数据，所以不可随主私钥助记符（主私钥助记符是为了方便用户记忆的 24 个单词或汉字，与主私钥是映射关系）导入。

如果切换新钱包，原账户名和密码不可使用，需要重新设置，即使忘记也没有关系，只需要备份好主私钥助记符即可。

① 新建一个账户。点击“新建”后，新建账户。

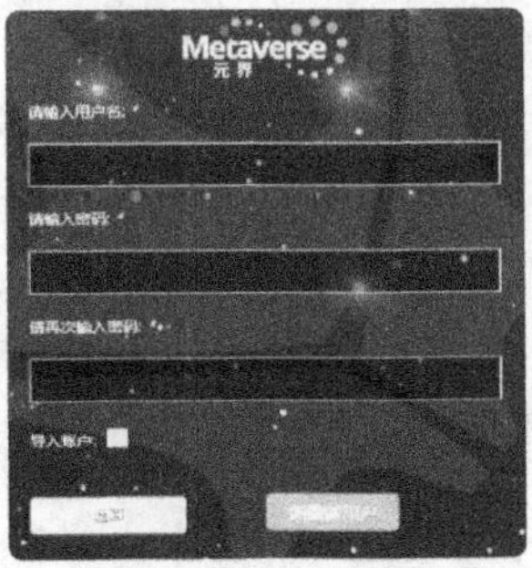

图 5－72　新建账户

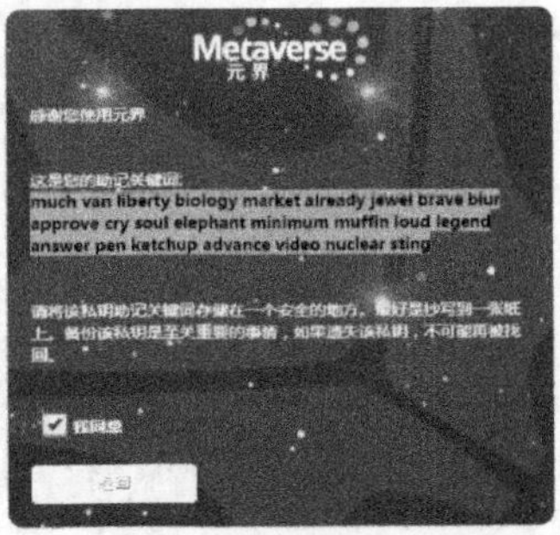

图 5－73　注册成功

备份主私钥助记符。

在任何情况下，都不能向任何人透露主私钥助记符，这是元界上的唯一凭证，丢失后无法找回。务必保管好主私钥助记符。

② 从已有账户导入。

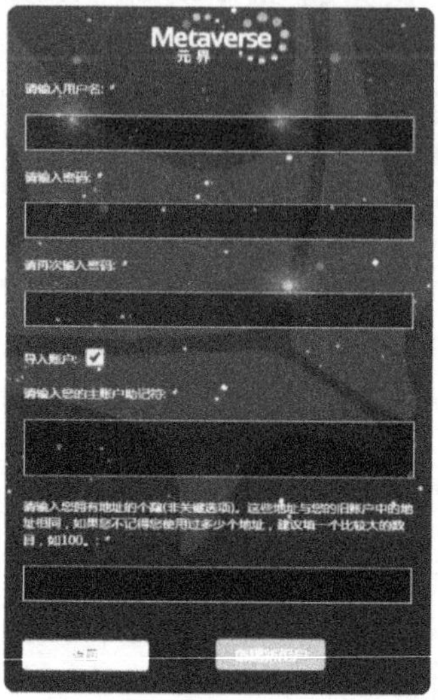

图 5－74　导入账户

(2) 登录。输入本地账户名和密码(刚刚创建或导入的),点击登录,登录后的页面如图 5－75 所示。

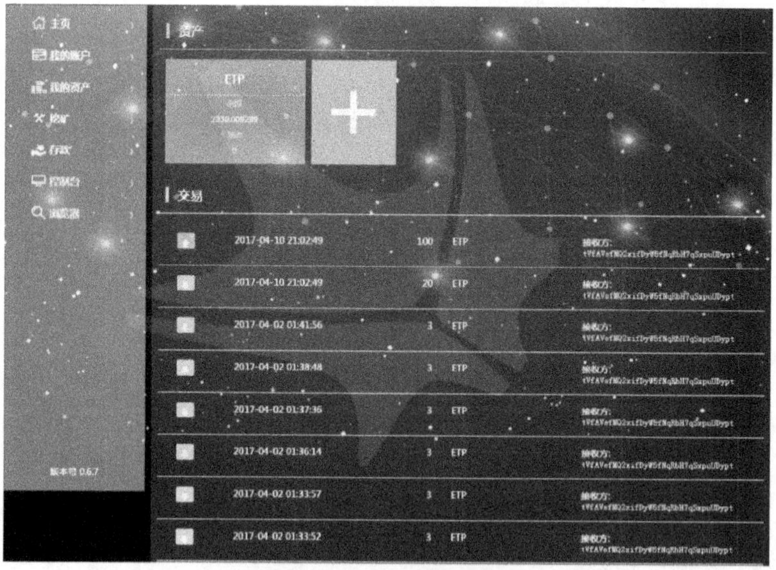

图 5－75　登录页面

ETP(ETP 是元界区块链的原生数字资产)转账页面如图 5－76 所示。

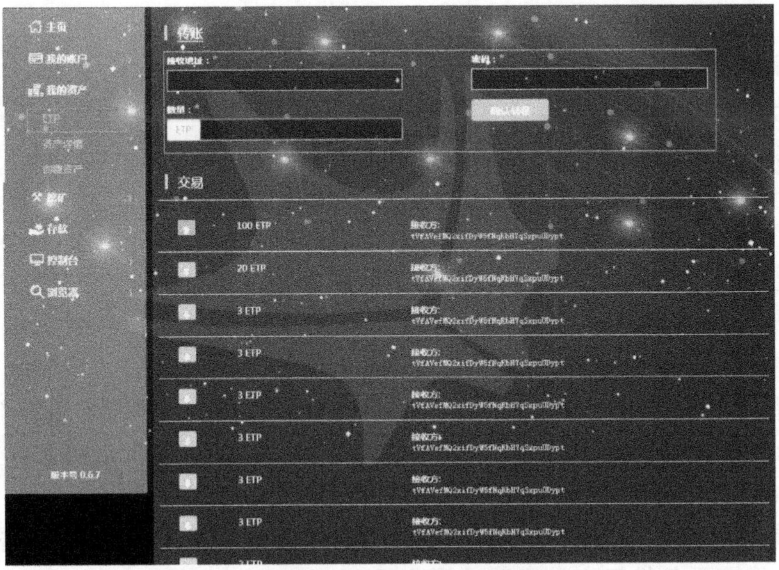

图 5-76　ETP 转账页面

3. 元界 ETP 钱包服务端使用

元界钱包基于 Libbitcoin 实现,其远程过程调用(rpc)的使用上的概念与比特币十分类似,但是接口不同。

1）rpc 的调用

rpc 开启的默认端口是 8820,暂不支持 HTTPS。

可以在 mvs. conf 中配置为其他端口。PHP 对接 ETP 钱包的示例代码可以参考 https://github. com/ViewBTC/mvs-exchange-tools,后续会开放其他语言的示例代码。

mvs-cli 默认也是调用 8820 端口,执行 rpc。

所以在用户浏览器中查看的数据,与 mvs-cli 调用其实是同一个。

2）查看帮助信息

所有的命令都支持 help 命令,执行 mvs-cli 也可以在用户浏览器中的控制台中直接输入。

查看所有命令:

```
mvs - cli help
```

查看具体命令参数和描述:

```
mvs - cli help send
```

或

```
mvs - cli send  - h
```

3）遍历区块的命令

查询块高对应的块哈希：

```
./mvs-cli fetch-header -t  $block_height
```

查询块哈希对应的先块结构：

```
./mvs-cli getblock  $block_hash --json=true
```

4）HD 账户的新建和地址的管理

元界在一开始设计的时候就摒弃了随机密钥的想法，一切交易均由主私钥对应的子私钥管理。

由主私钥+index 生成对应的子私钥。

所使用的自己账号和密码属于该钱包本地的，非链上的数据，所以不可随主私钥助记符（主私钥助记符是为了方便用户记忆的 24 个单词或汉字，与主私钥是映射关系）导入。

如果切换新钱包，原账户名和密码不可使用，需要重新设置，即使忘记也没有关系，只需要备份好主私钥助记符即可。

生成新账户

```
mvs-cli getnewaccount $name $password
```

使用该账户生成地址，这些地址一定属于该账户：

```
mvs-cli getnewaddress $name $password
```

查看账户的地址：

```
mvs-cli listaddresses $name #password
```

账户名和账户口令相当于主私钥在这个钱包里的别名，账户名与主私钥一一对应，使用账户名和口令相当于调用对应的主私钥，所以以上命令就是使用某个主私钥生成新地址。

一个主私钥对应的 index 总数大概 40 亿，默认都是从 0 自增的，所以您只需要备份主私钥即可，不应当备份账户名和密码。

如果忘记账户名和密码，重新导入主私钥助记符即可，可以使用 importaccount 命令，导入时可指定 index 大小，钱包将生成相应个数的地址，具体参见帮助文件。

在元界上，所有个人资产的唯一凭证只有主私钥助记符，包括您发行的资产。元界钱包目前还没有做文件级别的备份，务必备份好主私钥助记符。

备份主私钥助记符会确保不会有任何资产损失，通过账户名和密码是无法查看主私钥助记符的。

5）发送交易

send 命令

```
mvs-cli send $name $password $target_address $amount
```

sendfrom 命令

```
mvs-cli send $name $password $from_address $target_address $amount
```

(1) send 命令详细解释。send 命令是一个为普通用户优化后的命令，支持规整交易，打乱找零输出到其他地址，即找零随机到一个本账户其他地址的命令，不建议在交易平台后台使用。send 命令在服务端的使用场合：需要规整零钱或者全额发送到其他地址。确定性的发送需使用 sendfrom 替代。

(2) sendfrom 命令详细解释。sendfrom 命令支持找零到发送地址，类似于其他钱包的命令。

6) 资产和交易管理常见问题

(1) 如何从交易记录查看资产。交易记录中有 attachment，里面有 type，type 的类型可以是元界的原生资产 etp，如果是另外发行的资产则就是其他符号，使用 listassets 命令不加任何参数可以看到。

(2) 如何看待 ETP 和其他资产的关系。ETP 相当于是以太坊里面的以太(ETH)，其他资产相当于都是基于以太坊发行的其他代币。

(3) 如何通过接口获得某个 account 或者地址的私钥。如果是指定地址发生交易，可以直接用 sendfrom 命令指定地址，该地址属于该账户即可。

(4) 如何通过转账记录创建 raw transaction，就是类似比特币的 createrawtransaction。针对 rawtransaction，属于自己组件交易，这个是由 libbitcoin 原生命令支持的，保留了这部分功能，但是不推荐使用，可以参照 https://github.com/libbitcoin/libbitcoin-explorer/wiki/How-to-Spend-Bitcoin，将其中 bitcoin 部分替换成元界的地址和 utxo，依然成立。

(5) 如何使用 private key 对 raw transaction 进行 sign。同上，推荐使用 HD 方式的地址。

(6) 如何通过 HD 方式生成地址。1./mvs-cli getnewaddress $account_name $account_password

4. 元界 API 调用列表

查看所有的命令：

```
$ ./mvs-cli help
```

查看这个命令的帮助：

```
$ ./mvs-cli help $command
```

使用命令行 mvs-cli 和使用 JSON-RPC 的接口进行调用效果是一样的：

```
$ ./mvs-cli $command $param1 $param2 ...
```

上面命令等价于下面的 JSON-RPC 调用：

POST 方法,URL 为 http://127.0.0.1:8820/rpc。

Body 内容如下：

```
{
    "method":"$command",
    "params":["$param1", "$param2", ...]
}
```

1) getnewaccount 接口

```
$ ./mvs-cli getnewaccount testaccount testaccount
```

命令输出返回：

```
{
    "mnemonic": "grass proud sight meat normal quarter diagram explain slush mansion dawn gravity catalog task survey kiss major brick suit tenant version symptom lecture trial",
    "default-address": "tVXYCvbGxqgKFhhfBp6KpqH7wfoYvSwbPr"
}
```

2) getaccount 接口

```
$ ./mvs-cli getaccount testaccount testaccount trial
```

命令输出返回：

```
{
    "name": "testaccount",
    "mnemonic-key": "grass proud sight meat normal quarter diagram explain slush mansion dawn gravity catalog task survey kiss major brick suit tenant version symptom lecture trial",
    "address-count": "1",
    "user-status": "2"
}
```

3) changepasswd 接口

```
$ ./mvs-cli changepasswd testaccount testaccount -p newpassword
```

4) getnewaddress 接口

为特定账号生成新地址：

```
$ ./mvs-cli getnewaddress -n 2 testaccount testaccount
```

命令输出返回：

```
{
    "addresses": [
```

```
        "tDFbSYVpNsAkQ4aG84HZhtAGHWJq75r39w",
        "tVXYCvbGxqgKFhhfBp6KpqH7wfoYvSwbPr"
    ]
}
```


5）getbalance 接口

获取账户的总资产：

```
$ ./mvs-cli getbalance chenhao chenhao
```

命令输出返回：


```
{
    "total-confirmed": "6059875918900",
    "total-received": "6181075918900",
    "total-unspent": "6059875918900",
    "total-frozen": "0"
}
```


6）listbalances 接口

获取所有账户的资产情况：

```
$ ./mvs-cli listbalances chenhao chenhao
```

命令输出返回：


```
{
    "balances": [
        {
            "balance": {
                "address": "tPpZzPL99rLqYZpfn4ZdCXHinzDg8ZY3Kp",
                "confirmed": "318060000000",
                "received": "318060000000",
                "unspent": "318060000000",
                "frozen": "0"
            }
        },
        {
            "balance": {
                "address": "tDufUbYv2Ga8ReRYmqjvsM7u56br3XTqcr",
                "confirmed": "3803175000000",
                "received": "3803175000000",
```

```
            "unspent": "3803175000000",
            "frozen": "0"
        }
    },
    {
        "balance": {
            "address": "tCYULUfAkFixcnWWRrpEx7uEUX7HiveXyf",
            "confirmed": "1411200000000",
            "received": "1411200000000",
            "unspent": "1411200000000",
            "frozen": "0"
        }
    },
    {
        "balance": {
            "address": "tMHMVgcc1FPLcLeXVkzL4zQpuEdJSn3MGp",
            "confirmed": "1000958900",
            "received": "1000958900",
            "unspent": "1000958900",
            "frozen": "0"
        }
    },
    {
        "balance": {
            "address": "tMe7kzY2riAPh7cNDgr97choBkbNnQPu1y",
            "confirmed": "499980000",
            "received": "499980000",
            "unspent": "499980000",
            "frozen": "0"
        }
    },
    {
        "balance": {
            "address": "tVfAVefMQ2xifDyW5fNqRbH7qSxpuUDypt",
```

```
                "confirmed": "131299990000",
                "received": "252499990000",
                "unspent": "131299990000",
                "frozen": "0"
            }
        }
    ]
}
```

7）fetch-tx/gettransaction 接口

通过特定的 Hash 查看交易详情：

```
$ ./mvs-cli fetch-tx/gettransaction 6f2ee246af04f226dbf598749db885e
44830eac61f065069dfd8d790fc58d7c0
```

命令输出返回：

```
{
    "transaction": {
        "hash": "90085d2fbc39290220548bb2c719c1863714507395175c8ea8e6
22359410ac72",
        "inputs": [
            {
                "previous_output": {
                    "hash": "0000000000000000000000000000000000000000
000000000000000000000000",
                    "index": "4294967295"
                },
                "script": "[ 03396301 ]",
                "sequence": "0"
            }
        ],
        "lock_time": "0",
        "outputs": [
            {
                "index": "0",
                "address": "tPpZzPL99rLqYZpfn4ZdCXHinzDg8ZY3Kp",
                "script": "dup hash160 [ b955ec8cc2a3521c429118dc38195
```

```
0392810a8da ] equalverify checksig",
                    "value": "285000000",
                    "attachment": {
                        "type": "etp"
                    }
                }
            ],
            "version": "1"
        }
}
```


8) fetch-history 接口

通过特定地址获取交易历史

```
$ ./mvs-cli fetch-history tPpZzPL99rLqYZpfn4ZdCXHinzDg8ZY3Kp
```

命令输出返回：


```
{
    "transfers": [
        {
            "received": {
                "hash": "90085d2fbc39290220548bb2c719c186371450739517
5c8ea8e622359410ac72",
                "height": "90937",
                "index": "0"
            },
            "value": "285000000"
        },
        {
            "received": {
                "hash": "b8b877f647c4394a0efca7d86b40e1c0ee04f064782b
00c4008a11f5aa4d667b",
                "height": "89822",
                "index": "0"
            },
            "value": "285000000"
        }
```

```
    ]
}
```

9）send 接口

发送接口：

```
$ ./mvs-cli send chenhao chenhao tUop3B6TJMHUSVM4jxyGgaf2rJ8wENiGtQ
100000000
```

命令输出返回：


```
{
    "transaction": {
        "hash": "f1dfefd3c7d515700fbec92f86cf0194377e2c872021310f985b
6381562dc910",
        "inputs": [
            {
                "address": "tMe7kzY2riAPh7cNDgr97choBkbNnQPu1y",
                "previous_output": {
                    "hash": "e32a01a71d764c595f6113e603dc4bc9dca66670
2265345d4deb09d4dd09ae11",
                    "index": "1"
                },
                "script": "[ 3044022021b1a11570a1a3f6a4137f13f8ecddf0
c0cdbab94183b2d7c5c7e0d96b79479302206888553d0ca8b61ce731f8b7f43e2c42
766fece81f9ed8da73fae83ffcfcdcb01 ] [ 03369e1179a441c27651349af19aaec7
384b4793fe3740fcb94dab955c0c2954b5 ]",
                "sequence": "4294967295"
            }
        ],
        "lock_time": "0",
        "outputs": [
            {
                "index": "0",
                "address": "tUop3B6TJMHUSVM4jxyGgaf2rJ8wENiGtQ",
                "script": "dup hash160 [ f009dd1d8e5fed1bf95afb7f1e208
e963b6ee430 ] equalverify checksig",
                "value": "100000000",
```

```
                    "attachment": {
                        "type": "etp"
                    }
                },
                {
                    "index": "1",
                     "address": "tPpZzPL99rLqYZpfn4ZdCXHinzDg8ZY3Kp", //
mychange here
                    "script": "dup hash160 [ b955ec8cc2a3521c429118dc38195
0392810a8da ] equalverify checksig",
                    "value": "99980000",
                    "attachment": {
                        "type": "etp"
                    }
                }
            ],
            "version": "1"
        }
}
```

参考文献

长铗，韩锋. 2016. 区块链：从数字货币到信用社会. 北京：中信出版集团股份有限公司.

陈怡璇. 2016. 区块链技术：分布式账簿. 上海国资，(3)：78－79.

储丽. 2015. 区块链让比特币重塑金融未来. 徽商，(11)：18－19.

杜宇甫. 2017. 区块链带来的大数据应用革命. 中国大数据.

蒋润祥，魏长江. 2016. 区块链的应用进展与价值探讨. 甘肃金融，(2)：19－21.

金钊. 2018. 比特币现金区块链扩容技术研究. 电子世界，(5)：122－123.

李董，魏进武. 2016. 区块链技术原理、应用领域及挑战. 电信科学，32 (12)：20－25.

李铭岩. 2016. 区块链与大数据究竟有着怎样的关系. 网络大数据，

梁斌. 2016. 从"比特币挖矿"看区块链技术的共识机制. 中国金融电脑，(9)：45－46.

卿苏德. 2017. 区块链在物联网中的应用. 北京：中国信息通信研究院.

申屠青春. 2017. 区块链开发指南. 北京：机械工业出版社.

孙杰贤. 2016. 从比特币到区块链. 中国信息化，(3)：11.

王晟. 2016. 区块链式法定货币体系研究. 资本市场，(9)：77－79.

王永利. 2016. 区块链，下一代互联网金融革新技术. 博鳌观察，(2)：112－114.

肖风. 2016. 从公有链到私有链：区块链回归现实. 当代金融家，(z1)：35－37.

徐明星. 2017. 图说区块链. 北京：中信出版集团股份有限公司.

杨保华. 2017. 区块链原理、设计与应用. 北京：机械工业出版社.

袁勇，王飞跃. 2016. 区块链技术发展现状与展望. 自动化学报，(4)：

481 - 494.

张波. 2016. 国外区块链技术的运用情况及相关启示. 金融科技时代,(5): 35 - 38.

张宁,王毅,康重庆,等. 2016. 能源互联网中的区块链技术: 研究框架与典型应用初探. 中国电机工程学报,36(15): 4011 - 4013.

周邺飞. 2017. 区块链核心技术演进之路. 计算机教育,(4): 155 - 158.

朱岩,甘国华,邓迪,等. 2016. 区块链关键技术中的安全性研究. 信息安全研究,2(12): 1090 - 1097.

朱志文. 2017. Node.js 区块链开发. 北京: 机械工业出版社.

邹均,张海宁. 2016. 区块链技术指南. 北京: 机械工业出版社.

Acheson N. 2016. Blockchain electricity. http://www.fintechblue.com/2016/05/blockchain-electricity.

Barber S, Boyen X, Shi E, et al. 2012. Bitter to better—how to make bitcoin a better currency. Financial Cryptography and Data Security, 7397: 399 - 414.

Bassey C. 2008. Digital money in a digitally divided world: nature, challenges and prospects of ePayment systems in Africa.

Brito J, Shadab H, Castillo A. 2014. Bitcoin financial regulation: securities, derivatives, prediction markets & gambling. The Columbia Science & Technology Law Review.

Cassoni A, Ramada C. 2013. Digital money and its impact on local economic variables: The case of Uruguay. Uruguay: University ORT Uruguay.

Eyal I, Efe Gencer A, Sirer E G, et al. 2016. Bitcoin-NG: a scalable blockchain protocol. Usenix Conference on Networked Systems Design & Implementation: 45 - 59.

Godsiff P. 2015. Bitcoin: Bubble or blockchain. Proceedings of the 9th KES International Conference on Agent and Multi-Agent Systems: Technologies and Applications.

Jacobs E. 2011. Bitcoin: A bit too far? Journal of Internet Banking and Commerce, 16(2): 1 - 4.

Kraft D. 2016. Difficulty control for blockchain-based consensus systems. Peer-to-Peer Networking and Applications, 9 (2): 397 - 413.

Kypriotaki K, Zamani E, Giaglis G. 2015. From bitcoin to decentralized autonomous corporations. International Conference on Enterprise Information Systems：284 - 290.

Linda. 2017. 共识机制定义及分类. 金色财经.

Nakamoto S. 2008. Bitcoin：a peer-to-peer electronic cash system. bitcoin. org/bitcoin. pdf.

Prusty N. 2017. 区块链项目开发指南. 宋轩彤，闫莺，董宁，译. 北京：机械工业出版社.

Shiller R. 2004. The new financial order：risk in the 21st century. Princeton：Princeton University Press.

Surda P，Grinberg R. 2012. Economics of bitcoin：is bitcoin an alternative to at currencies and gold? Hastings Science & Technology Law Journal.

Wattenhofer R. 2017. 区块链核心算法解析. 陈晋川，薛云志，林强，等译. 北京：中国工信出版集团.

Wilson D，Ateniese G. 2015. From pretty good to great：enhancing PGP using bitcoin and the blockchain. Proceedings of the 9th International Conference on Network and System Security：368 - 375.

Woo D，Gordon I，Laralov V. 2013. Bitcoin：a first assessment. FX and Rates，Research Report from Merrill Lynch.

Yermack D. 2013. Is bitcoin a real currency? NBER Working Paper，No. 19747.

Zyskind G，Nathan O，Pentland A S. 2015. Decentralizing privacy：using blockchain to protect personal data. IEEE Security & Privacy Workshops，2015：180 - 184

后记

编写组在正式完成本书稿之时，我们一致这样认为：区块链的价值由具体应用决定，区块链的活力在于应用创新。把一个“数据账本”为依据的“记账行为”通过互联网技术实现各种“变体”的应用，虽不是区块链万能，也足够具有想象力了！

本书的编写工作较为艰苦！一是区块链为主题，有不少资料可供学习与思考，但落笔困难；二是区块链技术的一些应用仍有争议，不适合在一本公开的技术书籍中大量推广。好在编写组成员就区块链技术及其应用实践本身展开介绍，立足软件工程，进行系统地技术阐述与应用指导。因此，对编写组成员及其辅助人员（如丁丁）表示由衷的感谢。

本书得到了华东师范大学计算机科学与软件工程学院、信息科学技术学院的大力支持！得到了上海市可信物联网软件协同创新中心、教育部可信软件国际合作联合实验室的学术支持！得到了上海星空北斗科技创新促进中心的人力支持！得到了上海市科学技术委员会科研计划项目（编号 18511101400）的支持！一并表示感谢！

中国科学院何积丰院士是我国著名计算机软件学家，对本书的编写与出版关怀备至，百忙之中为本书作序，甚为感激！最后，感谢科学出版社对书稿的完成予以巨大的支持和帮助！

编写组

2018 年 8 月于上海